監視型捜査手続の分析
Criminal Investigation and Surveillance

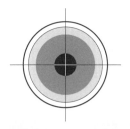

松代剛枝

[著]

日本評論社

はしがき

　本書は、私にとって2作目の研究論文集(モノグラフ)にあたる。

　本研究の辿った過程は、概ね3期に分かれる。

　第1期において。公道上の人の写真撮影は、身体的特徴を精密記録するに留まらず、その位置情報の網羅的取得において別途の権利・利益侵害をも胚胎しうるとの問題関心の下、本研究を始めた（2001年公表論文【本書第一部第一章】）。今でいうモザイク理論のはしりである。また同時期、令状執行時の告知機能論にも関心を寄せた（1999年公表論文【本書第二部第一章】）。

　第2期において。通信経路等情報捜査につき、特に当該情報における比重の変容——電話番号から通信端末位置へ——に注目した。折しもアメリカでは2001年愛国者法が検証期を迎えており、同法中の通信経路等情報取得規定（216条）と令状執行通知遅滞規定（213条）は、恰好の研究素材となった（2008年公表論文【本書第一部第二章】、2006年公表論文【本書第二部第二章】）。

　第3期において。GPS捜査は、上記の街頭カメラ捜査（任意処分説が支配的）にも通信端末位置情報捜査（強制処分説が支配的）にも一面似て、その性質画定が難しい。他方、GPS捜査が強制処分であるとすれば、被処分者への通知遅滞という論点が、（通信事業者の介在する場合と異なり）直截に顕在化する。かかる関心を従前研究内容と重ね合わせ、私なりに「分析」を試みた（2016年公表論文【本書第一部第三章】、本書書き下ろし【本書第二部第三章】）。

　比較法的素材としては、前書『刑事証拠開示の分析』（日本評論社、2004年）——イギリス法及びドイツ法——と異なり、全てアメリカ法を用いた。

＊

　本研究は、関係諸氏から折に触れて様々な形で賜った御教示・御厚情に、極めて多くを負うている。また上梓に際しては、日本評論社の串崎浩氏に、前書に引き続き御高配いただいた。記して心からの謝意を表したい。

　　　2018年1月

松代　剛枝

目次

はしがき i
初出一覧 vi

第一部　監視型捜査の法的性質

第一章　公道上の人の写真・ビデオ撮影（付、ごみの領置）────3
　一　「公に晒されている」人 4
　二　秘匿視機能論の展開（アメリカ） 8
　三　増幅視機能論の展開（アメリカ） 14
　四　検討──精密記録機能論の変容・試論 19
　※付記（判例1）最決平成20年4月15日刑集62巻5号1398頁 24
第二章　通信時の電話番号等の探知────43
　一　通信内容情報保護から通信経路等情報保護へ 43
　二　「限定的開披」法理の系譜（アメリカ） 47
　三　「自発的開披」法理の系譜（アメリカ） 50
　四　検討──わが国における「通信の秘密」の射程 52
第三章　GPS及び携帯電話による位置情報の取得────61
　一　わが国の判例及び準則 62
　二　GPS端末の設置（アメリカ） 70
　　　──「公衆視下の車両外表に権利はない」か 70
　　　──「車両に影響を与えない設置態様」の含意 73
　三　GPS端末の使用（アメリカ） 75
　　　──「目視でも得られる情報である」か 75
　　　──携帯電話の位置情報の取得 79
　四　検討 84

第二部　強制捜査とその告知

第一章　執行着手後の告知——令状事前呈示要請の輪郭 —— 105
　一　立入後告知と「必要な処分」 106
　二　立入態様をめぐる判例展開（アメリカ） 110
　三　緊急例外をめぐる判例展開（アメリカ） 119
　四　検討——令状執行に伴う「必要な処分」の定位 125
　※付記（判例2）最決平成14年10月4日刑集56巻8号507頁 131
　　　　　（判例3）Richards v. Wisconsin, 520 U.S. 385（1997） 147

第二章　執行終了後の通知（Ⅰ）
　　　——2001年アメリカ愛国者法を契機として—— 153
　一　愛国者法の秘密捜索条項 153
　二　「傍受機器設置のための立入り」からの類推（アメリカ） 156
　三　「通常捜索における不在時執行」からの類推（アメリカ） 160
　四　検討——わが国における事後通知の成否 164

第三章　執行終了後の通知（Ⅱ）
　　　——2017年GPS最高裁判決を契機として—— 169
　一　対象情報の在処と事後通知 169
　二　わが国の状況 171
　　　——通信事業者からの取得とその通知 171
　　　——当事者からの取得とその通知 175
　三　アメリカの状況 178
　　　——当事者からの取得とその通知 178
　　　——通信事業者からの取得とその通知 179
　四　検討 186

補　遺
　一　公道上の人の写真撮影——学説と判例との交錯 —— 191
　二　捜索差押令状執行に伴う「必要な処分」の変容 —— 197

〔資料編〕
アメリカの関連令状・裁判所命令書式―――――――――――――― 201

　　【書式Ⅰ】Tracking Warrant　202
　　　　　　――移動追跡機器の位置情報の取得
　　　　　　（――現在の通信端末位置情報の取得〔実務〕）

　　【書式Ⅱ】Order for Trap and Trace/Pen Register
　　　　　　〔*i.e.* 3123 Court Order〕　206
　　　　　　――通信時の電話番号等（通信経路等情報）の取得

　　【書式Ⅲ】2703(d) Court Order　209
　　　　　　――過去の通信内容情報記録の取得

　　【書式Ⅳ】Combined 3123/2703 Order　211
　　　　　　（――過去の通信端末位置情報記録の取得〔実務〕）

判例索引　*219*
項目索引　*231*

【初出一覧】(但し、本書収録に際して若干の加筆・修正を施した。)

《第一部》
第一章「捜査における人の写真撮影——アメリカ法を中心として」
　　＊光藤景皎先生古稀祝賀論文集編集委員会編『光藤景皎先生古稀祝賀論文集(上)』111頁（成文堂、2001）
　付記「捜査としての公道上の人のビデオ撮影・ごみの領置——最二小決平成20年4月15日刑集62巻5号1398頁を素材として」(注1)
　　＊関大法学論集59巻6号1頁（2010）
第二章「電話番号探知捜査について——アメリカ愛国者法を契機として」(注2)
　　＊関大法学論集57巻6号56頁（2008）
第三章「GPS及び携帯電話による位置情報取得捜査——アメリカ法を手がかりとして」
　　＊井田良ほか編『浅田和茂先生古稀祝賀論文集(下)』39頁（成文堂、2016）

《第二部》
第一章「捜索差押令状執行に伴う家宅立入——所謂『来訪来意告知(knock and announcement)要請』について」
　　＊法学62巻6号（小田中聰樹先生退官記念号）271頁（1999）
　付記「捜索差押令状執行に伴う立入——最高裁平成14(2002)年10月4日決定を契機として」
　　＊岡本勝ほか編『刑事法学の現代的課題（阿部純二先生古稀祝賀論文集）』523頁（第一法規、2004）
　付記「Richards v. Wisconsin, 520 U.S. 385, 117 S. Ct. 1416 (1997)——捜索令状執行のため家宅に立ち入る際に警察官がノック及び来意告知を行わなかったことが、薬物事件であるがために類型包括的に許容されるのではなく、個別の事情に照らして許容された事例」
　　＊アメリカ法1998-I号113頁（1998）
第二章「いわゆる『秘密捜索』について——アメリカ愛国者法を手がかりとして」(注2)
　　＊法律時報78巻5号67頁（2006）
第三章　書き下ろし

《補遺》
　一「写真撮影」
　　＊松尾浩也＝井上正仁編『刑事訴訟法の争点〔第3版〕』76頁（有斐閣、2002）
　二「捜索差押状執行に伴う『必要な処分』の変容」
　　＊ジュリスト1148号100頁（1999）

(注1) 2008—2010年度科学研究費補助金・基盤研究(C)「アメリカ合衆国における『安全』と『自由』についての総合的研究」(20530032)の成果の一部である。
(注2) 2005—2006年度関西大学学術研究助成基金・共同研究「アメリカ合衆国におけるテロ対策と市民的自由の保護との総合的研究」の成果の一部である。

第一部　監視型捜査の法的性質

第一章

公道上の人の写真・ビデオ撮影（付、ごみの領置）

目　次
一　「公に晒されている」人
二　秘匿視機能論の展開（アメリカ）
三　増幅視機能論の展開（アメリカ）
四　検討——精密記録機能論の変容・試論

　わが国の刑事訴訟法は、人の写真撮影につき、身柄拘束下にある者を対象とする一許容規定を措くのみである（法218条2項）。しばしば指紋採取との並置において、身許確認のための身体的特徴たる容貌・容姿の記録を意味する（監獄法施行規則20条参照）が、これが任意処分であるか強制処分であるかは、法文上明らかでない。これ以外の者の場合であってとりわけ容貌・容姿に動作を加えた「容貌・姿態」の写真撮影については、法文によらず判例が、何人もみだりに容貌・姿態を撮影されない自由を有することを認めたうえで、なお公道上の人を対象として一定要件の下に許容してきた。かかる写真撮影が人目に触れない私領域（例えば家屋内）にて行われる場合には、その権利・利益侵害の重大性ゆえに強制処分であることにつきほぼ異論はなく、現行法が許容規定を欠く以上、その実施は強制処分法定主義に抵触する。しかし、公道上の人については、その撮影を任意処分であるとみるか強制処分であるとみるかは、学説上の一大争点を形成し、判例もまた明言していない。但し、判

---

(1) 最大判昭和44年12月24日刑集23巻12号1625頁（京都府学連デモ事件）は、許容要件として、①現行犯性、②証拠保全の必要性及び緊急性、③手段方法の相当性、を挙示したが、許容要件が凡そこの3者に限定されるのか否かは判然としなかった。
(2) 井上正仁「科学捜査とその限界」書研所報35号1頁、13頁（1989）。なお、強制処分と任意処分との区別規準として権利・利益侵害の重大性ではなく物理的強制力の有無を問うて、写真撮影を任意処分と解する見解（坪井利彦「写真撮影」三井誠ほか編『刑事手続（上）』151頁（悠々社、1988）、河上和雄「写真撮影」同編『刑事裁判実務大系(11)』152頁（青林書院、1991））に立っても、少なくとも家屋内への撮影者ないし撮影機器設置者の立入りは強制処分性を根拠づけることになろう。
(3) 松代剛枝「写真撮影」松尾浩也＝井上正仁編『刑事訴訟法の争点〔第3版〕』76頁（有斐閣、2002）【本書補遺一】参照。

例においては、同対象を単に視認するのみであれば任意処分たる旨明言していること(4)に鑑みても、人の写真撮影はその視認よりも権利・利益侵害の度合いが明らかに高く設定されているのであり、従来、単なる視認から撮影へと転化し得る時点が何時か——現行犯時か犯罪発生の高度の蓋然性を具備したときか——という点が激しく争われてきたこと(5)は、写真撮影の権利・利益侵害がとりわけその「精密記録機能」に根ざすものとみられてきた証左であろう。

しかし、現在の写真撮影の捜査上の有用性には、遠隔操作可能な隠しカメラにより捜査官の視線の存在を悟らせない「秘匿視機能」、望遠レンズや光増幅器との一体化により捜査官の視覚を増幅する「増幅視機能」が大きく与かっている。これらは、従来わが国では写真撮影の範疇から引き剥されて任意処分たる視認の範疇へと解消されてきたことから、その権利・利益侵害性に関する充分な検討の場を持たなかった。他方、これら２機能を正面に据えて、写真撮影を視覚捜査（視認）の１亜種として論じてきたのが、アメリカ法である。

一 「公に晒されている」人

1

アメリカ法においては、容貌は「常に公に晒されている」ので、その視認は常にプライバシー期待を侵害しない。そして、同視認対象をカメラで記録しても、捜索には転化しない。被写体が人であれ物であれ、「精密に記録すること」自体には特段の権利・利益侵害性を認めてこなかったからである(6)。

---

(4) 大阪地判平成６年４月27日判時1515号116頁（釜ヶ崎監視カメラ事件。大阪高判平成８年５月14日平成６年（ネ）第1264号、同1300号〔控訴棄却〕、最判平成10年11月12日平成８年（オ）第1646号〔上告棄却〕ともに判例集未登載）。

(5) 最大判昭和44年12月24日・前掲注(1)の３許容要件を例示と解した東京高判昭和63年４月１日判時1278号152頁（山谷争議団事件）は、要件①に代えて「犯罪が発生する相当高度の蓋然性」を充てた。

(6) 例えば、被写体が物である場合として、United States v. McMillon, 350 F. Supp. 593 (D.D.C. 1972) は、被告人の裏庭で栽培されているマリワナに対する令状無しの撮影を、対象物が疎見 (plain view) 状態であったがゆえに許容した。被写体が人である場合として、McCray v. State, 84 Md. App. 513, 581 A.2d 45 (1990) も同旨（後述－３）。*See* S. Richard Arnold, Note, *Electronic Visual Surveillance and the Right of Privacy : When is Electronic Observation Reasonable?*, 35 WASH. & LEE L. REV. 1043 (1978) ; WAYNE R. LAFAVE, SEARCH AND SEIZURE : A TREATISE ON THE FOURTH AMENDMENT § 2.2 (a) (3d ed. 1996).

人の「容貌」についてのかかる合衆国最高裁判所の姿勢は、人の「声音」についての1973年の United States v. Dionisio の裡に窺知される。

Dionisio 判決は、大陪審に召喚された者に声音を提示させてこれを録音した事例であるが、ここで合衆国最高裁判所は、大陪審召喚が第4修正にいう押収 (seizure) に該らないことを確認して声音提示・録音行為のみを析出したうえで、これが第4修正にいう捜索 (search) に該るか否かを検討した。そして1967年の Katz v. United States が人の会話に対する聴覚捜査の事例において「人が意識的に公に晒す (knowingly exposes to the public)」ものを第4修正の射程外としたことに基づいて、「特定の会話内容とは違って、人の声の音調という身体的特徴は、人の容貌や筆跡と同様、常に公に晒されている (constantly exposed to the public)」と一括した。更に Dionisio 判決は、声音と指紋との間の類似性をも指摘して、後者については既に1969年の Davis v. Mississippi が「捜索の特徴たる、個人の私生活や思想を探査するものを含まない」としていることを挙げて、最終的に、声音提示・録音を第4修正の射程外として許容する構成をとった（Stewart 裁判官法廷意見。但し Brennan、Douglas、Marshall 裁判官は第4修正の合理性を要求した）。

---

(7) United States v. Dionisio, 410 U.S. 1, 93 S. Ct. 764, 35 L. Ed. 2d 67 (1973) ; LAFAVE, *supra* note 6, § 2. 6 (a).
(8) Katz v. United States, 389 U.S. 347, 88 S. Ct. 507, 19 L. Ed. 2d 576 (1967).
(9) 筆跡については、Dionisio 判決直後の United States v. Mara, 410 U.S. 19, 93 S. Ct. 774, 35 L. Ed. 2d 99 (1973) にて直接に扱われた際に、「繰り返し公に晒されるもの」として声音との類似性が更めて指摘された（Stewart 裁判官法廷意見。但し Brennan、Douglas、Marshall 裁判官は第4修正の合理性を要求した）。*See also* United States v. Euge, 444 U.S. 707, 100 S. Ct. 874, 63 L. Ed. 2d 141 (1980).
(10) *Dionisio*, 410 U.S. at 15 ; Davis v. Mississippi, 394 U.S. 721, 727, 89 S. Ct. 1394, 1398, 22 L. Ed. 2d 676, 681 (1969).
(11) 指紋採取の性質につき、従前の判例の態度は明瞭さを欠いていた（例えば、Paulson v. Florida, 360 F. Supp. 156 (S.D. Fla. 1973) は捜索であるとし、他方 Commonwealth v. DeWitt, 226 Pa. Super. 372, 314 A.2d 27 (1973) は捜索ではないとする）。Davis 判決自体も、指紋採取を捜索ではないと直截に断じたものではなく、指紋採取程度の限定的侵害のための身柄拘束であれば伝統的な意味での「相当な理由」は欠いたとしてもなお第4修正に反しない可能性があることを示唆したにとどまる。しかし、合衆国最高裁判所は Davis 判決以降、Cupp v. Murphy, 412 U.S. 291, 93 S. Ct. 2000, 36 L. Ed. 2d 900 (1973) においても、指紋を「常に公に晒されてる身体的特徴」に過ぎぬものとして声音・筆跡と並置し、指爪捜索とは一線を画した。*See also In re* Grand Jury Proceedings (Schofield), 507 F. 2d 963 (3d Cir. 1975)（大陪審証人の指紋採取につき「相当な理由」を不要とした事例）。

従って、「容貌」についての直接の合衆国最高裁判所判断は未だないとはいえ、連邦下級審及び州判例において、容貌の単なる視認もカメラ等によるその記録も捜索には該らないという路線が確立している[12]。

2

　しかし、人の写真撮影には、このように声音や指紋と比較可能な、正に容貌のみを対象とする場合だけでなく、撮影時の人の行為や更には所在（動向）等の情報をも伴う「容貌・姿態等」を対象とする場合がある。実際、人に対する聴覚捜査においては、Dionisio 判決が鋭く指摘したように、従来「声音」とそれが織りなす「言葉（会話等）」とは明らかに区別されてきた。後者の捜査は、Katz 判決以降第4修正の掣肘を受け、1968年の「犯罪取締・街路安全に関するオムニバス法（Omnibus Crime Control and Safe Streets Act）」Title III、1986年の「電子的通信プライバシー法（Electronic Communications Privacy Act）」Title I による厳しい規制に服する。従って、人に対する視覚捜査についても、動作情報を包括する場合には、別途に扱う必要性が必然的に意識されるようになる。理論的には、動的記録すなわち所謂ビデオ録画のみならず、たとえ写真1葉（による静止状態の把握）であっても容貌に加えて何らかの動作「断面」が捉えられたものであれば、議論の射程は及び得る。単なる容貌との違いは、動作は刻々とその情報内容を変えるがゆえに、「常に」公に晒されているとはいえなくなる点にある。重ねて繰り返せば、Katz 規準は、公に晒されていない部分を第4修正の保護下に措く。

　口頭会話に対する聴覚捜査において、かつては第4修正の射程を画するものとして、捜査官の物理的侵入の有無を問う規準が採られていた[13]。これに対してKatz 判決の新規準によれば、人は、意識的に公に晒している行動についての

---

(12) 例えば、United States v. Holland, 438 F.2d 887 (6th Cir. 1971) によれば、連邦捜査局本部へ任意同行した者の写真撮影及びその使用は第4修正上の権利を侵害しない。Application of Rodgers, 359 F. Supp. 576 (E.D.N.Y. 1973) によれば、大陪審証人の写真撮影は Dionisio 判決に則り許容される。State v. McDowell, 301 N.C. 279, 271 S.E.2d 286 (1980) によれば、保護観察官の求めに応じて出頭した者の仮釈放期内での写真撮影は、声音に類似して「意識的に公衆視に晒されている（knowingly expose to public view）」ゆえにプライバシー期待を有しない。

(13) Goldman v. United States, 316 U.S. 129, 62 S. Ct. 993, 86 L. Ed. 1322 (1942).

みプライバシー期待を失い、第 4 修正の保護を受けない。これは公共の場とて常にプライバシー期待を失うわけではないことを含意し、実際 Katz 判決は「公にアクセス可能な領域であっても、私たる（as private）保護を求めるものについては憲法上保護され得る」と述べて、公衆電話ボックス（扉閉）外側の秘聴器設置・使用を第 4 修正違反とした。Katz 規準が、プライバシー期待の判断の基点を「場所」から「人」へ転換したものであるといわれる所以である。

而して、この Katz 規準は、公衆電話ボックスの視覚版たる「公衆トイレ個室」事例へと及ぶ（後述二参照）。

3

しかし、同じく「公にアクセス可能な領域」とはいえ、公道上の人については「私たる保護を求めるもの」ではないと解して、判例は、その視認・撮影を捜索ではないとしているようにみえる。

捜査官が通行人と同じように裸眼で公道上の人を見ることは勿論許されるが、その視覚を双眼鏡等で増幅すること（撮影を含む）もまた許されている。かかる場合は「自分の行動が公衆の眼ないし捜査官の監視を免れているという合理的期待を持ち得ない」からである。1990 年の McCray v. State は、捜査官が令状等を得ずして、自宅から公道を渡って運輸局へと歩く対象者（及び運輸局に

---

(14) *Katz*, 389 U.S. at 351, 88 S. Ct. at 511, 19 L. Ed. 2d at 582.

(15) *Id*.

(16) State v. Bryant, 287 Minn. 205, 177 N.W.2d 800 (1970).

(17) 例えば、公道上における賭博行為（United States v. Loundmannz, 472 F.2d 1376 (D.C. Cir. 1972)）や薬物売買行為（Commonwealth v. Ortiz, 376 Mass. 349, 380 N.E.2d 669 (1978)）に関する許容例がある。*See also* United States v. Grimes, 426 F.2d 706 (5th Cir. 1970) ; United States v. Minton, 488 F.2d 37 (4th Cir. 1973).

(18) Gary C. Robb, Note, *Police Use of CCTV Surveillance: Constitutional Implications and Proposed Regulations*, 13 U. MICH. J. L. REFORM 571, 582 (1980). *But see* Robert R. Belair & Charles D. Bock, Note, *Police Use of Remote Camera Systems for Surveillance of Public Streets*, 4 COLUM. HUM. RTS. L. REV. 143 (1972) ; Jennifer M. Granholm, *Video Surveillance on Public Streets : The Constitutionality of Invisible Citizen Searches*, 64 U. DET. L. REV. 687 (1987) ; Robert C. Power, T*echnology and the Fourth Amendment : A Proposed Formulation for Visual Searches*, 80 J. CRIM. L. & CRIMINOLOGY 1 (1989) ; Mark Hansen, *No Place to Hide*, A.B.A. J., Aug. 1997, at 44 ; Quentin Burrows, Note, *Scowl Because You're on Candid Camera : Privacy and Video Surveillance*, 31 VAL. U. L. REV. 1079 (1997).

(19) *McCray*, 84 Md. App. 513.

出入りする他の通行人）をビデオ視認・撮影したことを、捜索ではないとした事例である。裁判所は、本件視認・撮影は「公共の場所で且つ公衆視の下で(in a public place and in public view)」の行為に対して為されたものであることを指摘し、「公道等を歩いている場合、特定の行先に向けて移動していたり公共の場所で特定の人に会ったりすることを、関心をもつ人誰に対しても自ら晒している（voluntarily exposed to anyone）」のだから、プライバシー期待はないと判断した。従って、視認したことも同対象をビデオカメラで精密記録したことも、ともに許容されたのである。

そして現在、公道上については、望遠や光増幅の機能付カメラが様々な箇所に設置され、通行人に対する視認・撮影に用いられている[20]。

公道上が「公共の場所」であり「公にアクセス可能な領域」であることは、疑いない。しかし、「私たる保護を求めてはいない」或は「公衆視の下に」ある意を画定することは、今日もはや容易ではない。人に「見える」範囲は、科学技術の進歩に伴って確実に拡がり、それとともに公衆の通常の視覚と技術的に達成可能な視覚との間に格差が生じてきたからである。

二 秘匿視機能論の展開（アメリカ）

1

1967年のKatz判決において、公衆電話ボックス（扉閉）は「公にアクセス可能な領域であるが、私たる保護を求めるもの」であるがゆえに、其処における人の会話は保護の対象となった。視覚捜査において同様の状況を解明したの

---

[20] かかるカメラ使用は、1960年代後半のHoboken（New Jersey）及びOlean（New York）を皮切りとして始まり、1971年のMt. Vernon（New York）では光増幅器の導入により終日稼働となった。1982年のMiami Beach（Florida）では上下左右可動の望遠レンズ付カメラが地区全体を覆う規模で設置され、民間要員により監視された。他、諸例がある。但し、1980年代末までは、実効性への疑問やコストの高さ等を理由に、何れも実験的単発的域を出なかった。しかし、1990年代以降、例えばAnchorage（Alaska）では私人が自宅で画像を受信し監視・撮影した後に警察等へ回覧する体制を整えるなど、画期的技術進捗や幅広い民間協力に支えられた種々の形態において、急速に版図拡大の途を辿っている。See Burrows, supra note 18 ; Raymond Surette, *Video Streets Patrol : Media Technology and Street Crime*, 13 J. POLICE SCI. & ADMIN. 78 (1985).

が、一連の「公衆トイレ内の個室」の事例である。公道上の人が「公共の場所で且つ公衆視の下に」あるので保護されないことの当否を検討する前提として、二では、公衆トイレ個室事例における「私たる保護を求める」ことと「公衆視（public view）」との関係をみる。[21]

2

かつて、公衆トイレ個室（扉閉）内に対する「秘匿された眺望地点（hidden vantage point）からの監視・撮影」（clandestine obsevation. 以下、秘匿監視・撮影という）は、広く許容されていた。[22] Katz 判決前の先駆的不許容事例たる、1962年の Bielicki v. Superior Court 及び Britt v. Superior Court は、当該場所の一時的私的性質と秘匿監視態様とが考慮された少数派であった。[23]

公衆トイレ個室の扉が閉鎖されている場合は、Katz 判決にて保護された電話ボックスの状況と正に同じである。[24] 公衆トイレ個室において扉を閉鎖するという行為は、「公衆視」を遮断して積極的に「私たる保護を求める」ことを確かに意味する。

従って Katz 判決後、1970年の State v. Bryant[25]においては、同性愛行為に使

---

(21) 二の参考文献として特に、Case Comment, *Unreasonable Visual Observation Held to Violate Fourth Amendment*, 55 MINN. L. REV. 1255 (1971)；Belair & Bock, *supra* note 18；George F. Butterworth, Note, *People v. Triggs : A New Concept of Personal Privacy in Search and Seizure Law*, 25 HASTINGS L.J. 575 (1974)；Jeanette R. Scharrer, Comment, *Covert Electronic Surveillance of Public Rest Rooms : Privacy in the Common Area?*, 6 COOLEY L. REV. 495 (1989)；William O'Callaghan, *Cameras in the Restroom : Police Surveillance and the Fourth Amendment*, 22 HASTINGS CONST. L.Q. 867 (1995)；LAFAVE, *supra* note 6, § 2.4 (c)。

(22) Smayda v. United States, 352 F.2d 251 (9th Cir. 1965)。

(23) Bielicki v. Superior Court, 57 Cal. 2d 602, 21 Cal. Rptr. 552, 371 P.2d 288 (1962) によれば、屋根から覗穴を通して公衆トイレ個室（扉閉）内を監視したことは、場所的性質及び監視態様の双方を勘案して許されない（本件監視態様が、「in plain sight」「readily visible and accessible」ではなく、公衆には使えない眺望地点からの秘匿監視であったことを指摘）。Britt v. Superior Court, 58 Cal. 2d 469, 24 Cal. Rptr. 849, 374 P.2d 817 (1962) は、この Bielicki 判決に則て、屋根裏から通風孔を通して公衆トイレ個室（扉閉）内を監視・撮影したことは「一時的に私用に供される公領域」ゆえに許されないとした。

(24) 有料トイレであるか否かは、重要ではない（*Britt*, 58 Cal. 2d at 472）。因みに、Bielicki 判決は有料トイレ、Britt 判決は無料トイレの事例であった。

(25) *Bryant*, 287 Minn. 205. *See also* Case Comment, *supra* note 21。

用されている疑いのある公衆トイレ個室（扉閉）内を捜査官が天井の換気口から監視した事案につき、Katz 判決の電話ボックスの例に倣って個室使用者のプライバシーが保護された。同じく公衆の通常の視覚――公の眺望地点（public vantage point）からの監視――によらない視認・撮影（すなわち秘匿監視・撮影）を令状なき捜索に該るとした類例には、公衆トイレ個室の便座上に立って仕切壁の上から隣個室内を覗いた場合(26)、同じく公衆トイレ個室から仕切壁の穴を通して隣個室内を覗いた場合(27)、等も含まれる。現在では、かかる公衆トイレ個室（扉閉）内に対する秘匿監視・撮影には、原則として会話傍受令状類似の厳格な限定条件を付した捜索令状を要する(28)。

尤も、（秘匿された眺望地点からでなく）公衆視と重なり得る方法で視認された場合には、結論はやや微妙である。秘匿監視によると同じく捜索に該るとする流れが存在する一方、例外的に捜索には該らないとするものも多い(29)(30)。これは、公衆トイレ個室の「私」領域的色彩の理解如何に係るもので、前者は、個室扉を閉めることで個室内に通常の私領域に比肩する強い場所的保護を認めるが、後者は、扉を閉めても通常の私領域ほどの場所的保護を認めないことによるものかともみえる。

---

(26) People v. Mercado, 68 N.Y.2d 874, 508 N.Y.S.2d 419, 501 N.E.2d 27 (1986). 但し、扉下より見える脚は１組であるのに声は２種類聴えたこと等により、薬物犯罪ないし同性愛行為の「suspicion」が成立していたため、本件視認は許容された。*See also* Liebman v. State, 652 S.W.2d 942 (Tex. Crim. App. 1983).

(27) Idaho v. Limberhand, 117 Idaho 456, 788 P.2d 857 (App. 1990).

(28) People v. Dezek, 107 Mich. App. 78, 308 N.W.2d 652 (1981).

(29) Brown v. State, 3 Md. App. 90, 238 A.2d 147 (1968) では、背丈６フィートの捜査官が背伸び等せずに個室扉（５フィート５インチ）上から頭を出して個室内を見た場合を、捜索に該るとした。この場合、頭は憲法上保護された領域への物理的侵入に該るからである。また、Wylie v. State, 164 Ga. App. 174, 296 S.E.2d 743 (1982) では、壊れた扉の隙間を通して個室（扉閉）内を見た場合を、捜索に該り得るとした（但し、扉下から２組の脚が見えたこと等により、犯罪の「suspicion」が成立していたため、本件視認は許容された）。

(30) United States v. White, 890 F.2d 1012 (8th Cir. 1989) では、壁と扉との間の隙間から個室（扉閉）内を覗いたことが、少なくともトイレ使用者にとって予期し得ない方法ではないとして許容された。同じく Moore v. State, 355 So. 2d 1219 (Fla. App. 1978) も、半インチの隙間を通して個室（扉閉）内の人の薬物使用状況を見た場合を、捜索でないとした。

3

比べて、公衆トイレ個室の扉がない（すなわち全く閉鎖されていない）場合には、たとえ個室内につき通常の私領域類似の強い保護を認める見解を採ったとしても、公衆視に対するプライバシー期待は基本的に認め難い。従って、捜査官が公衆の１人と同じように公衆トイレに立ち寄った際に見える対象については、プライバシー侵害はなく捜索ではない。しかし、同対象の視認を公衆視から外れる秘匿態様で行う場合に対してまで「私たる保護を求め」ないものとしてプライバシー期待を否定し得るかどうかは、問題となる。扉が閉じられていない以上は公衆の眼には晒されているが、そのことが「私たる保護を求める」ことの積極的否定ないし全ゆる意味でのプライバシー期待の喪失を意味し得るかという問題、換言すれば、「*public* view」という語の中に「clandestine view (from hidden vantage point)」を包含し得るかという問題である。

　第１の見解は、扉による遮蔽がなければ即プライバシー期待は完全に失われるので、かかる場合には秘匿監視・撮影までも許容されるものと説く。Katz判決以前の People v. Young において、公衆トイレに入ってきた公衆の眼に晒されている個室（扉なし）に保護が与えられなかったのは、ある意味で当然の帰結であったが、Katz判決後の1970年に個室（扉閉）を保護した前述 State v. Bryant も、仮に当該個室に扉がなかったとすれば結論は違っていたろうと付言していた。更に、1971年の Buchanan v. State では、扉がないので公衆トイレ自体に立ち入れば個室内まで見通せる仕様において、1993年の Young v. State では、扉はないが入口や小用区域からは個室内までは見通せない仕様において、何れも壁穴越しにビデオ監視したことが同じく許容された。

　対する第２の見解は、個室扉を閉鎖しない（時に捜査官により予め外されていて閉鎖できない）ことを以て直ちに個室内におけるプライバシー期待の存在を完全に否定すべきではないとし、公衆視からは予期し得ない秘匿監視・撮影は、

---

(31) People v. Young, 214 Cal. App. 2d 131, 29 Cal. Rptr. 492 (1963).
(32) Buchanan v. State, 471 S.W.2d 401 (Tex. Crim. App. 1971).
(33) Young v. State, 109 Nev. 205, 849 P.2d 336 (1993). 同仕様において個室（扉なし）内を隣個室から壁穴を通して覗いたことが捜索ではないとされた事例として、State v. Holt, 291 Or. 343, 630 P.2d 854 (1981) がある。

かかる場合にもやはりプライバシー期待を侵害すると考える。Katz 判決以前に個室（扉閉）内を保護した先駆的事例たる Bielicki 判決及び Britt 判決において既に、秘匿監視という監視態様自体のプライバシー侵害性への着眼傾向が窺われるが(34)、更に1973年の People v. Triggs では(35)、捜査官が上部通風孔から個室（扉なし）内の人を監視したことが、端的に捜索に該るとされた。裁判所はこの判断に際して、秘匿監視という態様を殊に重視し、「トイレ使用者の多くは、姿を隠した捜査官が自分たちを監視していると疑う理由を持たない」のにこれを捜索でないとすれば無差別監視を許す事態となることの危険性を説いた。その後の Kroehler v. Scott(36)においても、令状等を得ずして公衆トイレ個室天井に覗穴を開けて個室内部を秘匿監視するという監視態様が、対象者無差別性ゆえに批判の対象となった。

　以上の２見解のうち、「私たる保護を求める」には扉を閉ざして公衆視を遮断しなければならないとする第１の見解は、基本的に場所的保護と人的保護とを同化させているため、個室扉がなく公衆視を遮断する措置が講じられなければ場所的保護は失われ、と同時に人のプライバシー期待も完全に失われる。対する第２の見解は、扉がない場合には「公衆視に晒されている限度で」人のプライバシー期待は失われているのであって、Katz 判決の「人」の保護という理論構成を最も純化した形で展開して、秘匿監視・撮影の一般的禁止という結論を導出している(37)。

---

(34) 但し、Bielicki 判決及び Britt 判決自体は、「一時的に私用に供される公領域」という場所的特殊性を強調することから、その論理は畢竟、第１の見解と共通する場所的保護論の１亜種に過ぎない。ゆえにこそ Britt 判決は、ショッピングエリアや公道や百貨店のエレベーター等においてはプライバシー期待はないと明言した（*Britt*, 58 Cal. 2d at 472）。

(35) People v. Triggs, 8 Cal. 3d 884, 106 Cal. Rptr. 408, 506 P.2d 232 (1973).

(36) Kroehler v. Scott, 391 F. Supp. 1114 (E.D. Pa. 1975).

(37) Anthony G. Amsterdam, *Perspectives on the Fourth Amendment*, 58 MINN. L. REV. 349, 403 (1974) によれば、人に対する視覚監視とは、Katz 判決の聴覚監視と並んで監視の１態様と位置づけられるものであり、その中で Triggs 判決は、監視態様の強調によりプライバシー期待の概念を深化させてその潜在的推測を反映させたものである。*See also* Butterworth, *supra* note 21, at 596 ; Case Comment, *supra* note 21.

4

　公衆トイレ内の共用部分（個室外部分）について秘匿監視・撮影を容認する判例趨勢は、場所的保護を基点とする第1の見解の優位を示すものと思われる。例えば、People v. Lynchでは、外から公衆トイレ自体に入る間に2枚の扉がある仕様において、公衆トイレ共用部分における行為を天井のビデオカメラで秘匿監視・撮影したことにつきプライバシー期待が否定された。外部から人が来れば2枚目の扉が開く前にそれと知れるため、公衆視は事実上は明らかに不存在であったが、かかる場所においては「プライバシーは排他的（absolute）ではなく」「行為は公衆の閲するところ（open to public examination）であった」ゆえに、捜索ではないとされたのである。他方、State v. Jarrellでは、公衆トイレ共用部分の窓傍での行為を捜査官が屋根裏から秘匿監視・撮影したことを許容した。これは窓傍であるから先の事例とは違って実際に公衆視があり得る状況でもあったが、裁判所は「公衆トイレに入ってくるかもしれない人を警戒することによってのみ第4修正上の権利を獲得するわけではない」という形でこれを斥けた。

　しかし翻って、これと酷似した状況であっても、私領域（private place）の場合には通常、令状無しの秘匿監視・撮影は許されない。例えばPeople v. Teicherでは、歯科医師がそのオフィス内で患者に対して猥褻行為を行う様子を秘匿ビデオ撮影することが、会話傍受命令類似の厳格な限定条件付捜索令状を条件として辛うじて認められた。またState v. Solisにおいては、州憲法違反の秘匿捜査官により営まれている質屋内にて取引きの様子を令状無しで秘匿ビデオ撮影したことが、プライバシー期待に反するものとして不許容とされた。

　これらの保護事例は、あくまでも私領域であることのみによるものかともみえる。しかし更に、State v. Bonnellは、外部者にはアクセスできない従業員休

---

(38) *Holt*, 291 Or. 343では、捜査官が、公衆トイレに隣接する施錠倉庫内の脚立に乗って通風孔越しに公衆トイレ共用部分における行為を監視したことが、許容された。
(39) People v. Lynch, 179 Mich. App. 63, 445 N.W.2d 803 (1989).
(40) State v. Jarrell, 24 N.C. App. 610, 211 S.E.2d 837 (1975).
(41) People v. Teicher, 52 N.Y.2d 638, 439 N.Y.S.2d 846, 422 N.E.2d 506 (1981).
(42) State v. Solis, 214 Mont. 310, 693 P.2d 518 (1984).
(43) State v. Bonnell, 75 Haw. 124, 856 P.2d 1265 (1993).

憩室内を秘匿ビデオ監視・撮影した事例において、かかる監視態様の本質的無差別性・高度の濫用可能性を指摘した上で、「人は何処に居ようともプライバシーの光背（halo）を持ち、居る権利のある何処においてもプライバシー権を行使でき、政府の侵害からの自由を合理的に期待し得る」といい、「全ての人はプライバシー期待を人（person）に関して持つのであって、その人が偶々居合わせた場所に関して持つのではない」という。従って、場所の保護が公衆の眼によって剥ぎ取られても——この事例では剥ぎ取られていないが——なお別途に人的保護は残り、更に同保護は公領域にも及ぶものと理解することは可能である。ここに、前途第2の見解の存続余地もまた、垣間みえる。

三　増幅視機能論の展開（アメリカ）

1

公衆視に晒されている場合において「人」に関するプライバシー期待は正に公衆視に重なる限度でのみ失われるという見解は、少なくとも私領域においては、再度検証し得る(44)。

私領域内部の人に対する視覚捜査は、現在、通常は当然に「捜索」に該る(45)。しかし、家屋の窓のカーテンを開け放す等によりこの私領域が視覚的に開かれ

---

(44) 三の参考文献として特に、LAFAVE, supra note 6, § 2. 2 (c)；Peter Thornton, Note, *Police Use of Sense-Enhancing Devices and the Limits of the Fourth Amendment*, 1977 U. ILL, L. REV. 1167 (1977)；Comment, *Telescopic Surveillance as a Violation of the Fourth Amendment*, 63 IOWA L. REV. 708 (1978)；David E. Steinberg, *Making Sense of Sense-Enhanced Searches*, 74 MINN. L. REV. 563 (1990).

(45) See Belair & Bock, supra note 18, at 187-188；Arnold, supra note 6；Nancy J. Montroy, Note, *United States v. Torres : The Need for Statutory Regulation of Video Surveillance*, 12 J. LEGIS. 264 (1985)；Denise Troy, Comment, *Video Surveillance : Big Brother May Be Watching You*, 21 ARIZ. ST. L.J. 445 (1989)；Kent Greenfield, *Camera in Teddy Bears : Electronic Visual Surveillance and the Fourth Amendment*, 58 U. CHI. L. REV. 1045 (1991). *See also* United States v. Torres, 751 F.2d 875 (7th Cir. 1984), *cert. denied*, 470 U.S. 1087, 105 S. Ct. 1853, 85 L. Ed. 2d 150 (1985)；United States v. Biasucci, 786 F.2d 504 (2d Cir. 1986), *cert. denied*, 479 U.S. 827, 107 S. Ct. 104, 93 L. Ed 2d 54 (1986)；United States v. Cuevas-Sanchez, 821 F.2d 248 (5th Cir. 1987)；Ricks v. State, 312 Md. 11, 537 A.2d 612, *cert. denied*, 488 U.S. 832, 109 S. Ct. 90, 102 L. Ed. 2d 66 (1988)；United States v. Mesa-Rincon, 911 F.2d 1433 (10th Cir. 1990). *Cf.* Minnesota v. Carter, 525 U.S. 83, 119 S. Ct. 469, 142 L. Ed. 2d 373 (1998).

て（open view）いる場合に、公衆により疎見（plain view）される対象を、捜査官が居る権利のある場所——秘匿された眺望地点ではなく公の眺望地点——から同じく疎見することは、例外的に捜索ではない。従来、この「疎見（plain view）」が、裸眼視のみならず、望遠鏡・双眼鏡・フラッシュライト等による増幅視をも含むか否かが争われ、結論として、裸眼視が捜索に該らない場合には、通常はその視覚を増幅してもやはり捜索には該らないと理解されてきた。そして、写真撮影は、望遠レンズ付撮影（撮影前の拡大）或はネガ引き伸ばし（撮影後の拡大）において増幅視機能を営むことから、必然的にこの増幅視機能論の一隅に組み込まれることになる。

2

　プライバシーの合理的期待が明らかに存在しない場合の視覚増幅として、例えば、扉を開け放した納屋の内部で違法な酒蒸留器を操っているので近辺の誰にでも裸眼で見える場合に双眼鏡監視したり、或は、居間の窓辺に姿を晒していて通行人に見える場合に望遠レンズ撮影したりすることは、捜索に該らない。
　しかし、視覚増幅の程度は様々である。1970年の Commonwealth v. Hernley では、賭博用紙作成被疑者の印刷店を監視する捜査官が、地上に立つと店内が見通せない高さにある窓に対して、隣接した鉄道線路（公領域）に立てた4フィートの梯子に乗り、双眼鏡を用いて印刷機から出てくる印刷物の内容（フッ

---

(46) 捜査官の監視が公の眺望地点でない場所から行われ、その捜査官の居場所が隣人、一般公衆が通常居ると予期されない異常なところである場合には、家屋内観察は第4修正にいう捜索に該る（LAFAVE, *supra* note 6, §2.2 (c), at 482）。
(47) *See* Lorenzana v. Superior Court, 9 Cal. 3d 626, 108 Cal. Rptr. 585, 511 P.2d 33 (1973) ; People v. Wright, 41 Ill. 2d 170, 242 N.E.2d 180 (1968).
(48) United States v. Lee, 274 U.S. 559, 47 S. Ct. 746, 71 L. Ed. 1202 (1927) ; On Lee v. United States, 343 U.S. 747, 72 S. Ct. 967, 96 L. Ed. 1270 (1952) ; Johnson v. State, 2 Md. App. 300, 234 A.2d 464 (1967).
(49) 付属望遠レンズにて撮影前に拡大した場合（United States v. Allen, 675 F.2d 1373 (9th Cir. 1980)）、画像解析にて撮影後に拡大した場合（States v. Dickerson, 313 N.W.2d 526 (Iowa 1981)）とともに、増幅視機能論の枠内で処理されている。
(50) Fullbright v. United States, 392 F.2d 432 (10th Cir. 1968).
(51) State v. Louis, 296 Or. 57, 672 P.2d 708 (1983).
(52) Commonwealth v. Hernley, 216 Pa. Super. 177, 181-182, 263 A.2d 904, 907 (1970).

トボール賭博用紙）まで知り得たことをも、捜索に該らぬものとして許容した。裁判所曰く「Katz 事案では、対象者は電話ボックスに入って扉を閉めて小銭を入れることによって聴耳を効果的に遮断しようとしていた〔ところ〕、……本件では、……窓のカーテンを閉めさえすればよかった。視覚監視からプライバシーを保護することが対象者自身の責務である状況が存在するのに……それを行わなかった以上、プライバシー期待は正当でも合理的でもない」と（下線、松代）。このように、対象者が積極的遮蔽措置を講じなかったことを理由とした許容の類例は多い。[53]

3

しかし、窓のカーテンを閉めるという積極的遮蔽措置を講じないことが増幅視に対する一切のプライバシー保護の喪失を意味すると解することの問題性が、次第に明らかになる。[54]「見える」範囲が、視覚増幅技術の進歩に裏付けられて、果てしなく膨張してきたからである。

1976年の United States v. Kim[55]において、疎見の限界が提示される。捜査官は約4分の1マイル離れた建物から60×80ミリ望遠鏡を用いて対象者のアパート内での行動を監視したが、その増幅性能は人の読んでいる物すら詳らかにする域に達していた。裁判所は、対象者が窓のカーテンを閉ざしていなかったことは重要ではないとして、曰く「本件で使用された精巧な視覚増幅機器は、Katz 事案における電子的監視……と同じぐらい深刻に個人のプライバシーを

---

(53) Hernley の類例として、People v. Ferguson, 47 Ill. App. 3d 654, 7 Ill. Dec. 792, 365 N.E.2d 77 (1977) では、捜査官が60フィート離れた空地から双眼鏡を用いてアパート2階の窓を覗き込み、2人の女性が番号賭博結果表を読んでいるのを見た行為を許容した。なぜなら対象者は外部の人の視線を遮る努力をしていなかったからである。People v. Hicks, 49 Ill. App. 3d 421, 7 Ill. Dec. 279, 364 N. E.2d 440 (1977) では、夜間双眼鏡を用いた捜査官がホテル1階の窓を通して多数の人が賭博しているのを見た行為を、Hernley に則って許容した。なぜなら、対象者はカーテンを引く必要に2度気付いていた以上、他の折にはプライバシー期待を主張できないからである。State v. Thompson, 196 Neb. 55, 241 N.W.2d 511 (1976) では、捜査官が路地から双眼鏡を用いて裏窓を通して居間を覗き込んでマリワナ煙草を吸っている人を見たことを、捜索ではないとして許容した。なぜなら捜査官には路地に居る権利があり、且つ、その双眼鏡に関して不適法なことは何もなかったからである。

(54) Amsterdam, *supra* note 37, at 402は、Hernley 判決は Katz 判決を誤適用したと批判する。

(55) United States v. Kim, 415 F. Supp. 1252, 1256 (D. Haw. 1976). *See also* Comment, *supra* note 44 ; Thornton, *supra* note 44.

侵害し得る。個人の家屋内に対して人の読んでいる物が知れるほどに侵害し得るのになお捜索に該らぬとは、考え難い。捜査官は、対象者の犯罪行為につき<u>相当な理由に基づいて望遠鏡視の必要を感じるならば令状を獲得すべき</u>であって、そうはせずに、<u>一般には使われていない特殊機器を用いて</u>他人の窓を覗き込む権限はない」と（下線、松代）。

すなわち、非捜索たる疎見 (plain view) の語義には、裸眼視或はせいぜいが公衆に使用可能な機器を用いた増幅視によること、更にかかる増幅視の限界として、人の私生活を過度に詳らかにしないこと、という2つの制約が課せられたのである。[56]

加えて1986年の合衆国最高裁判所の Dow Chemical Co. v. United States は、[57]家屋内よりも遙かに場所的保護の薄い領域[58]においても、同様の2制約の存在を窺わせる。これは、環境保護局（EPA）が、高度12000フィート・3000フィート・1200フィート（全て航行可能範囲内）から、2000エーカーに及ぶ化学工場群を商業空中写真家に空中撮影させた事案であった。合衆国最高裁判所はこれを許容したが、その理由の第1は、「人の視覚（vision）が若干増幅されるというだけでは憲法問題を惹起しない」ところ、本件カメラが「非常に精巧ではあるが市販の地図製作用簡易カメラ」だったことにある。[59]理由の第2は、本件撮

---

(56) Kim 判決自体、疎見は増幅を伴わないと解するかにも読める。増幅視に対して積極的遮蔽措置を講じずともプライバシー期待が完全に失われるわけではないとした類例として、United States v. Taborda, 635 F.2d 131 (2d Cir. 1980) 曰く、望遠鏡視は「人の私生活の詳細を監視の危険に晒す」ものである以上、「非増幅視に晒されることは格別、家屋内における意識的なプライバシーの推定は、カーテンを閉めて望遠鏡視を遮らないからといって斥けられるものではない」。State v. Ward, 62 Haw. 509, 617 P.2d 568 (1980) では、10×30ミリ双眼鏡を用いて8分の1マイル離れた他の建物（公の眺望地点として最接地）から当該7階建アパート内でのクラップス（賽賭博）を見たことが、捜索に該るとされた。なぜなら「憲法は、いかなる場合においても、人が自分のプライバシーを護るために空気・日光・景色を閉め出すことを要求してはいない」からである。See Note, *From Private Places to Personal Privacy : A Post-Katz Study of Fourth Amendment Protection*, 43 N.Y.U. L. Rev. 968, 985 (1968). 従って、私領域（少なくとも家屋内）については、その増幅視はすなわち私生活を過度に詳らかにすることであるがゆえに許容し得ない、という理解も充分可能である。*E.g.,* Power, *supra* note 18.

(57) Dow Chemical Co. v. United States, 476 U.S. 227, 106 S. Ct. 1819, 90 L. Ed. 2d 226 (1986).

(58) 合衆国最高裁判所多数意見は本件許容に際して、工場群という場所が、所謂オープンフィールド（open field）類似のものであって、プライバシー期待度の高い「庭地（curtilage）」ではないことを強調した。*Cf.* California v. Ciraolo, 476 U.S. 207, 106 S. Ct. 1809, 90 L. Ed. 2d 210 (1986).

影において「憲法上の関心を惹起するような私事詳細（intimate details）の開披」はなく「より深刻なプライバシー利益を含むかたちで、識別可能な人の顔や秘密書類が捕捉されたわけではな」かったことにある。

上記理由第１は、人が予測し得る視覚（疎見）とはせいぜいが一般に利用可能な機器による増幅視どまりであって、これが人が私領域にて場所的保護を放棄している場合のプライバシー喪失の限度であることを示し、Kim判決の第１制約と重なる。上記理由第２は、更にこの場所的保護とは別個に人的保護による制約があり得ることを、Kim判決の第２制約同様に示唆している。

4

以上は、私領域に関して展開されてきたものであるが、第１制約の構図は、公領域においてもなお成立の余地がある。

1973年のSponick v. Detroit Police Dep't[61]は、捜査官が居酒屋内での会談模様を視認・ビデオ撮影したことにつき、対象者のプライバシー期待を否定した。曰く「ビデオ機器は……客として当該居酒屋に入れば<u>公衆の誰にでも見えるものを常時記録するに過ぎないから</u>」である[62]（下線、松代）。これは、公道上に準じた状況における許容のリーディングケースとみられ、1990年のMcCray v. Stateが「公共の場所で且つ公衆視の下に」ある人の撮影を許容する基盤ともなった（前述－3参照）。而して、当初からの許容発想の核心は、確かに「公衆視」である。従って、時とともに技術的に達成可能な視覚と公衆視との間に空

---

(59) なお、Dow判決のPowell一部反対意見（Brennan、Marshall、Blackmun裁判官同調）が、一般に利用不可能な特殊機器を使うまでもなく本件カメラの性能でDow社の技術詳細を開披するに充分であること、高額機器の場合（本件カメラは$22,000.00超）には実際上公衆に利用可能とはいい難いこと、を挙げて、第１制約の不充分性を指摘したことにも、留意を要する。

(60) その後、同様に第１規準の存在を認めたものとして、*Allen*, 675 F.2d 1373は、撮影者が裸眼でも見える対象を、ヘリコプターから70―230ミリ望遠レンズ付カメラを用いて撮影したことにつき、本件機器が公衆にとって一般に利用可能であることを理由として、捜索ではないとした。また、*Ciraolo*, 476 U.S. 207では、庭地の上空を飛行・撮影した事例にて、空中観察した一般人なら見たであろうものを見たに過ぎないゆえ捜索に該らないとした。

(61) Sponick v. Detroit Police Dep't, 49 Mich. App. 162, 211 N.W.2d 674 (1973). *See also* Granholm, *supra* note 18, at 691.

(62) *Sponick*, 49 Mich. App. at 198. この事例では、捜査官が客として居酒屋内で視認する<u>とともに</u>、機器が壁越しに秘匿ビデオ撮影している。

隙が生じたとき、公領域においてであれ、この空隙部分についてのプライバシー期待を必ず失うという論理には、飛躍が潜んでいる。蓋し、これは、公衆視に晒されている場合であっても捜査官の秘匿視を許容しない見解（前述二）の、再論証となる。

尤も、公衆視自体を「技術的に達成可能な視覚」へと拡大するとき、この第1制約は制約たり得なくなる。1990年代に入り急速に普及した公道上カメラは、民間監視要員の起用、更には民間協力組織によるシステムの部分的ないし全面的管理運営によってコスト面での困難を克服したが、それは同時に公衆視を拡げることをも意味していた。[63]第2制約は、一見私領域ゆえの保護とも見えるが、公道上という視覚遮蔽の不可能な場所において公衆視がとめどなく拡がるに至るとき、公領域においても重大な意味を顕出させることになる。[64]

四　検討——精密記録機能論の変容・試論

1

以上、アメリカ法においては、写真撮影は視認の1亜種として視認の規制に服するものであって、「精密記録機能」に伴う権利侵害性は、それ自体としては独立の争点ではなかった。他方、わが国の写真撮影の議論は、肖像権を軸として、現在に至るまでむしろこの点に特化・収斂されてきた。

写真撮影というものをその精密記録機能に基づいて考えるとき、人を被写体とする写真撮影は、第1に、人の固有の身体的特徴を精確に獲得する手段を意味する。かねてより容貌の写真撮影は、指紋採取とともに人の識別手段としての有用性において注目されてきたが、近時の急速な技術発展により、生物学的識別（biometric identification）手段としてのその完成度を益々高めている。[65]

---

(63) 前掲注(20)参照。その他例えば、Baltimore (Maryland) には、民間と運輸省との共同出資に基づくシステム（民間監視要員起用予定）があり、Virginia Beach (Virginia) には、企業と薬物資産没収基金との共同出資に基づくシステムがある。更に、Los Angels (California) には、民間要員によるビデオ監視・撮影が行われた後に一部画像が警察に引き渡される、完全に民間出資に基づくシステムがある。See Burrows, supra note 18.
(64) See id. at 1115-1116 ; Andrew J. McClurg, *Bringing Privacy Law Out of the Closet : A Tort Theory of Liability for Intrusions in Public Places*, 73 N.C. L. REV. 989 (1995).

しかし更に今日、指紋採取については、採取検出技術の向上に加えて迅速な検索照合を行うコンピュータの導入を背景として、特定人の指紋を確保すれば、単なる身許確認を超えて巷の遺留指紋によりその者の動向や更に動向から帰結される性格・思想をも調査し得る虞が指摘されている。そして写真撮影もまた、急速な技術発展の下に、静止している被写体の物理的特徴を写すものから、動いている被写体を瞬時に動作断面として切り出すものへ、一定範囲内の動向までもそのまま捕捉するものへと変容してきた。コンピュータと連携した現在の写真撮影は、多量の写真の蓄積・照合により、技術的には、公道上を広域移動する人の動作・動向全てを刻々と捕捉識別し得るに至る。すなわち、写真撮影の情報記録機能は、今や必然的に、「公衆視」を遙かに超えるレベルの秘匿視機能・増幅視機能と不可分に結び付くこととなった。

2

かかる変質を来した写真撮影も、公道上で人ならぬ「車両ナンバープレート」を被写体とした場合は、近時のわが国の司法判断によれば、未だ基本的に任意処分の範疇を超えない。車両ナンバー自動読取装置(通称Nシステム)は、車両運転者の容貌をも撮影対象とする従来の自動速度監視装置(オービス等)とは異なり、人の容貌を識別対象とはしないと認定されたがゆえに、肖像権的

---

(65) アメリカにおいては、高度の容貌識別照合システムが、既に多方面にわたり実用化されている。同システムは、現在、動画像ないし静画像から人の容貌特徴をアルゴリズム化して抽出・識別し、ハイスクール卒業アルバム写真・運転免許証写真・パスポート写真等様々な情報源を基に作られたデータベースとの高速照合を行う。比べて、例えば声音は、変音操作可能である点やコンピュータ記録に膨大な容量を要する点において、大規模な実用化にはなお若干の問題を残し、指紋は、その採取過程において有形力行使に伴う難点を持つ。See Christopher S. Milligan, Note, *Facial Recognition Technology, Video Surveillance, and Privacy*, 9 S. CAL. INTERDIS. L.J. 295 (1999).
(66) 横田耕一「外国人登録法の指紋押捺制度の合憲性」法政56巻2号121頁(1990)。なお最判平成7年12月15日刑集49巻10号842頁。
(67) 身柄拘束下の者につき、法218条2項【補注1】。なお、それ以外の者につき、容貌の撮影に力点を措く東京地判平成元年3月15日判時1310号158頁(上智大学内ゲバ事件)、京都地決平成2年10月3日判時1375号143頁参照。
(68) 最大判昭和44年12月24日・前掲注(1)。
(69) 東京高判昭和63年4月1日・前掲注(5)。
(70) 東京地判平成13年2月6日判時1748号144頁(控訴)。

制約を回避し得たからである。そして曰く「公道を自動車が走行する際には、常にナンバープレートが外部から容易に認識し得る状態となっているのであるから、走行車両のナンバー及びそのナンバーの車両が公道上の特定の地点を一定方向に向けて通過したとの情報は、警察等の公権力に対して秘匿されるべき情報とはいえない」と。

しかし、同判決は同時に、コンピュータによる大量の情報集積・照合が「見える」範囲を根本的に変質させることに言及し、その場合の権利侵害可能性を示唆する。曰く「……車両を用いた移動に関する情報が大量かつ緊密に集積されると、車両の運転者である個人の行動等を一定程度推認する手がかりとなり得る」のであって、このような「大量の情報が集積、保存されるような事態が生じれば、運転者の行動や私生活の内容を相当程度詳細に推測し得る情報とな」ると。

被写体が公道上の人である場合においても同様に、仮に容貌自体については公衆視に晒されている限り特段の保護を認めないとしても、「容貌・姿態等」の写真撮影（による情報の集積・保存）はコンピュータ処理を介して、公衆視から乖離してゆく。そして同時に、車両の場合とは異なり、その者の「行動や私生活の内容」はより直接的に把握されることになる。

家屋内と公道上とで格差を設けて、後者につき人の写真撮影を非強制処分とする論理は、その視認情報自体は公衆視に晒されていることを前提としていた。しかし、人を写真撮影することそれ自体が、公衆視を超える視覚を齎すことを意味するとき、かつての写真撮影は格別、少なくとも変容した現在のそれについては、強制処分といい得る域に達しているように思われる。

3

そうであるとすれば、強制処分法定主義の縛りゆえに、処分実施には許容根拠規定がなければならない。

現行刑訴法に直接規定が存在しない以上、新たな立法がない限り一切許容し難いという処分不許容論[補1]が論理として最も正当であるが、従来、現実の必要性に鑑みた解釈論として、身柄拘束下にある者に対する写真撮影を許す法218条2項、逮捕する場合にその現場に限り無令状検証を許す法220条1項2号が、

検討の対象とされてきた。

　法218条2項[補1]の解釈論は、身柄拘束中の無令状撮影を許す趣旨から推して、逮捕要件が実質的に備われば、実際には逮捕せずとも無令状撮影を許容し得ると説明する[72]。従って、許容要件は、①逮捕要件の具備、②必要性及び緊急性、③相当性であり、許容は本来的に犯罪発生時ないし発生後に限られることになる。しかし、同条項は、あくまでも身柄拘束の先行する者について身許確認等のために付随し得る範囲内での無令状撮影を認めたものであるにも拘らず、逮捕代替的に撮影の許容を一般化する解釈には、疑義が付き纏う。しかも、そもそも同規定は、動きを包括しない「容貌」撮影を想定したものなのである。

　他方、法220条1項2号の解釈論は、写真撮影を現行法上の強制処分「検証」の一種たる「身体検査」類似に解し、逮捕に伴いその現場での無令状検証を認める規定趣旨から推して、逮捕要件が実質的に備われば、実際には逮捕せずとも無令状撮影を許容し得ると説明する[73]。とりわけ、写真撮影が単なる検証ではなく身体検査である点や現行犯ならば無令状で逮捕できる点に鑑み、許容要件を①現行犯性、②必要性及び緊急性、③相当性に限定するならば、解釈論として成立する見込みが立つ[74]。これは、かつて最高裁判所の提示した許容要件に重なり、且つ、その要件列挙を限定列挙と解釈することを含意する[75]。斯して法220条1項2号説は、写真撮影を強制処分とみて厳しい制約を加えつつも、現行法規定を媒とすることにより強制処分法定主義との抵触は回避し得る利を持つ。但し、実際には逮捕を伴わない以上、解釈で緊急検証を認めるものとしての批判だけは免れない。従って、やはり最終的には、視認まで視野に含めた上

---

(71) 渡辺修『捜査と防御』21頁（三省堂、1995）、三井誠『刑事手続法(1)〔新版〕』114頁（有斐閣、1997）。

(72) 時武英男「犯罪捜査と肖像権」団藤重光ほか編『佐伯千仭博士還暦祝賀・犯罪と刑罰（下）』240頁（有斐閣、1968）、藤野英一「写真撮影」熊谷弘ほか編『捜査法大系Ⅲ』263頁（日本評論社、1971）。

(73) 時に法218条2項【補注1】も併せて援用。村井敏邦「犯罪の発生が予測される現場に設置されたテレビカメラによる犯罪状況の撮影録画が適法とされた事例」判評360号［判時1294号］61頁（1989）。

(74) 光藤景皎『口述刑事訴訟法（上）〔第2版〕』168頁（成文堂、2000）、同「任意捜査と写真撮影」続学説展望168頁（1965）。

(75) 前掲注(1)参照。

での許容規定の創設が望まれる(76)。

　なお、わが国の写真撮影論が、従来憲法13条を礎に構築されてきたことは、アメリカのように公衆視自体の拡大という事態に直面したとき、その究極的意義を再認識することになろう。

（補注１）　刑訴法218条２項は、2011（平成23）年の法改正により、現在は同条３項である（条文番号のみ変更）。
（補注２）　監獄法施行規則20条は、2006（平成18）年の規則改正により、現在は刑事施設及び被収容者の処遇に関する規則10条である。文言は若干変わったが、本稿の脈絡で実質的影響はない。
（補注３）　本稿公刊後、最決平成20年４月15日刑集62巻５号1398頁が出された。【本書本章付記（判例１）】にて後述。

---

(76)　なお、公道上以外の人の写真撮影の可否については、本稿の射程を超えて、更に別途の検討を要する。アメリカ法との比較において、人に対する聴覚捜査につき、わが国の通信傍受法が口頭会話の傍受をその範疇とせず、家屋内への機器設置のための立入りを想定していない相違点（酒巻匡「通信傍受制度について」ジュリ1122号38頁、42頁以下（1997）参照）は、看過し難いからである。

※付記（判例１）

最決平成20（2008）年４月15日刑集62巻５号1398頁
―― １．公道上及びパチンコ店内に居る被告人の容貌等をビデオ撮影した捜査活動が、適法とされた事例
２．公道上のごみ集積所に不要物として排出されたごみを領置した捜査活動が、適法とされた事例

目　次
序
一　事案概要と裁判経過
二　容貌等撮影手続の適否（争点①）
三　ごみ領置手続の適否（争点②）
跋

序

　近年、刑事手続においては、自白偏重への懸念や科学的証拠領域の発展等を背景として、非供述証拠の果たす役割への期待が高まっている。とりわけ捜査の糸口として、任意の範疇で非供述証拠を取得することの利が注目される。
　私領域にある限り保護されている個人の権利・利益の対象が、公領域に出てきたとき、その保護はいかなるものに変容するのか――捜査活動はどのような要件で以てどの程度まで許されるのか。最高裁第二小法廷の平成20年４月15日決定刑集62巻５号1398頁（以下、本決定という）では、公領域に居る人の容貌等（後述二）及び公領域のごみ集積所に排出されたごみ（後述三）の法的性質が、俎上に上った。[1]

---

(1) 本決定の評釈として、豊崎七絵・法セ643号124頁（2008）、杉山貴史・警察公論63巻８号106頁（2008）、山口直也・受新2008年８月号33頁（2008）、緑大輔・速判解３巻213頁（2008）、隈良行・捜査研究57巻11号24頁（2008）、鹿野伸二・ジュリ1371号99頁（2009）、宇藤崇・平成20年度重判解208頁（2009）、笹倉香奈・法時81巻４号121頁（2009）、菅原暁・研修731号17頁（2009）がある。

一　事案概要と裁判経過

1　事案の概要

　本件は、金品を強取する目的で被害者を殺害し、その強取したキャッシュカードを用いて現金を引き出したという強盗殺人等の事案である。行方不明となった被害者の自宅から被害者自身のものと覚しき多量の血痕が発見されたことや、被害者の金融機関口座から現金自動預払機（ATM）を介して多額の現金が引き出された際にATM防犯ビデオに写っていた払戻者が被害者とは別人であったことなどから、被害者は殺害されたものと推認されるに至り、本件被告人が捜査線上に浮かんだ。

　証拠収集手続のうち適法性が争われたのは、次の2点である。第1に、ATM防犯ビデオ中の払戻者と被告人との同一性を判断するため、被告人の容貌等を承認なしに撮影したことである（争点①）。具体的には、公道上を歩く被告人を警察官が付近マンションの1室や公道停車中の車両からビデオ撮影し、また、パチンコ店内で遊技する被告人を同店内防犯カメラ及び警察官の携帯隠しカメラでビデオ撮影した（店内防犯カメラ撮影については同店店長に依頼し、撮影後にテープの任意提出を受けた）。第2に、被告人及びその妻が自宅付近の公道上にあるごみ集積所に排出したごみ袋を、警察官が回収して警察署内で中身を確認し、ATM防犯ビデオ中の払戻者が着用していたものと類似するダウンベスト等を発見・領置したことである（争点②）。被告人側は、上記の各手続により得られた各証拠につき、違法収集証拠として排除するべき旨を主張した。

2　1・2審の判決要旨

　1審（京都地判平成18年5月12日刑集62巻5号1422頁）は、被告人を無期懲役に処した。その際、争点①については、「既に行われた犯罪について被疑者と犯人との同一性等を検討するため被疑者の承諾を得ることなくその容貌等を撮影すること〔は〕、……事案の重大性、撮影することについての合理的な理由及び撮影する必要性、緊急性があり、撮影方法、撮影態様において相当なもの

であるといえるときには……許されると解するべきである」ところ、本件撮影はこの許容要件を充たすものと判断した。また、争点②については、「ごみを投棄した者はその所有権を放棄しており、これを誰もが通行する公道上等に置いている場合は特に、これを回収したとしても法益侵害の程度は小さい」のでごみ回収は許されうるのであり、それは「事案の性質又はその重大性からくる証拠保全の必要性があり、手段の相当性があるかどうかを侵害される利益と比較し総合的に考慮して判断すべきである」として、本件回収についてはこれを許容した。

被告人側は控訴した。

２審（大阪高判平成19年３月28日刑集62巻５号1520頁）は、控訴を棄却した。その際、争点①及び②のいずれについても１審の判断をほぼそのまま踏襲したが、特に②について、「第三者が無断でごみ集積場からごみを持ち出す行為は一般的には問題とされるべき行為といわざるを得ない。しかしながら、１審判決は、……収集担当者以外の者による回収を無限定に肯定するのではなく、一定の場合に限って捜査機関がごみを回収することも許されるとした上で、本件においてはこれが許されるとの判断を示しているのであって、その判断は正当というべきである」と付言した。

被告人側は上告した。

3　最高裁の決定要旨

上告棄却。なお、争点①及び②について、職権で次のように判示した。

争点①について。「前記事実関係及び記録によれば、捜査機関において被告人が犯人である疑いを持つ合理的な理由が存在していたものと認められ、かつ、前記各ビデオ撮影は、強盗殺人等事件の捜査に関し、防犯ビデオに写っていた人物の容ぼう、体型等と被告人の容ぼう、体型等との同一性の有無という犯人の特定のための重要な判断に必要な証拠資料を入手するため、これに必要な限度において、公道上を歩いている被告人の容ぼう等を撮影し、あるいは不特定多数の客が集まるパチンコ店内において被告人の容ぼう等を撮影したものであり、いずれも、通常、人が他人から容ぼう等を観察されること自体は受忍せざるを得ない場所におけるものである。以上からすれば、これらのビデオ撮影は、

捜査の目的を達成するため、必要な範囲において、かつ、相当な方法によって行われたものといえ、捜査活動として適法なものというべきである」。

　争点②について。「ダウンベスト等の領置手続についてみると、被告人及びその妻は、これらを入れたごみ袋を不要物として公道上のごみ集積所に排出し、その占有を放棄していたものであって、排出されたごみについては、通常、そのまま収集されて他人にその内容が見られることはないという期待があるとしても、捜査の必要がある場合には、刑訴法221条により、これを遺留物として領置することができるというべきである」。

二　容貌等撮影手続の適否（争点①）

1　問題の所在

（1）　わが国の刑事訴訟法は、人の写真撮影に関する明文規定として、被身柄拘束者の無令状撮影を許容する218条2項をおくのみである。そこで、これ以外の者に対する撮影については、基本的に検証令状を要するとも考えうるところ、判例は、何人もみだりに容貌・姿態を撮影されない自由を有することを認めたうえで、公道上の人についてはなお一定要件の下に無令状撮影を許容してきた。

（2）　最高裁のリーディングケースは、条例違反の街頭示威行進者の無令状撮影について〈ⓐ 現行犯性、ⓑ 必要性・緊急性、ⓒ 相当性〉を挙げて許容したものである（最大判昭和44年12月24日刑集23巻12号1625頁〔京都府学連事件〕。その後、スピード違反車両の運転者の無令状撮影を許容した最判昭和61年2月14日刑集40巻1号48頁〔オービス事件〕も、要件枠組みとしては同じである）。当初、このⓐⓑⓒ要件が限定列挙か例示かという点は必ずしも定かではなく、論争を喚起した。

　その後の下級審では、ⓐⓑⓒ要件を例示と解したうえで、ⓐの〈現行犯〉に代えて「既に行われた犯罪」を対象とした例が散見される。例えば本件と同じく人物同一性判断のために、公道上の被疑者を犯罪発生の数か月後に無令状で写真撮影したことは、〈ⓐ' 事案の重大性・罪を犯したと疑う相当な理由、ⓑ 必要性・緊急性、ⓒ 相当性〉を以て許容されている（東京地判平成元年3月15

日判時1310号158頁〔上智大学事件・殺人等〕。人物特定と負傷状況の証拠保全のために犯罪発生の1時間後に病院で行った写真撮影につき、同じくⓐ'ⓑⓒ要件で許容した京都地決平成2年10月3日判時1375号143頁〔凶器準備集合〕(2)も参照）。さらに最近では、犯罪（再）発生予測に基づく証拠確保のための撮影例として、犯罪発生後約8か月にわたって公道に面する被告人方玄関扉——そこを出入りする被告人——をビデオ撮影した場合において、〈ⓐ"事案の重大性・罪を犯したと疑う合理的な理由、ⓑ 必要性・緊急性、ⓒ 相当性〉を以て許容したものもあらわれている（東京地判平成17年6月2日判時1930号174頁〔板橋区自動車放火事件〕(3)）。

（3） 判例の許容限界が見極めがたいなか、学説においても、公道上の人の撮影について、任意処分と解したうえで比例原則に則り許容要件を付す説、逮捕の先行を仮定して無令状検証（刑訴法220条1項2号）からの類推で逮捕状発付要件に近似する許容要件をクリアした無令状撮影のみを許容する説、あるいは強制処分と解したうえで新立法がない限り一切許容すべきでないとする説等が割拠し、一大争点を形成してきた。(4)

2　本決定の位置づけ

（1）　本件1・2審によれば、人物同一性判断のために公道上の人を無令状撮影することは、〈ⓐ"事案の重大性・罪を犯したと疑う合理的な理由、ⓑ 必要性・緊急性、ⓒ 相当性〉要件を充たせば許容される。

まず、ⓐ"要件のうちの〈事案の重大性〉とⓑⓒ要件についてみると、重大犯罪（強盗殺人等）の犯人特定のための必要性及び証拠の劣化・散逸に伴う緊急性の下で、事件後1か月以上経った時点から開始された撮影は「複数回にわたり、相応の時間〔被告人の上告趣意によれば3か月間〕が費やされ」てい

---

(2) 「罪名こそ凶器準備集合罪であるが、実質的には公共の平穏を害し、多数人の生命、身体に危害が及ぶ可能性を有する重大事件」である（同146頁）。

(3) 公道上の人を撮影した例としては、他に、犯罪発生の直前からのビデオ撮影を〈ⓐ' 犯罪が発生する相当高度の蓋然性、ⓑ必要性・緊急性、ⓒ相当性〉を以て許容したものがある（東京高判昭和63年4月1日判時1278号152頁〔山谷事件〕）が、これは動画記録の特性に鑑みて「犯罪発生時」を若干弛緩させたものとも解しうる。

(4) 松代剛枝「写真撮影」松尾浩也＝井上正仁編『刑事訴訟法の争点〔第3版〕』76頁（有斐閣、2002）【本書補遺一】及びそこに所掲の文献参照。

るものの、撮影態様等をも含めて従前下級審判例の範疇を超えるものではなかった。

次に、ⓐ"要件のうちの〈罪を犯したと疑う合理的な理由〉についてみると、被告人が事件の4年余り前に被害者宅の合鍵を預かって改修工事を行っていること、被告人が事件の約2年半前に破産していること、事件直後の1か月間に限って多額の負債を返済しているがその原資が不明であること等の事情が挙げられている。これが従来の〈罪を犯したと疑う相当な理由〉を充たすかどうかは、いささか心許ない⁽⁵⁾。しかし、前記板橋区自動車放火事件──〈……合理的な理由〉を採用した先例──をみると、その具体的内容は、被告人方に近い駐車場西側で不審火が発生していること、少なくとも2回目の不審火の第1通報者が被告人であること、被告人は生活保護を受けていて1人暮らしで毎日精神病院に通院しており、被告人が犯人ではないかとの噂話が近所にあること等の事情にとどまっており、本件はたしかにこのレベルには達していると思われる。

従って、本件1・2審は、近時の下級審の流れに沿いつつ、なおその枠内にある。但し、これは、前記板橋区自動車放火事件が容貌情報取得のためではない点で異質であることを考慮しない限りにおいて、である。

(2) 本決定は、さらにⓑにおける〈緊急性〉への言及をも外し、〈ⓐ"事案の重大性・罪を犯したと疑う合理的な理由、ⓑ'必要性、ⓒ 相当性〉で以て撮影を許容している。もっとも緊急性の内実を詳細にみると、そもそも本件のように容貌情報を取得する場合には、現行犯で犯行・犯人性情報をも伴う場合と比肩しうるほどの緊急性は従来から求められてこなかったのであり⁽⁶⁾、本決定は、このような謂わば低度の緊急性を必要性の中に繰り込むことで、取得情報差に伴う要件較差を正面から承認したものとも解しうる。

本決定は、ⓐⓑⓒ要件を例示と解することを最高裁として初めて明示した意義を有するとともに、具体的に近時の下級審の流れからみてもかなり緩やかな

---

(5)「……合理的な理由」は「……相当な理由」よりも低い基準である。杉山・前掲注(1)110頁参照。
(6) 証拠保全の緊急性は、京都府学連事件では「多数の者が参加し刻々と状況が変化する集団行動の性質から」認められたのに対し、上智大学事件では「目撃者の記憶も日に日に薄れていく状況であったことから」認められた。本件1審の「関係者の記憶保持や……客観的資料の劣化、散逸等を防ぐためにも、早期に犯人を特定する緊急性があった」というのは、おそらく後者の系譜に連なる。

許容要件を示して、任意捜査たる性格と比例原則による規律の姿勢とを明確化した。その背後には、人の容貌情報の取得について、その人の居る公道上という場所――「他人から観察されること自体は受忍せざるを得ない」という場所的特性――を強調することで、視認（見ること）と撮影（精密記録すること）との間の垣根を下げつつ後者の権利・利益侵害度を再規定する姿勢が窺われる。

3 人が「公に晒されている」とき――アメリカ法を参考に[7]

(1) アメリカ法においては、人の容貌は「常に公に晒されている」ので、公道上におけるそれを視認・撮影することは、常にプライバシーの合理的期待を侵害しない。すなわち、合衆国憲法第4修正の掣肘を受ける「捜索・押収」にはあたらない。

人の容貌についてのこのような合衆国最高裁の姿勢は、人の声音についての1973年の Dionisio 判決[8]の裡に看取される。ここでは、人の声音を提示させてこれを録音する行為が、第4修正の保護との関係で問題となった。同裁判所は、まず1967年の Katz 判決[9]が人の会話に対する聴覚捜査の事例において「人が意識的に公に晒している（knowingly exposes to the public）」ものを第4修正の保護射程外としたことを引用して、「特定の会話内容とは違って、人の声の音調という身体的特徴は、人の容貌や筆跡と同様、常に公に晒されている」とみた。そのうえで、このような身体的特徴は「〔捜索の特徴たる〕個人の私生活や思想を探査するもの」とは無関係であるとして、最終的に、声音提示・録音を第4修正の保護射程外として許容したのである。[10]

(2) しかし、人の写真撮影には、このように声音と比較可能な、まさに容貌

---

(7) 詳しくは、松代剛枝「捜査における人の写真撮影――アメリカ法を中心として」『光藤景皎先生古稀祝賀論文集（上）』111頁（成文堂、2001）【本書第一部第一章】参照。
(8) United States v. Dionisio, 410 U.S. 1, 93 S. Ct. 764 (1973). 法廷意見は Stewart 裁判官執筆。
(9) Katz v. United States, 389 U.S. 347, 88 S. Ct. 507 (1967).
(10) 但し、Brennan, Douglas, Marshall 裁判官は、第4修正の保護を要求していた。殊に Douglas 裁判官は、「容貌は本人の承諾や強制なしに公に提示されうるが、そのサンプルを取得するためには、当該個人が関わらねばならない。すなわち、人は、日々の生活の中で文字を手書きし、通常の社交手段として話をするけれども、これらの個人的特徴が人物同一性判断のために求められる場合には、当局はプライバシーの領域に踏み込むので、〔第4修正の〕合理性要件を充たさなければ押収はできないと思われる」と述べた（Dionisio, 410 U.S. at 27）。

のみを対象とする場合だけでなく、撮影時の人の行為やさらには所在（動向）等の情報をも伴う場合がある。実際、人に対する聴覚捜査においては、前記 Dionisio 判決が鋭く指摘したように、従来「声音」とそれが織りなす「言葉（会話等）」とは明らかに区別されてきたのであり、後者の捜査は厳格な規制に服する。従って、人に対する視覚捜査においても、容貌を超える情報を包摂する場合には、別途に扱わねばならない。単なる容貌との違いは、動作は刻々とその情報内容を変えるがゆえに、「常に」公に晒されているとはいえなくなる点にある。

　口頭会話に対する聴覚捜査において、かつては第４修正の射程を画するものとして、私領域への物理的侵入の有無が問われていた。これに対して1967年の前記 Katz 判決が、人は意識的に公に晒しているものについてのみプライバシー期待を失い、第４修正の保護を受けないとしたことは、公共の場所とて常にプライバシー期待を失うわけではないことを含意する。実際 Katz 判決は「公にアクセス可能な領域にあっても、 私 たる保護を求めるものについては憲法上保護されうる」と述べて、公衆電話ボックス（扉閉）外側の秘聴器設置・使用を第４修正違反とした。Katz 基準が、プライバシー期待の判断の基点を「場所」から「人」へ転換したものであるといわれる所以である。

　そして、この公衆電話ボックスへの聴覚捜査に対する視覚版として、公衆トイレ個室（麻薬取引や同性愛行為の捜査対象となる）事例において、個室（扉閉）内の人に対する秘匿カメラ視認・撮影は第４修正により当然に保護されるところ、個室（扉なし）内の人──否応なく「公衆視に晒されている」人──に対しては、① 一切の視認・撮影について憲法上規制されないという見解と、② 公衆視を逸脱する態様の視認・撮影（例えば通風孔の秘匿カメラからの観察）についてはなお憲法上の規制が及ぶという見解とが、対立している。すなわち、場所的保護で全ての保護の射程を画するか、それとも、場所的保護が剥ぎ取られてもなお幾許かの保護がありうるのかという相違である。

　(3)　他方、公衆トイレ個室（扉閉・扉なし）内の人の場合と異なり、公道上

---

(11) 犯罪取締・街路安全に関するオムニバス法の第３編（Omnibus Crime Control and Safe Streets Act of 1968, tit. III, 18 U.S.C. §§ 2510-2520）による。

の人は通常は「私たる保護を求めるもの」ではなく、これを視認・撮影しても第4修正の規制は及ばない(12)。主としてその容貌情報のみが取得対象となるからである。

しかし、場所的保護を超えた保護がありうるという発想（前述②）の裡には、公道上の人についても、通常の公衆視を逸脱する態様の視認・撮影（例えば一般に公衆には使用されていない機器による秘匿・増幅機能を介した観察）において容貌を超えた私的情報（例えば人の公道上の移動行程全般や特定場所への出入り）を取得する場合には、別途の謙抑的対応を要する契機が含まれている。

4 小括①

(1) 本決定は、公道上の人の撮影について、許容要件における〈罪を犯したと疑う合理的な理由〉へのスライドと〈緊急性〉への不言及とによって強制処分的理解の入る余地を完全に払拭している。従前下級審の許容要件レベルであれば、刑訴法220条1項2号（ないし218条2項（補1））で強制処分に擬する学説（前述二1(3)）と擦り合わせる余地もなおあったが、本決定によりその余地はなくなった。

(2) 二3でみたように、アメリカ判例によれば、視認することとそれを精密記録（撮影）することとの間に特段の権利侵害差はない。但し、その視認・撮影の対象情報如何によって歯止めがかかりうる――人物同一性判断のための容貌情報にとどまるか否かは重視される。

わが国の判例は従来、視認と撮影との間で明確な要件格差を設けてきたが(13)、ここに至って、撮影を視認に接近させて捉える見解が力を得つつあるように思

---

(12) *E.g.,* McCray v. State, 84 Md. App. 513, 581 A.2d 45 (1990).
(13) 犯罪予防目的での監視（視認）に関する大阪地判平成6年4月27日判時1515号116頁、控訴審・大阪高判平成8年5月14日平成6年(ネ)第1264号、同1300号（判例集未登載）、上告審・最判平成10年11月12日平成8年(オ)第1646号（判例集未登載）〔釜ケ崎監視カメラ事件〕参照。ここでは監視カメラがモニターテレビに映し出した画像を録画（記録）していたか否かがひとつの争点となっていたところ、大阪地裁は「……特段の事情のない限り、犯罪予防目的での録画は許されないというべきである。そして……本件において……特段の事情は認められない。したがって、これらの行為が行われれば……違法とされるべきことは言うまでもない」としつつ、「録画していることを認めるに足りる証拠はない」として当該カメラ監視を許容した（同132頁）。控訴審・大阪高裁も、これを文言そのままにて踏襲している。

われる。本決定の「通常、人が他人から容ぼう等を観察されること自体は受忍せざるを得ない場所」であることを以て<u>そのまま</u>撮影を許容する根拠となす件りは、その証左である。

　しかし、この論理は基本的に（人物同一性判断のための）容貌情報のみを対象とする場合に妥当する。本決定における撮影要件の緩和は、それ自体の是非は格別、仮にこれを承認するとしても、その射程はあくまでも「人物同一性判断のための容貌撮影」に限定して読まれるべきであろう（取得情報による線引きはなお曖昧さを残すが、少なくとも前記板橋区自動車放火事件のような場合は射程外と解するべきである）。

　(3)　本件撮影のうちパチンコ店内防犯カメラ撮影については、とりわけカメラ作動中の旨の掲示を伴っていれば、その撮影自体は同意を擬制しているものとして通常は許容され、さらに店からの任意提出時の目的外使用性も問題とされにくい。しかし、そもそも「不特定多数の客が集まるパチンコ店内」と公道上との完全な同視には、論理的になお一考の余地がある。また、民間カメラを介する場合が実態として許容要件潜脱の途となる虞も、ないわけではない。

三　ごみ領置手続の適否（争点②）

1　問題の所在

　(1)　捜査機関の行う領置は押収の一種であるが、その対象は、差押えにおける「証拠物又は没収すべき物と思料するもの」（222条1項、99条）よりも広く、「被疑者その他の者が遺留した物」（221条）である。ここにいう遺留とは、自己の意思によらずに占有を喪失した場合（遺失）のみならず、自己の意思によって占有を放棄した場合をも含む。そこで、被疑者等の家宅から公道上のごみ集積所に排出されたごみがこの遺留物——占有を放棄したもの——にあたるか否かが問題となる。占有のない遺留物であれば領置の対象であって令状を要しないが、占有がなお失われていないのであれば、その物の捜査には令状を要す

---

(14)　コンビニエンスストア防犯カメラのビデオテープを当該店内で発生した犯罪とは別の犯罪捜査のために提出したことに違法性はないとした名古屋高判平成17年3月30日 LEX/DB 28100926参照。

る。

　従前の下級審においては、被告人がごみ集積所に投棄したごみ袋を警察官が拾得して持ち帰り、内容を検分してその中からDNA型鑑定の前提となる資料を発見した行為について違法はないとした例がある（東京高判平成8年5月9日高刑集49巻2号181頁〔足利事件〕）。この判断は、事案の重大性（猥褻誘拐殺人等）とごみとしての投棄意図の存在とに立脚したものであった[15]。なお、いわゆる資源ごみについては、指定収集業者以外の者による持去行為の禁止に関連して、「集積所に排出された資源は、……区の行政回収制度のシステムに乗せられたものであるから、一般的に、区又は排出者の管理権ないし所有権の下にあるものと解され」ている（東京高判平成19年12月10日高刑集60巻4号1頁〔世田谷区清掃・リサイクル条例事件〕）[16]。

　(2)　ごみには、私領域で営まれる個人の生活に関する膨大な情報が含まれている。薬のPTP包装、メモ・反古紙、レシートなどを見れば、罹患疾病から、交友関係や経済状態、趣味嗜好や生活形態まで知れる。さらに、血液や毛髪、DNAサンプルも入手しうる。ごみのもつ情報量は、今日ますます増大している。

　判例は、物の財産的価値について、一般論として、経済的価値を有するか否かは問わず、他人の手に渡って悪用されることのないよう手許に置く利益（消極的価値）をも含むと解してきた。従って、支払提示期間経過後の線引小切手（最決昭和29年6月1日刑集8巻6号787頁）、消印済収入印紙（最決昭和30年8月

---

(15)「警察官が、特定の重要犯罪の捜査という明確な目的をもって、被告人が任意にごみ集積所に投棄したごみ袋を、裁判官の発する令状なしで押収し、捜査の資料に供した行為には、何ら違法の廉はない」（同191頁）。なお、この判決に先立つ東京地判平成2年3月19日判タ729号231頁においては、公道上のごみ集積所に被疑者が排出したごみ袋を警察官が被疑者不詳・被疑事件別件で領置したことが、争点化せずに許容されていた。

(16) この事案は、本決定時には上告審係属中であったが、その後上告棄却で確定している（最決平成20年7月23日 LEX/DB 25450195）。
　　資源ごみについて、ごみ集積所への排出時以降は自治体に所有権があるとの見解を条例化している自治体も存在する（江東区清掃リサイクル条例34条の2、杉並区廃棄物の処理及び再利用に関する条例7条2項等）。しかし、資源ごみは、内包する個人情報の量においてもごみ集積所への排出方法においても通常のごみ（燃焼ごみ）とはその性質を異にするから、仮に資源ごみに関してこの見解に立ったとしても、通常のごみに関して別途に解することは十分可能であろう。

9日刑集9巻9号2008頁)、失効した運転免許証(東京地判昭和39年7月31日下刑集6巻7＝8号891頁)にも、財産的価値は認められる。

　この基準に則れば、ごみは、不要物として投棄されるべき状態に至ってもなお財物でありうる。

　(3)　判例によれば、占有の存在を肯定するためには、財物に対する客観的な支配が存在しなくても、主観的な支配を推認させる状況が存在すれば足りる。[17] 公道上であっても、握持を離れて間がなく、支配の放棄がないと認められる状況ならば、占有は失われないのであり、「その物がなお占有者の支配内にあるというを得るか否かは通常人ならば何人も首肯するであろうところの社会通念によって決するの外はない」(最判昭和32年11月8日刑集11巻12号3061頁)。

　占有支配が続いている従前の具体例としては、大震災の際に公道に搬出した布団等(大判大正13年6月10日刑集3巻473頁)、自宅前の公道に放置された自転車(福岡高判昭和30年4月25日高刑集8巻3号418頁)、人道橋に無施錠で放置された自転車(福岡高判昭和58年2月28日判時1083号156頁)等が挙げられる。捜査実務においては、氏名不詳の密漁者の設置している漁網[18]や、ごみ収集日が来ればごみ集積所に持ち込むべく準備として自宅前路上に置かれたごみ袋・ごみ容器についても、同様に解してきた。[19]

　問題は、ごみ収集日に公道上のごみ集積所に投棄意図をもって排出されたごみ(特に燃焼ごみ)について、収集業者に引き渡すまでの間の占有帰属である。本件ではこの点が問われた。

2　本決定の位置づけ

　(1)　本件では1・2審ともに、一定の場合には捜査機関が令状も承諾もなしにごみを回収・検分しうることを認めたうえで、具体的に本件ではこれを許容した。

　本件1審は、本件排出ごみの性質として「所有権を放棄して」いる点と「誰もが通行する公道上等に置いている」点とを特に強調した。そのうえで、具体

---

(17)　山口厚『刑法各論〔補訂版〕』176頁(有斐閣、2005)。
(18)　幕田英雄『捜査法解説〔第2版〕』161頁(東京法令、2002)。
(19)　渡辺咲子『任意捜査の限界101問〔3訂第2版〕』126頁(立花書房、2009)。

的判断材料として、① 強盗殺人等という事案の重大性、② ごみを回収・精査する必要性（加えて、証拠物の投棄時点を探知しがたいゆえ、一定期間回収し続ける必要性）、③ 捜査目的以外への不使用、④ 自宅侵入等を伴わず、公道上のごみ集積所に投棄された物を回収するという方法の相当性、を挙げた。本件2審も、基本的にこれに倣っている。

(2) 本決定もまた、「不要物として公道上のごみ集積所に排出し、その占有を放棄している」ことを決定的要素とみた。そのうえで「捜査の必要がある場合には」遺留物として領置できるものとしており、本件1・2審及び前記下級審判例（足利事件）と比較すると、事案の重大性という衡量要素への不言及が目を惹く。

結局、本決定は、ごみとしての投棄意図をもった排出である点と公道上というごみ集積所の場所的性格とに<u>のみ</u>基づいて、排出者（ないし自治体）へのごみの占有帰属を明確に否定している。そこでは、排出者の権利・利益は、もはや衡量枠組みに値しないほどに稀釈されている。

3 ごみが「公に晒されている」とき――アメリカ法を参考に[20]

(1) 同様の問題は、アメリカ法においても当初は、謂わば物理的・財産的概念に依拠して判断されていた。すなわち、被疑者等宅からごみとして投棄する意図で排出されたごみ袋であって、かつ、捜査官がそれを取得するために私領域に侵入していなければ、当該ごみ袋の回収・内容検分は捜索にはあたらない[21]。

しかし、その後1967年の Katz 判決において、合衆国最高裁は、捜索該当性判断の新基準としてプライバシー期待の有無を採用した（前述二3参照）。そして、California 州最高裁は、1969年の Edwards 判決[22]において、この新基準をごみに適用した。この事案では、そもそも当該ごみ容器は私領域に置かれてい

---

(20) 参考文献として1 JOSHUA DRESSLER & ALAN C. MICHAELS, UNDERSTANDING CRIMINAL PROCEDURE § 6.10 (4th ed. 2006) ; 1 WAYNE R. LAFAVE, SEARCH AND SEIZURE § 2.6 (c) (4th ed. 2004) ; 緑大輔「刑事手続における遺留物の領置――合衆国における『放棄された財物』」修道27巻2号317頁（2005）参照。

(21) Works v. United States, 243 F.2d 660 (D.C. Cir. 1957) ; United States v. Minker, 312 F.2d 632 (3d Cir. 1962).

たため侵入を伴ったが、ごみの回収・検分につき違法判断を下すにあたって、同裁判所はさらに、プライバシーの合理的期待は財産的意味で投棄された物にも存在しうるという点も明言した。

(2) 合衆国最高裁は、1988年のGreenwood判決[23]において、この問題に対峙した。この事案では、捜査官が、被告人宅付近に麻薬取引の情報があったこと、深夜や早朝に大型車両が被告人宅に時折短時分立ち寄っていたこと、さらに当該車両を追跡すると麻薬取引場所と覚しき建物に入って行ったこと等に基づいて、被告人宅から前の歩道（公道ないしそれに準じるものとして扱われる）に排出された不透明なごみ袋を、ごみ収集業者を介して2度取得した。同判決の法廷意見は、第4修正の保護は意識的に公に晒しているものには及ばないというKatz基準に依拠して、「被告人は、第4修正上の保護の主張を無効化するに足るほどに、自分のごみを公に晒していた」と述べ、当該ごみ回収・検分行為はプライバシーの合理的期待を侵害しなかったと判断した[24]。そこでは、公道上に置かれたごみ袋は公衆によって容易にアクセスしうることと、被告人が収集業者等に引き渡す意図をもってごみを排出していたこととが重視された。

しかし他方において、このGreenwood判決には次のような反対意見が付されていた[25]。まず第1に、封を施された不透明容器が私有物を運ぶために使われている場合は、その内部に対して第4修正の保護が当然に及ぶのであるから、そのような容器（Greenwood事件では不透明なごみ袋）が私有物を捨てるために使われている場合も、同様に考えるべきである。第2に、人は公道上にごみを

---

(22) People v. Edwards, 71 Cal. 2d 1096, 80 Cal. Rptr. 633, 458 P.2d 713 (1969). 問題は「投棄があったか否かではなく、捜索された場所や押収された物についてプライバシーの合理的期待があったか否か」である（United States v. Kahan, 350 F. Supp. 784 (S.D.N.Y. 1972), *rev'd on other grounds*, 415 U. S. 239, 94 S. Ct. 1179 (1974))。*See also* James A. Bush & Rece Bly, *Expectation of Privacy Analysis and Warrantless Trash Reconnaissance after Katz v. United States*, 23 ARIZ. L. REV. 283 (1981).

(23) California v. Greenwood, 486 U.S. 35, 108 S. Ct. 1625 (1988). この判決の評釈／Case Note として、山下克知・関西外大研究論集49号213頁（1989）、山内香幸・比較法雑誌22巻4号115頁（1989）、原田保・愛学33巻4号83頁（1990）、Richard H. Taylor, 91 W. VA. L. REV. 597 (1988); Mary Elizabeth Minor, 24 TULSA L.J. 401 (1988); John H. Draper IV, 23 SUFFOLK U. L. REV. 118 (1989); James Demarest Secor III, 67 N.C. L. REV. 1191 (1989); Nancy Burke Rue, 58 U. CIN. L. REV. 361 (1989); Michael D. Bunker, 24 NEW ENG. L. REV. 1169 (1990) 参照。*See also* Jon E. Lemole, *From Katz to Greenwood : Abandonment Gets Recycled from the Trash Pile—Can Our Garbage Be Saved from the Court's Rummaging Hands?*, 41 CASE W. RES. L. REV. 581 (1991).

排出するにあたって、ごみ袋の中身まで晒してはいない。従って、ごみバケツ・ごみ袋に不透明なものが使用されている場合は特に、その中身にはなお第4修正の保護が及ぶと考えるべきである。第3に、Greenwood 判決の法廷意見は、公道上に置かれたごみ袋は公衆によって容易にアクセスしうるので「覗きたがり〔の私人〕がその袋を開けて掻き回すかもしれない」ことを以て〔捜査機関に対する〕プライバシー期待を否定するが、このような論理はプライバシー期待を過度に縮減するので、採るべきでない。第4に、被告人はごみ排出に関する自治体ルール（指定日時に自宅前の公道上に排出すること、自分で焼却するのは不可というもの）に従ってごみという個人情報の塊を出さざるをえない——選択の余地がない——のに、そのようにして私領域から一旦外に排出されたごみは全て第4修正の保護外とすることには、疑義がある。

(3) Greenwood 判決後も、州裁判所においては州憲法の下で、特に不透明なごみバケツ・ごみ袋内のごみについては、それが収集のために公道上に排出されてもなお令状等によらぬ限り保護されるべきであると判断する例が続いている。

---

(24) 法廷意見（White 裁判官執筆〔Rehnquist、Blackmun、Stevens、O'Connor、Scalia 裁判官同調〕）は、2つの判例ルールを援用している。ひとつは、一般航行空域を飛ぶ飛行機から見える私領域内情報を捜査官が同様の方法で見ることは許される（California v. Ciraolo, 476 U.S. 207, 106 S. Ct. 1809 (1986)）ので公衆がアクセスしうるごみ袋に捜査官がアクセスすることは許されるというものであり、もうひとつは、電話発信者は任意に電話会社に伝えた着信先電話番号情報についてプライバシー期待を有しない（Smith v. Maryland, 442 U.S. 735, 99 S. Ct. 2577 (1979)）ので人は任意に公道上に排出したごみ袋についてプライバシー期待を有しないというものである。

　しかし、法廷意見の引用した2事案では、人は他者に対して情報を晒していた（私領域といえどもなお飛行機から見える場所で行為を営んだり、電話会社に記録されている番号に電話したりしていた）が、ごみの事案で晒しているのは情報を詰めた容器の外表のみであるから、同列には扱えないとの批判がある（Brennan 裁判官反対意見〔本文中で注(25)を付した箇所〕参照）。

　なお、法廷意見においても、ごみが投棄された物であることを以て第4修正の保護外とする趣旨は含んでいない（See California v. Rooney, 483 U.S. 307, 320, 107 S. Ct. 2852, 2859 (1987)（White, J., dissenting））。

(25) Brennan 裁判官執筆（Marshall 裁判官同調）。
(26) 私人が不当にもごみ袋を検分するかもしれないので、実際には私人ではなく捜査機関が検分する場合についてもプライバシー期待はないという見解は、「強盗の可能性があることを理由に、家の中におけるプライバシー期待を否定する」あるいは「交換手が電話の会話を聴く可能性があることを理由に、電話の会話におけるプライバシー期待を否定する」に等しいからである（Greenwood, 486 U.S. at 54）。

4 小括②

(1) アメリカ法の議論と比較すると、本決定は、ごみとしての投棄意図と公道上という場所とに着眼したKatz判決前の旧アプローチに酷似する。そして、Katz判決以降の論理のうち、投棄された物であることを以て第4修正の保護が失われるわけではないという部分についても、わが国の財産的価値解釈の判例（前述三1(2)）に鑑みれば異論は少ないものと思われる。

そのうえで、現在のアメリカ法では、ごみが家宅から公道上にごみ収集のために排出されていても、不透明なごみバケツ・ごみ袋を使用していればなおプライバシーを保護するべきであるという見解が、一定の支持を得ている。翻って、実はこのたびのわが国の本件の場合、領置されたごみ袋については、排出に使用すべきごみ袋の透明・不透明が指定されていなかった状況下で、青い半透明のものが使用されていた[28]。すなわち、現在のアメリカ法的アプローチからすれば、比較的問題の少ない――意識して公に晒していたともいいうる――事案であった。

ただ現在のわが国の場合でいえば、そもそもアメリカとは異なり半透明袋による排出を義務づける自治体も多くなっており[29]、この差を考慮せずに半透明袋に一様に保護を与えないことには疑義がある。この点、否応なく公衆視に晒されるものとして、公衆トイレ個室（扉なし）事例（前述二3）の如く、道行く

---

(27) State v. Tanaka, 67 Haw. 658, 701 P.2d 1274 (1985)（人は、収集のために歩道の縁に置いてある閉じられた不透明なごみ袋について、プライバシーの合理的期待を有する）; State v. Goss, 150 N.H. 46, 834 A.2d 316 (2003)（同旨）; State v. Hempele, 120 N.J. 182, 576 A.2d 793 (1990)（捜査機関は、令状も相当な理由もなくても収集のために置かれたごみ袋を押収しうるが、その中身を捜索するためには令状が必要である）; State v. Granville, 140 N.M. 345, 142 P.3d 933 (App. 2006)（収集のために外に置かれたごみバケツ内のごみ袋の検分は、令状を要する「捜索」にあたる）; State v. Galloway, 198 Or. App. 585, 109 P.3d 383 (2005)（人は、収集のために歩道の縁に置かれたごみバケツの中身について、プライバシーと所有利益とを有する）; Stave v. Boland, 115 Wash. 2d 571, 800 P.2d 1112 (1990)（市民の私事は、歩道の縁にあるごみバケツからごみを取り出して検分のために警察署に運ぶ捜査官によって、不合理に侵害されている）.

(28) 本件事件記録に編綴されている、ごみの実況見分調書の写真から判断した。なお、現在は当該地区では自治体指定の半透明袋の使用が義務づけられている。

(29) もっとも、例えば東京23区では、燃焼ごみは「蓋付ごみ容器または透明・半透明ごみ袋」に入れて排出するよう定められている（但し豊島区のみ、透明・半透明ごみ袋ではなく透明ごみ袋）。また、兵庫県芦屋市では、燃焼ごみを入れる袋に透明・不透明の指定はなく、さらに同市の一部地区では、確立した慣行として、当該袋を私物の蓋付ごみ容器に入れて排出している。

人に半透明袋を通して見える範囲に限って保護が失われると構成する途もあるが、判断の難しさを考えればおそらく現実の運用には馴染まない。

　(2)　思うに、わが国の場合、令状によるか令状不要の領置によるかという手段の相違は、占有排除の要否によるのであり、本決定もごみ排出者の占有放棄という理解を軸にしている。そこで、この占有の有無という視点から、あらためて検討する。

　公道を一時的に使用して設けられる形態のごみ集積所に家宅からごみを排出する場合、通常は、自治体の指定する自宅前ないしそれに準じる場所にて、時刻も収集当日朝など収集時刻になるべく近接して排出することが求められる。また、排出者は、ごみ袋を適正な状態で収集業者に引き渡す義務を負っている（例えば排出者は適宜カラスネット等を用いて、排出後もごみが荒らされない対策を講じている）。さらに、一部自治体では、ごみ袋を私物の蓋付き不透明容器に入れて排出するという選択肢もある。これらの考慮要素とわが国の従前の占有関連判例理解（前述三1(3)）とを考え合わせれば、ごみ排出者の占有は、本決定の結論とは異なり、むしろごみ収集所に排出した後も収集業者が回収するまでは継続して在るとみてよい場合も多いのではないかと思われる。但し、公領域に囲い等で画された常設的なごみ集積所にごみを排出する場合については、当該自治体の占有が認められる余地がある(30)。

　他方、公領域（公道、公園や駅など）に設置されて不特定多数人の用に供せられるごみ箱に随時直接投棄されるごみであれば、排出者が遺留した物とみてよいと思われる。

　(3)　本件では警察官が自身でごみ袋を回収したが、収集業者から任意提出を受ける手法についても、今後目配りする必要がある(31)。このたび本決定の射程外であった集合住宅の共同ごみ集積所（私領域にあるもの）の場合においては、

---

(30) 判例によれば、列車内に遺留された毛布について列車乗務員には占有がない（大判大正15年11月2日刑集5巻491頁）が、公衆電話機内に残された硬貨について電話局長などの占有を肯定している（東京高判昭和33年3月10日裁特5巻3号89頁）。

(31) 渡辺・前掲注(19)127頁は、「証拠物をゴミとして廃棄しようとした状況自体、重要な証拠である場合も少なくなく、証拠物が『ゴミ』として出されている状況の実況見分、写真撮影等を行うことを検討する必要があり、証拠収集の適法性を明確にするために、むしろ、ゴミ収集者が当該証拠物を収集する際に、同人から任意提出を受ける方が妥当な場合も多いであろう」という。

まさにこの取得手法の評価如何が焦点となる。

跋

　本決定の基本姿勢は、争点①②を通じて、公領域という場所的特性についてそこに置かれた物・人の私的保護の失われる度合いを比較的高く（大きく）設定する点で一貫している。そして、たしかに本件の具体的事実関係——人の身体的特徴情報のみを取得したり、収集日前夜から通行人に中身の見える半透明袋をあえて用いてごみを排出していたりする状況——においては、葛藤は顕在化しにくい。しかし、本決定の射程画定にあたっては、さらに潜在する考慮要素を丹念に洗い出したうえで慎重に検討する必要があるように思われる。

（補注1）　刑訴法218条2項は、2011（平成23）年の法改正により、現在は同条3項である（条文番号のみ変更）。

第二章

通信時の電話番号等の探知

目　次
一　通信内容情報保護から通信経路等情報保護へ
二　「限定的開披」法理の系譜（アメリカ）
三　「自発的開披」法理の系譜（アメリカ）
四　検討――わが国における「通信の秘密」の射程

　電話の着信先・発信元――いわゆる通信経路等情報――を通信時探知(リアルタイム)するために
は、順探知機器(ペンレジスタ)（pen register）ないし逆探知機器（trap and trace device）を用いる。
前者は、特定番号からダイヤルした先の電話番号を記録する性能を備えた機器（着信
先番号記録機器）であり、後者は逆に、特定電話に対してダイヤルした源の電話番号
を記録する性能を備えた機器（発信元番号記録機器）である。アメリカ合衆国で2001
年に成立した「愛国者法（USA PATRIOT Act）」は、その216条において、このよう
に電話番号のみを想定していた従前の順探知・逆探知機器の法的定義・法体系を、
電子メールの着信先・発信元探知の場合へと拡張した。
　本章では、通信経路等情報取得という捜査手法の法的性格と、その中で電話番号
探知の占める位置とを、アメリカ法を素材に検討する[1]。わが国における議論枠組み
との異同を明らかにすることで、比較法的示唆を得たい。

一　通信内容情報保護から通信経路等情報保護へ

1

　アメリカ法では、従来から、郵便の通信内容情報は憲法上の保護を受ける[2]が、
その封筒外部情報（受取人及び差出人氏名住所、切手・消印、寸法・重量等）につ
いては誰しも見うることから、「プライバシーの合理的期待」を有しない――
合衆国憲法第４修正の保護はない――と考えられてきた。後者に関する連邦法
上唯一の規制は1975年制定の連邦規則であるが、それによれば、捜査官は、

Chief Postal Inspector（or his designee）に対して必要性につき合理的な根拠（reasonable grounds）を示すことで、当該通信経路等情報を取得しうる。司法審査は不要であり、当該処分に対する不服申立手段もない。そしてかかる郵便の通信経路等情報に相応するものとして、着信先電話番号についても、1979年に合衆国最高裁判所は、同じく第4修正の保護はないと判示した（Smith v. Maryland）。この判断は主に、電話番号という情報が、① 限定的なものである

---

(1) *See* Recent Decision, *Installation and Use of a Pen Register Does Not Constitute a Fourth Amendment "Search"—Smith v. Maryland*, 38 MD. L. REV. 767 (1979) ; Clifford S. Fishman, *Pen Registers and Privacy : Risks, Expectations, and the Nullification of Congressional Intent*, 29 CATH. U. L. REV. 557 (1980) ; John Applegate & Amy Grossman, Note, *Pen Registers After Smith v. Maryland*, 15 HARV. CIV. RIGHTS-CIV. LIB. L. REV. 753 (1980) ; Les Brannon, Note, *Application of the Fourth Amendment to Pen Register Surveillance — No Justifiable Expectation of Privacy : Smith v. Maryland*, 33 SW. L. J. 1283 (1980) ; JoAnn Guzik, *The Assumption of Risk Doctrine : Erosion of Fourth Amendment Protection Through Fictitious Consent to Search and Seizure*, 22 SANTA CLARA L. REV. 1051, 1073-1078 (1982) ; John M. Burkoff, *When is a Search Not a "Search?" Fourth Amendment Doublethink*, 15 U. TOL. L. REV. 515, 537-541 (1984) ; G. C. Smith, *We've Got Your Number!*, 37 UCLA L. REV. 145 (1989) ; Christian David Hammel Schultz, *Unrestricted Federal Agent : "Carnivore" and the Need to Revise the Pen Register Statute*, 76 NOTRE DAME L. REV. 1215 (2001) ; STEPHEN J. SCHULHOFER ①, THE ENEMY WITHIN 39-40 (2002) ; Orin S. Kerr, *Internet Surveillance Law After the USA PATRIOT Act : The Big Brother that is'nt*, 97 NW. U. L. REV. 607 (2003) ; 1 WAYNE R. LAFAVE, SEARCH AND SEIZURE § 2.7 (b) (4th ed. 2004) ; STEPHEN J. SCHULHOFER ②, RETHINKING THE PATRIOT ACT 85-93 (2005) ; J. McClintick, *Web-Surfing in Chilly Waters : How the PATRIOT Act's Amendments to the Pen Register Statute Burden Freedom of Inquiry*, 13 AM. U. J. GENDER SOC. POL'Y & L. 353 (2005) ; 1 JOSHUA DRESSLER & ALAN C. MICHAELS, UNDERSTANDING CRIMINAL PROCEDURE § § 6.05, 6.09. (4th ed. 2006) ; 岡本篤尚「愛国者法によるFISAの改正と電子的監視権限の強化」神院35巻4号1079頁（2006）．わが国の詳細な研究として、井上正仁「強制捜査と任意捜査」191頁（有斐閣、2006）［同「電話逆探知の適法性」『刑事法学の現代的状況（内藤謙先生古稀祝賀論文集）』483頁（有斐閣、1994）初出］参照。

なお、インターネット閲覧の場合の発信元・着信先探知については、いかなるURLを閲覧したか、すなわちいかなる情報を摂取したかという情報とほぼ一体である点で、別途問題を生じうる。この情報取得は、図書館から借りた本の題名一覧やレンタルビデオ店から借りたビデオのタイトル一覧と比肩しうるほどに「内容」的かつ「私事」的でありうると批判される（*e.g.* SCHULHOFER ①, *supra*, at 39）。しかし、この点については、形態は通信経路情報取得ではあるが、むしろ通信内容情報取得そのものとも構成しうること、他方で、そもそも人と人との意思疎通としての通信とは同列に扱い難いこと等に鑑み、ここでは検討の射程外とした。なお、【本書第二部第三章三2】参照。

(2) *Ex parte* Jackson, 96 U.S. 727, 733 (1877) ; 18 U.S.C. § 1073 ; 39 U.S.C. § 404 (c).
(3) 39 C.F.R. § 233.3 (e). *See* Kerr, *supra* note 1, at 631.

こと(後述二「限定的開披」法理)と、②発信者から電話会社に対して自発的に開披されていること(後述三「自発的開披」法理)とに、由来する。他方、このような電話の通信経路等情報とは異なり、電話の通信内容情報については、既に1967年の Katz v. United States が第4修正の保護対象と認めたうえで、1968年の「犯罪取締・街路安全に関するオムニバス法(Omnibus Crime Control and Safe Streets Act)」第3編(以下 Title III という)が、所定犯罪類型についての厳格な要件に基づく傍受命令発付という形でその保護を明文化していた。

その後議会は、1986年の「電子的通信プライバシー法(Electronic Communications Privacy Act)」(以下 ECPA という)において、順探知・逆探知機器の設置・使用に裁判所命令(court order)を要求することによって、電話の通信経路等情報(着信先及び発信元電話番号、通話時刻・継続時間等)に制定法上の保護を与えた。尤も、当該命令の発せられる基準は、通常の令状(warrant)発付に要求される「相当な理由(probable cause)」よりも低く、捜査官は「獲得される見込みのある情報が……進行中の犯罪捜査と関連する(relevant)」ことを裁判所に対して確証すれば足りる。前記通信内容情報取得におけるような対象犯罪類型の制約はなく、対象者が当該捜査の被疑者である必要もない。加えて、捜査官が裁判所に対して情報取得結果の報告義務を負わない点でも、その要件は、通常の捜索差押令状の場合に比して明らかに緩やかであった。

2

電子メールの登場は、この「通信経路等情報(電話番号等)」法制に新たな疑義を生ぜしめた。電子メールの通信内容情報取得については、電話の通信内容情報取得に際して適用される前記 Title III の枠組みが拡張的に及ぼされるべく早や1986年に法改正が成っていたものの、通信経路等情報取得については、順

---

(4) Smith v. Maryland, 442 U.S. 735 (1979). *See also* United States v. New York Tel. Co., 434 U. S. 159 (1977)(通話内容情報取得についての法規制(後掲注(6))は及ばないと判示).
(5) Katz v. United States, 389 U.S. 347 (1967).
(6) Omnibus Crime Control and Safe Streets Act of 1968, Pub. L. No. 90-351, tit. III, § 802, 82 Stat. 197, 212 ; 18 U.S.C. § § 2510 *et seq.*
(7) Electronic Communications Privacy Act of 1986, Pub. L. No. 99-508, tit. III, § 301 (a), 100 Stat. 1848, 1868 ; 18 U.S.C. § § 3121 *et seq.*

探知・逆探知機器の電話限定定義が依然として維持されていたからである。こ
こにおいて、電話及び電子メールの通信内容情報は（通常の捜索差押えに比し
て）手厚く保護され、電話の通信経路等情報は（通常の捜索差押えに比して）緩
やかに保護されるが、電子メールの通信経路等情報は法的空白状態に陥った。
かかる状況は、以後2001年の愛国者法216条の制定時まで続くことになる。

　この法的欠缺を埋める暫定解釈として、もし仮に電子メールの通信経路等情
報が電話の通信経路等情報の法体系下にないとすれば、捜査官には通信事業者
（インターネット・サービス・プロバイダ）に対する強制手段がない以上、通信事
業者はその契約者との個人情報保護規約等からして、情報提供に協力しない可
能性が高い。従って、捜査官としては、電子メールの通信経路等情報の取得に
ついて、内容取得に係る傍受令状を得なければならない——あるいは情報取得
しうる適法な手段は一切存在しない——ことになりかねない。かかる事態を懸
念してか、司法省は電話の通信経路等情報にかかる枠組みが電子メールにも適
用されると解釈し、大方の実務もまたそのように運用されてきた。但し、2000
年11月の1判例は、電話限定定義に該当する順探知機器ではないことを理由と
して、通信事業者に対するメールアドレス探知命令の発付を拒んでいた。

---

(8) 18 U.S.C. §§ 2510 *et seq.*, *amended by* Electronic Communications Privacy Act of 1986, Pub. L. No. 99-508, tit. I, § 101, 100 Stat. 1848, 1851.

(9) 順探知機器の定義は「a device which records of decodes electronic or other impulses which identify the numbers dialed or otherwise transmitted *on the telephone line to which such device is attached*」であり、逆探知機器の定義は「a device which captures the incoming electronic or other impulses which identify the originating number of an instrument or device from which a wire or electronic communication was transmitted」であった（18 U.S.C. § 3127 (3), (4), prior to 2001 amendment）。文言上、特に前者は電話限定的である。

(10) U.S. Department of Justice, *Searching and Seizing Computers and Obtaining Electronic Evidence in Criminal Investigations* (2002), at IV-C, *available at* ⟨http://www.usdoj.gov/criminal/cyber crime/s&smanual2002.htm⟩【補注：now not available（本書所収時）】。その数は数百件程度である。*See also* Carl S. Kaplan, *Concern over Proposed Changes in Internet Surveillance*, N.Y. TIMES, Sept. 21, 2001, at E1. *See also* Kerr, *supra* note 1, at 634.

(11) *In re* United States, Cr-00-6091 (N.D. Cal. Nov. 17, 2000), unreported [cited by Kerr, *supra* note 1, at 635].

3

 このような状況下で齎された2001年の愛国者法216条は、電子メールの通信経路等情報に対しても、電話のそれと基本的に同様の保護を与える趣旨を明文化した。⁽¹²⁾すなわちこれは、既存実務（の大勢）を立法にて承認したものといってよい。尤も、同条は同時に新たな要件として、当該探知の詳細記録を保全してこれを探知命令の期間終了後30日以内に裁判所に提出する義務を、捜査機関に課した。⁽¹³⁾そして、この新要件が電話番号には及んでいないことからすれば、この改正法体系は、電子メールの通信経路等情報に対して、僅かながらより手厚い保護を与えたものといえる。

 なお、216条は、愛国者法の中にありながら、当初から広く非テロ事件一般における適用を念頭に創設されており、かつ、愛国者法の時限措置条項（サンセット）の対象外となっている点も、興味深い。⁽¹⁴⁾

二 「限定的開披」法理の系譜（アメリカ）

1

 合衆国最高裁判所は、1979年の前記 Smith 判決において、政府の要請を受

---

(12) *Amended by* Uniting and Strengthening America by Providing Appropriate Tools Required to Intercept and Obstruct Terrorism Act of 2001 [*i.e.* USA PATRIOT Act], Pub. L. No. 107-56, Title II, § 216 (c) (2), (3), 115 Stat. 272, 290. 順探知機器の定義は「a device or process which records or decodes dialing, routing, addressing, or signaling information transmitted by an instrument or facility from which a wire or electronic communication is transmitted, provided, however, that such information shall not include the contents of any communication」へ、逆探知機器の定義は「a device or process which captures the incoming electronic or other impulses which identify the originating number or other dialing, routing, addressing, and signaling information reasonably likely to identify the source of a wire or electronic communication, provided, however, that such information shall not include the contents of any communication」へと修正された（18 U.S.C. § 3127 (3), (4)）。前掲注(9)の旧定義を比較参照。

(13) 18 U.S.C. § 3123 (a) (3). 同条は、パケット交換データ通信にのみ適用される。

(14) 従来からテロ事件捜査の場合については、対外諜報監視法（FISA）に許容規定が存在した。詳しくは岡本・前掲注(1)参照。なお、一般事件対象でかつ時限措置条項にかからない捜査手法が愛国者法中に規定された例として、他に「通知遅滞捜索（sneak and peek search）」がある（同法213条）。この点につき、松代剛枝「いわゆる『秘密捜索』について――アメリカ愛国者法を手がかりとして」法時78巻5号67頁（2006）【本書第二部第二章】参照。

けた電話会社が私宅からかけられた電話番号を記録するために順探知機器を設置・使用することは、第４修正にいう捜索ではないと判示した。このとき同裁判所は、順探知機器による電話番号探知を電話の通信内容情報取得とは区別して緩やかに許容する論理として、順探知機器が極めて限定的な情報（着信先電話番号）しか開披しない点に着目していた。

2

かかる「限定的開披」法理は、他の捜査手法の許容例の裡にも看取される。例えば警察犬による臭気検査が、手荷物等の内部に禁制品が存在するという情報のみを明かすことを以て、令状なしに許容されている如くである[15]。

この法理に対しては、しかし、電話番号が果たして保護に値しないほどに限定的情報に過ぎないか当初から素朴に疑義が存在したうえ、以下のような近時判例動向に鑑みても、いまや再検討の時期に至っているように思われる。

2001年のKyllo v. United States[16]において、合衆国最高裁判所は、熱画像機器（thermal imager）を用いて公道から私宅内状況を解析――屋内熱量分布（大麻栽培用照明装置の存在・使用を推認させる情報）探知――したことを、捜索にあたると判示した。その判断根拠は、① 一般的に公衆に使用されていない機器の使用と、② 屋内の私事の開披とである。曰く、「本件のように、一般的に公衆に使用されていない機器を政府が使用して、……物理的侵入なしには予め知りえなかった屋内情報を開披するならば、その監視は捜索である」と。確かに熱画像機器は屋内からの相対的熱発散という「限定的」情報を探知するのみではあるが、本件法廷意見によれば、「家の中では……<u>全てのものは私事</u>（intimate details）である。なぜなら、この領域全体が、覗き見する政府の目の届か

---

(15) United States v. Place, 462 U.S. 696 (1983).
(16) Kyllo v. United States, 533 U.S. 27, 34-37 (2001). 熱画像機器（thermal imager）とは、「赤外線放射――殆ど全ゆる物体が放っているが裸眼では見えないもの――を探知できる」機器である。「この機器は、温もりに比例して放射を画像に変換し、……熱画像を映し出すビデオカメラの如く機能する」（at 29-30）。本件で捜査官は、被告人が大麻栽培用に屋内で強力な照明装置を使用しているとの疑いをもって、公道上の駐車車両から熱画像機器によって被告人宅を調べたところ、車庫屋根と一方壁面が当該建物の他の部分に比べて温かいとの情報を取得した。この情報は、その後の当該住居の捜索令状獲得に際して疎明資料として使用された。

ない状態にあるからである」。すなわち「家に対する第 4 修正の保護は、情報の質や量の測定と結びつけられてはこなかった」(Scalia 裁判官執筆。下線、原文強調)。

　ここで想起されるのは、電波発信器(ビーパー)を対象物（禁制品容器等）に設置してその動向を監視する捜査手法において、動向を屋内まで追跡すれば捜索にあたることである。たとえ当該電波発信器によって「唯一探知した物が屋内にあるエーテル缶である」としても。⁽¹⁷⁾

3

　順探知・逆探知機器は、「一般的に公衆に使用されていない機器」である。「屋内の私事」か否かについては、少なくとも私宅内の固定電話からかけられた場合の発信元電話番号探知は、当該時刻に当該私宅内に発信者が居るという現在地情報を明らかにする点で、前記 Kyllo 判決の基準に照らせば保護されるべき法益の侵害にあたりうる。⁽¹⁸⁾他方で、私宅外の固定電話（公衆電話等）や携帯電話を発信元として探知する場合は、発信者現在地情報にこのような「屋内」保護は及ばないとも考えられる。しかし、<u>一般に想定される公衆視から外れた</u>態様による現在地情報取得ではある以上、これがそのまま許容されるべきか否かは、捜索差押法体系全体を睨みつつなお検討すべき課題である。⁽¹⁹⁾比べて、着信先電話番号探知については、受信者の現在地情報を包含するとは限らない——着信していても受話器が取られない場合や留守番電話応答の場合もありうる——点で、発信元電話番号探知の場合と相違する（尤も、偶発的要素が大いに与っているので、本質的相違とまではいえまい）。なお、郵便や電子メールの場合は、通信経路等情報の裡に人の現在地情報を、少なくとも電話のような直接的な意味では包含しない。

---

(17) United States v. Karo, 468 U.S. 705 (1984).
(18) Kyllo 判決と Smith 判決との整合的理解は、困難である。DRESSLER & MICHAELS, *supra* note 1, at 103 ; SCHULHOFER②, *supra* note 1, at 90 ; George C. Thomas III, *Time Travel, Hovercrafts, and the Framers : James Madison Sees the Future and Rewrites the Fourth Amendment*, 80 NOTRE DAME L. REV. 1451 (2005).
(19) この点につき詳しくは、松代剛枝「捜査における人の写真撮影——アメリカ法を中心として」『光藤景皎先生古稀祝賀論文集（上）』111 頁（成文堂、2001）【本書第一部第一章】参照。

とりわけ電話に係る通信内容以外の通信情報がどの程度「限定的」であるのかを、あらためて検討する必要がある。

三 「自発的開披」法理の系譜（アメリカ）

1

　合衆国最高裁判所は、1979年の前記 Smith 判決において、着信先電話番号探知を捜索ではないと判示するにあたって、もうひとつ、電話会社（第三者）への「自発的開披」法理——あるいは「リスク想定」法理——を用いて「プライバシーの合理的期待」を否定した。

　同裁判所によれば、第1に、そもそも人は一般に、自分がかけた番号についてプライバシーの現実的期待を持たない。電話契約者は自分の月払請求書に添付されている通話明細を受領している以上、自分のかけている番号が電話会社に伝わっていること、及び、電話会社がこの情報を記録する性能を備えていることを、了知している。従って、「十中八九 (in all probability)」、そもそも人は自分のかけた番号についてプライバシーの現実的期待を抱いてはいない、と。

　そして第2に、仮に自分のかけた電話番号についてプライバシー期待を抱いている者がいたとしても、この期待は客観的に不合理であるという。人は、自分が第三者に「自発的に (voluntarily)」引き渡す情報については、その情報の更なる伝播リスクを既に想定・負担しているのであり、プライバシーの適法な期待を有しないからである（「自発的開披」法理ないし「リスク想定」法理）。すなわち、電話契約者は、第三者たる電話会社に対して情報（着信先電話番号等）を意識的に晒すことによって、その情報が捜査官に伝えられるリスクを既に想定・甘受している（べきである）、と。

2

　かかる「自発的開披」法理の適用は、この Smith 判決の理解によれば、秘密録音（当事者録音及び同意録音）の場合と通底する[20]。

　ここで当事者録音とは、覆面捜査官等が、自身に対するかあるいは自身の面前に居る他者に対する被疑者の供述をそのまま取得する場合（純粋な「偽装友

人 (false friend)」類型) であり、同意録音とは、被疑者と会話している相手方に秘聴器を携帯させて捜査官が被疑者の供述を (同時) 間接的に取得する場合 (「秘聴器付き偽装友人 (wired false friend)」類型) である。合衆国最高裁判所は、Smith 判決に先立つ1966年の Hoffa v. United States 及び1971年の United States v. White において、これらのいずれの形態についても、その供述が屋内でなされた場合を含めて、自発的開披(リスク想定)法理ゆえ捜索ではないと判示していた。

この論理に則れば、屋内発着信の通信経路等情報であっても、場所の保護は及ばない。

3

しかし、この「自発的開披」法理が成り立つためには、その前提として、人が自分の秘密意思疎通を享受すべき者を定める際に自由に裁量権を行使しうる状況が存在しなければならない。そして、少なくとも電話番号の引渡しにあっては、引渡先が通信相手方ではなく電話会社であること、かつ、現代社会において電話を使う場合には電話会社を通す以外に選択肢がないことからすれば、秘密録音の場合とはその前提において異なっており、「自発的開披」法理による許容はより難しい。なお、情報の引渡先として通信相手方を必ずしも含まないというこの構図は、電話番号の場合に固有である。通信内容情報のみならず通信経路等情報においても、少なくとも郵便の場合には、引き渡される情報は通信事業者と通信相手方とで基本的に同一である。

そもそも「ある者に対して情報を開披する者は、この情報が他の目的で他の人々に対して開披されうるリスクを当然に想定する」という一般的ルール定立に対しては、そのような社会における人々の意思疎通の萎縮効果への懸念ゆえ、疑義も根強い。「自発的開披」法理を拡張的に用いることには、厳に慎重さが

---

(20) なお加えて、Smith 判決は、United States v. Miller, 425 U.S. 435 (1976) ——銀行顧客がビジネス上の通常の方法で銀行員に「自発的に知らせる」情報にはプライバシーの適法な期待はないと判示した事例——をも援用している。
(21) Hoffa v. United States, 385 U.S. 293 (1966).
(22) United States v. White, 401 U.S. 745 (1971).

求められる。

四　検討——わが国における「通信の秘密」の射程

1

　アメリカ法においては、当初から通信経路等情報と通信内容情報とは大きく隔差づけられており、前者については憲法上の保護は及ばないと考えられてきた。このような中で1986年の立法（ECPA）は通信経路等情報取得のうち電話番号探知を対象として初めて司法審査（裁判所命令）を要求したが、その要件はなお極めて緩やかであった。そして、このとき構築された緩やかな保護の法体系が、2001年の愛国者法において新たに電子メールに及ぶに至っても、基本的になお維持されている。

　翻って、わが国において。憲法21条２項が「通信の秘密は、これを侵してはならない」と規定するところ、通信経路等情報と通信内容情報とは、ともに当初からいずれもこの「通信の秘密」の保護下にあった。

　郵便については、郵便法８条１項が「会社〔旧文では郵政省〕の取扱中に係る信書の秘密は、これを侵してはならない」とし、同条２項が「郵便の業務に従事する者は、在職中郵便物に関して知り得た他人の秘密を守らなければならない。その職を退いた後においても、同様とする」とする。この解釈につき、昭和28（1953）年の内閣法制局見解は、「郵便物の差出人又は受取人の居所、氏名及び差出個数等は、もとより通信の意味内容をなすものではないけれども、通信そのものの構成要素であり、実質的に見ても、これらの事項を知られることによって、通信の意味内容が推知されることもありうる」から、郵便法８条２項の「他人の秘密」にあたるとして、「通信の秘密」の保護を及ぼしてきた。[23]

　かかる郵便にまさに相応するものとして、電話及び電子メールについても、電気通信事業法４条１項が「電気通信事業者の取扱中に係る通信の秘密は、侵してはならない」とし、同条２項が「電気通信事業に従事する者は、電気通信

---

(23) 昭和28年１月30日内閣法制局１発第８号・郵政大臣官房文書課長宛内閣法制局第１部長回答。仮に２項の「他人の秘密」を１項の「通信の秘密」と区別するとしても、両者ともに憲法上の「通信の秘密」には含まれると考えられる。井上・前掲注(1)207頁。

事業者の取扱中に係る通信に関して知り得た他人の秘密を守らなければならない。その職を退いた後においても、同様とする」とする（前身たる公衆電気通信法5条1項・2項も各同旨）。そして、昭和38 (1963) 年の内閣法制局見解は「電話の<u>発信場所</u>は、発信者がこれを秘匿したいと欲する場合がありうるから、〔公衆電気通信法5条〕の第2項にいう『<u>他人の秘密</u>』に該当する」ので、「〔日本電信電話〕公社の職員が電話の<u>発信場所</u>を探索し、これを他人に知得させることは、原則として法第5条第2項に違反」するとして、やはり「通信の秘密」の保護を及ぼしてきた[24]（下線、松代）。

但し、この昭和38年見解は、「電話を利用して脅迫の罪を現に犯している者がある場合において、被害者の要請があるときは、公社の職員が当該電話の発信場所を探索し、これを捜査官憲に通報することは、許されるものと解すべきである」ともいう。ここで提示された例外許容要件は、身代金要求事件等に係る「現行犯性」及び「被害者の要請（一方当事者の同意）」である[25]。この点、その後の実務においては、「被害者、その他の者の生命・身体・財産に重大な危害が切迫しており、他の方法ではこれを救うことが困難であると認められる」ときであって通話の一方当事者が同意している場合とも解しており、要件に若干の緩和がみられる[26]。ただいずれにせよ、問題は基本的に電話の「<u>逆探知</u>」という形で提示されてきた[27]。

かかる状況は、1999年の通信傍受法成立（2000年8月15日施行）後において、通信内容情報取得については新設の傍受令状を以て許容されうるに至っても、

---

(24) 昭和38年12月9日内閣法制局1発第24号・郵政大臣官房電気通信監理官宛内閣法制局第1部長回答。大阪高判昭和41年2月26日高刑集19巻1号58頁も同旨。

(25) ここでの身代金要求事件等には、強要罪、公務執行妨害罪、職務強要罪、威力業務妨害罪、恐喝罪、逮捕監禁罪、略取罪などが想定されており、単なる脅迫罪は含まれない（幕田英雄『捜査法解説〔第2版〕』129頁（東京法令、2002））。実務においては、被害者の同意書を徴したうえ電話取扱局長宛「発信元探索協力要請書」（「刑事訴訟法第213条により現行犯逮捕をするうえで必要につき協力方要請する」と記載）によることとされている（幕田・前掲129-130頁）。

(26) 幕田・前掲注(25)129-130頁。

(27) 通信傍受法施行前において、（通信内容自体の検証に先立って）検証令状で通信経路等情報——着信先〔転送先〕電話番号と通話時間——を取得した例として、甲府地判平成3年9月3日判時1401号127頁、東京高判平成4年10月15日高刑集45巻3号85頁。井上・前掲注(1)210頁、稲田雅洋「通信内容の傍受の可否」『新実例刑事訴訟法I』17頁、34-35頁（青林書院、1998）も参照。

なお変わりない。[28][補1]

2

　電話番号探知について、わが国の従前学説は、①「一方当事者の同意」の下に、同意録音に準じた形で「プライバシー期待の乏しさ」を挙げるか又は（実務とほぼ同じく）「現行犯性」もしくは「正当防衛」を挙げて例外許容する見解と、②（かかる例外許容構成を一方で併用しつつ）検証令状を以て許容する見解[29]とに、大別される。更に、③「一方当事者の同意」のみを以て許容する見解[30]も[31]

---

(28) 内容情報取得と同時に行う番号探知に限っては、通信傍受法16条【補注2】で許容されている。この場合は、通信傍受に付随してこれに実質的に包含され新たな法益侵害というに足りないから、別個に令状を要しないと解されている。三浦守ほか『組織犯罪対策関連三法の解説』510-511頁（法曹会、2001）。

(29) 本注の以下の諸見解はいずれも「一方当事者の同意」のある場合を前提としている。そのうえで、主に「プライバシー期待の乏しさ」に依拠して例外許容する見解として、光藤景皎『刑事訴訟法Ⅰ』176頁（成文堂、2007）、三井誠『刑事手続法(1)〔新版〕』73頁（有斐閣、1997）、白取祐司「科学捜査と人権」松尾浩也＝井上正仁編『刑事訴訟法の争点〔新版〕』78頁、80頁（有斐閣、1991）があり、主に「現行犯性」（加えて論者によっては「手段の非代替性」）に依拠して例外許容する見解として、山内一夫「〈脅迫電話の逆探知〉の合憲性」判時376号6頁（1964）、土本武司『犯罪捜査〔部分補訂版〕』131-133頁（弘文堂、1987）〔藤木英雄ほか『刑事訴訟法入門〔第3版〕』79-81頁（有斐閣、2000）〔土本〕〕、石丸俊彦ほか『刑事訴訟の実務（上）〔新版〕』279頁（新日本法規、2005）〔川上拓一〕、井戸田侃『刑事訴訟法要説』115頁（有斐閣、1993）、松尾浩也＝鈴木茂嗣編『刑事訴訟法を学ぶ〔新版〕』173頁（有斐閣、1993）〔庭山英雄〕、阪村幸男「盗聴」熊谷弘ほか編『捜査法大系Ⅲ』239頁、255-256頁（日本評論社、1972）がある。更に、「正当防衛的構成」で許容するもの（田宮裕『刑事訴訟法〔新版〕』125頁（有斐閣、1996）〔但し、五十嵐清＝田宮裕『名誉とプライバシー』274頁（有斐閣、1968）では「現行犯の場合には……一種の合理的な緊急行為として」許容、田宮『総合判例研究叢書(16)・刑事訴訟法』312頁（有斐閣、1965）では「現行犯の場合の緊急捜索・押収とまったく性質の同じ問題」として許容〕）、「一種の防衛行為として」許容するもの（田口守一『刑事訴訟法〔第4版補正版〕』103頁（弘文堂、2006）、「正当防衛ないし現行犯的構成によって」許容するもの（鈴木茂嗣『刑事訴訟法〔改訂版〕』94頁（青林書院、1990））、「正当防衛的状況・現行犯的状況によりプライバシーの合理的期待が欠ける」として許容するもの（田宮裕編『ホーンブック刑事訴訟法〔改訂新版〕』109頁（北樹出版、1995）〔浅田和茂〕）など、そのニュアンスには若干の違いがみられる。同意録音との関係についても、完全に同視するものとやや隔差づけるものとがあり、必ずしも一致をみない。

(30) 井上・前掲注(1)210頁、辻裕教「通信・会話の傍受——検察の立場から」三井誠ほか編『新刑事手続Ⅰ』367頁、377-378頁（悠々社、2002）。

(31) 通信内容情報ではないことと、私人（通信事業者）による情報取得であることとを挙げて、一方当事者の同意のみで足れりとする（渡辺咲子『刑事訴訟法講義〔第4版〕』84頁（信山社、2007）、渥美東洋『全訂刑事訴訟法』133-134頁（有斐閣、2006））。

存在する。

　思うに、第１に、電話内容情報の引渡先は通信相手方であるが、電話番号情報の引渡先は電話会社である。その意味で、一方当事者の同意があっても、考慮の一要素とすることは格別、同意録音の枠組みをそのまま適用しうるものではない。仮に同意録音の許容枠組みにそのまま当て嵌めようとすれば、むしろ「電話会社の同意」による取得の可能性を探ることになるが、これは、情報引渡先を選択する裁量権がないという点において、そもそも同意録音許容枠組みの成立前提を欠く（前述三参照）。

　第２に、通信時の発信元電話番号探知は、通信履歴情報取得の性格と発信者現在地情報取得の性格とを併せ持つ（なお、電話番号からの当該契約者情報の割出しについては、通信の秘密の枠外として、捜査関係事項照会〔刑訴法197条２項〕による(32)）。そして現在実務では、過去の通信履歴情報取得については検証あるいは（通信明細の記録用紙の）差押令状が、携帯電話の基地局及び全地球測位システム（GPS）による電話所持者の現在地情報取得については検証令状が、要求されている(33)。これらの実務の当否自体なお検討の余地を残すが、少なくとも発信元電話番号探知は両者の性格を併せ持つに近く、特段の捜査利便性とともに独自の権利侵害性を有する。その意味で、限定的情報のみを開披するものとしての劣位保護の法体系は、到底適合しない（前述二参照）。

　わが国において、電話番号探知の根拠・法的性質については、通信内容情報取得に比すれば従来必ずしも華々しく論じられてきたわけではないが、「通信の秘密」の保護を及ぼしたうえでの、一方当事者同意の下での危急的例外許容という構成は、実務をも含めてある程度広く共有・承認されてきた。ただ、理論的にみた場合、なお必ずしも明瞭でなく(34)、実務運用に委ねられた判断基準の潜在にも問題を残す。しかし、この点への懸念ゆえにただちに既存の検証令状

---

(32) 伊丹俊彦編『実例捜索・差押えの実際』177頁（立花書房、1995）、三浦ほか・前掲注(28)509頁。
(33) 池田修=前田雅英『刑事訴訟法講義〔第２版〕』156頁（東京大学出版会、2006）。伊丹・前掲注(32)177頁、池田弥生「携帯電話の位置捜索のための令状請求」判タ1097号27頁（2002）、指宿信「ハイテク機器を利用した追尾監視型捜査――ビデオ監視とGPSモニタリングを例に」『鈴木茂嗣先生古稀祝賀論文集（下）』165頁（成文堂、2007）も参照。
(34) 井上・前掲注(1)212頁以下参照。

枠に落とし込もうとすれば、新種の権利侵害——発着信電話番号とともに獲得される位置情報は、固定電話のそれから移動携帯端末のそれへ、通信時のそれから非通信時のそれへと今日的変貌・拡大を遂げている——を容れた事実上の新類型令状創設であるとの批判をも生じよう。将来的には立法論検討の余地もあるが(35)、まずは法的性格の特異性を念頭においたうえでの現行許容基準の再検討が必要である。

3

　アメリカにおいて、2001年の愛国者法が電子メールの通信経路等情報取得に対して課した法規制は、従前の経緯・状況に照らせば、それ自体必ずしも権利制約的性格を持つものではなかった。同法がプライバシー保護法的性格を持つと時にいわれることも、この点ではなるほど故ないわけではない。

　しかしながら、電子メールを取り込みつつその正当性自体は疑われることのなかった既存の通信経路等情報取得の法体系——とりわけ電話番号探知の今日的権利侵害性とそれに相応しからぬ疎雑な保護措置（ラフ・セーフガード）——こそ、実は根本から問われるべきであったように思われる。

（補注 1 ）現在の総務省「電気通信事業における個人情報保護に関するガイドライン」は、通信時の発信電話番号探知（いわゆる逆探知）について、令状による場合も可能とする規定をおくに至っている。本補注欄末尾に掲げる「『電気通信事業における個人情報保護に関するガイドライン（抄）』の変遷」参照。

（補注 2 ）通信傍受法16条は、2016（平成28）年法改正により、現在は同法17条である（条文番号のみ変更）。

---

(35) 立法による例外許容基準の明確化を要求するものとして、例えば松尾浩也『刑事訴訟法（上）〔新版〕』129-130頁（弘文堂、2001）。

「電気通信事業における個人情報保護に関するガイドライン（抄）」の変遷

一　平成10（1998）年12月2日郵政省告示第570号（制定時）
1　発信者情報（通信時）について——10条2項
　電気通信事業者は、発信者情報通知サービスその他のサービスの提供に必要な場合を除いては、発信者個人情報を他人に提供しないものとする。ただし、情報主体の同意がある場合、電話を利用して脅迫の罪を現に犯している者がある場合において被害者及び捜査機関からの要請により逆探知を行う場合、人の生命、身体等に差し迫った危険がある旨の緊急通報がある場合において当該通報先からの要請により逆探知を行う場合その他の法性阻却事由がある場合はこの限りでない。
2　着信先情報（通信履歴）について——8条3項
　電気通信事業者は、情報主体の同意がある場合、裁判官の発付した令状に従う場合、正当防衛又は緊急避難に該当する場合その他の違法性阻却事由がある場合を除いては、通信履歴〔利用者が電気通信を利用した日時、当該通信の相手方その他の利用者の通信に係る情報であって通信内容以外のものをいう——同条1項〕を他人に提供しないものとする。
3　位置情報について——11条1項
　電気通信事業者は、情報主体の同意がある場合、裁判官の発付した令状に従う場合、前条2項〔上記1〕に規定する逆探知の一環として提供する場合その他の違法性阻却事由がある場合を除いては、位置情報（移動体端末を所持する者の位置を示す情報をいう。以下同じ。）を他人に提供しないものとする。

二　平成16（2004）年8月31日総務省告示第695号（下線は主な改正部分）
1　発信者情報（通信時）について——25条3項
　電気通信事業者は、発信者情報通知サービスその他のサービスの提供に必要な場合を除いては、発信者情報〔発信電話番号、<u>発信者の位置を示す情報</u>等発信者に関する情報——同条1項〕を他人に提供しないものとする。ただし、利用者の同意がある場合、<u>裁判官の発付した令状に従う場合</u>、電話を利用して脅迫の

罪を現に犯している者がある場合において被害者及び捜査機関からの要請により逆探知を行う場合、人の生命、身体等に差し迫った危険がある旨の緊急通報がある場合において当該通報先からの要請により逆探知を行う場合その他の違法性阻却事由がある場合はこの限りでない。

2　着信先情報（通信履歴）について──23条2項

電気通信事業者は、利用者の同意がある場合、裁判官の発付した令状に従う場合、正当防衛又は緊急避難に該当する場合その他の違法性阻却事由がある場合を除いては、通信履歴〔上記平成10年版ガイドラインの定義に同じ〕を他人に提供しないものとする。

3　位置情報について──26条1項

電気通信事業者は、利用者の同意がある場合、裁判官の発付した令状に従う場合その他の違法性阻却事由がある場合を除いては、位置情報（移動対端末を所持する者の位置を示す情報であって、発信者情報でないものをいう。以下同じ。）を他人に提供しないものとする。

三　平成29（2017）年4月18日総務省告示第152号（最終改正・同年9月14日）

1　発信者情報（通信時）について──34条3項

電気通信事業者は、発信者情報通知サービスその他のサービスの提供に必要な場合を除いては、発信者情報〔上記平成16年版ガイドラインの定義に同じ〕を他人に提供してはならない。ただし、利用者の同意がある場合、裁判官の発付した令状に従う場合、電話を利用して脅迫の罪を現に犯している者がある場合において被害者及び捜査機関からの要請により逆探知を行うとき、人の生命、身体等に差し迫った危険がある旨の緊急通報がある場合において当該通報先からの要請により逆探知を行うときその他の違法性阻却事由がある場合は、この限りでない。

2　着信先情報（通信履歴）について──32条2項

電気通信事業者は、利用者の同意がある場合、裁判官の発付した令状に従う場合、正当防衛又は緊急避難に該当する場合その他の違法性阻却事由がある場合を除いては、通信履歴〔上記平成10年版ガイドラインの定義に同じ〕を他人に提供してはならない。

3　位置情報について──35条2・4・5項

　電気通信事業者は、あらかじめ利用者の同意を得ている場合、裁判官の発付した令状に従う場合その他の違法性阻却事由がある場合に限り、位置情報〔上記平成16年版ガイドラインの定義に同じ〕について、他人への提供その他の利用をすることができる。

　電気通信事業者は、捜査機関からの要請により位置情報の取得を求められた場合においては、裁判官の発付した令状に従うときに限り、当該位置情報を取得することができる。

　電気通信事業者は、前項のほか、救助を要する者を捜索し、救助を行う警察、海上保安庁又は消防その他これに準ずる機関からの要請により救助を要する者の位置情報の取得を求められた場合においては、その者の生命又は身体に対する重大な危険が切迫しており、かつ、その者を早期に発見するために当該位置情報を取得することが不可欠であると認められる場合に限り、当該位置情報を取得することができる。

第三章

GPS及び携帯電話による位置情報の取得

目　次
序
一　わが国の判例及び準則
　1　判例
　2　準則：総務省ガイドラインと警察庁運用要領
二　GPS端末の設置（アメリカ）
　1　「公衆視下の車両外表に権利はない」か
　2　「車両に影響を与えない設置態様」の含意
三　GPS端末の使用（アメリカ）
　1　「目視でも得られる情報である」か
　2　携帯電話の位置情報の取得
四　検討
　1　従来の類似手法との比較
　2　規制のあり方
跋

序

　近時わが国では、GPS（Global Positioning System）を用いて対象の位置情報を取得する捜査手法が関心を集めている[1]。しかし、かかる技術の急速な発展に比して、その法的性質は未だ解明途上にあり、司法判断も一致をみていない[補1]（後述一）。本章では、捜査官がGPS端末を対象車両等に秘かに設置してその位置情報を取得する設置型GPS捜査について、端末設置（後述二）と同使用（後述三）の豊富な判例を擁するアメリカ法を手がかりに[2]、そのあり方を探る（後述四）。併せて、携帯電話——本来的に機器設置不要の「端末」——の位置情報の取得[3]についても扱うことで、検討を深めたい。

一　わが国の判例及び準則

1　判例

(1) 以下Ⅰ～Ⅶのいずれも連続窃盗被疑事件の捜査において、警察官が無断・無令状で被告人の使用車両外表に GPS 端末を設置してその位置情報を取

---

(1) 先行研究として、指宿信「GPS と犯罪捜査」法セ619号 4 頁(2006)、同「ハイテク機器を利用した追尾監視型捜査」『鈴木茂嗣先生古稀祝賀論文集(下)』165頁(成文堂、2007)、滝沢誠「GPS を用いた被疑者の所在場所の検索について」『立石二六先生古稀祝賀論文集』741頁(成文堂、2010)、清水真「自動車の位置情報把握による捜査手法についての考察」新報117巻7・8号443頁(2011)、辻雄一郎「電子機器を用いた捜査についての憲法学からの一考察」駿河台49号39頁(2012)、清水真「捜査手法としての GPS 端末の装着と監視・再論」明治大学法科大学院論集13号163頁(2013)、稲谷龍彦「情報技術の革新と刑事手続」『刑事訴訟法の争点』40頁(有斐閣、2013)、大野正博「GPS を用いた被疑者等の位置情報検索」『曽根威彦先生＝田口守一先生古稀祝賀論文集(下)』485頁(成文堂、2014)、小木曽綾「再び『新しい捜査方法』について」研修790号 3 頁(2014)、三井誠＝池亀尚之「犯罪捜査における GPS 技術の利用」刑事法ジャーナル42号55頁(2014)、尾崎愛美「位置情報の取得を通じた監視行為の刑事訴訟法上の適法性」法学政治学論究104号249頁(2015)、笹倉宏紀＝山本龍彦＝緑大輔「小特集　強制・任意・プライヴァシー」法時87巻 5 号58頁(2015)、土本武司「GPS 捜査」捜査研究773号127頁(2015)、指宿信「GPS 利用捜査とその法的性質」法時87巻10号58頁(2015)、村井敏邦「GPS 捜査の法的規律」刑弁85号84頁(2016)、指宿信「アメリカにおける GPS 利用捜査と事前規制」同89頁、亀井源太郎＝尾崎愛美「車両に GPS を装着して位置情報を取得する捜査の適法性」刑事法ジャーナル47号42頁(2016)、柳川重規＝滝沢誠＝中谷雄二郎＝太田茂＝亀石倫子「特集・捜査における位置情報の取得」刑事法ジャーナル48号30頁(2016)、小木曽綾＝緑大輔＝池田公博＝笹倉宏紀「特集・監視型捜査とその規律」刑法55巻 3 号391頁(2016)参照。

(2) *See generally* 1 WAYNE R. LAFAVE, SEARCH AND SEIZURE § 2.7(f) (5th ed. 2012 & 2015-2016 Pocket Part). 従来の議論状況につき、特に Orin Kerr, *Does the Fourth Amendment Prohibit Warrantless GPS Surveillance?*, THE VOLOKH CONSPIRACY (Dec. 13, 2009); Tarik N. Jallad, *Old Answers to New Questions: GPS Surveillance and the Unwarranted Need for Warrants*, 11 N.C. J.L. & TECH. 351 (2010) (以上、令状不要説)、Renée McDonald Hutchins, *Tied Up in Knotts? GPS Technology and the Fourth Amendment*, 55 UCLA L. REV. 409 (2007); Adam Koppel, Note, *Warranting a Warrant: Fourth Amendment Concerns Raised by Law Enforcement's Warrantless Use of GPS and Cellular Phone Tracking*, 64 U. MIAMI L. REV. 1061 (2010) (以上、令状必要説)。2012年 Jones 判決以降の議論状況については後掲注(27)所掲文献。

(3) 池田弥生「携帯電話の位置探索のための令状請求」判タ1097号27頁(2002)、伊丹俊彦編『Q＆A 実例捜索・差押えの実際〔第 2 版〕』182頁(立花書房、2013)、石渡聖名雄「逃走中の被疑者の所在把握等のため、通信事業者内設置の装置から将来の携帯電話の位置情報を探索するために同装置の検証許可状を発付する際留意すべき事項」高麗邦彦＝芦澤政治彦『令状に関する理論と実務Ⅱ』別冊判タ35号144頁(2013)、中川深雪編『Q＆A実例　検証・実況見分・鑑定の実際』42頁(立花書房、2014)参照。

得したことの適否が争われた。なお、このうちⅠ・Ⅱ決定は、被告人4名による集団窃盗につき被告人2名が各別に審理係属したため、2つの証拠決定を生じたものである（その余の被告人2名はGPS捜査違法の主張をしていない）。さらに、Ⅱ決定事案の控訴審判断がⅥ判決であり、Ⅲ判決の控訴審判断がⅦ判決である。

【Ⅰ決定】大阪地決平成27年1月27日判時2288号134頁（うち①事件）[(4)]

　大阪地裁第九刑事部は、本件GPS捜査を大筋許容し、関連証拠全ての証拠能力を肯認した。この帰結は、①被告人が犯人であると疑われる合理的な理由があること（共犯者1名〔Ⅱ決定の被告人〕の逮捕状を得、その後の張込み等で同人、本件被告人ほか2名の不審な挙動を現認した）、②通常の張込みや尾行等の方法と比して特にプライバシー侵害の程度が大きくはない──「尾行するための補助手段」にすぎない──から強制処分にあたらないこと（位置情報は捜査官が携帯電話で接続したときのみ取得される非継続のもので、精度も高くなく、記録蓄積もなかった）、③位置情報取得の必要性が相当高いこと（ナンバープレートを付け替えながら信号無視、高速道路ＥＴＣ料金所の突破等しており、尾行には相当な困難が予想された）、④相当な方法であること（端末設置は車両外表で損傷等を伴わず、またその多くは公道上で行われた）から導かれる。一部の端末設置時（バッテリー交換時）に捜査官が管理者に無断・無令状でラブホテル駐車場等に立ち入った点については「若干の問題があ」り「違法と評価されることがないとはいえない」が、門扉乗越等のない短時間の立入りゆえ、重大な違法ではないとした。

【Ⅱ決定】大阪地決平成27年6月5日判時2288号134頁（うち②事件）[(5)]

　大阪地裁第七刑事部は、半年以上にわたり計19台の車両を対象とした「大規

---

(4) 評釈として、宮下紘・時の法令1973号50頁(2015)、前田雅英・捜査研究770号56頁(2015)、羽渕雅裕・新判例解説Watch憲法No.100(2015)、黒川亨子・法時87巻12号117頁(2015)、山本和昭・専修ロージャーナル11号49頁(2015)、安村勉・判セ2015[Ⅱ]（法教426号付録）40頁(2016)。1審判決は大阪地判平成27年3月6日LEX/DB25506064（懲役4年）である。

(5) 評釈として、緑大輔・新判例解説Watch刑事訴訟法No.100(2015)、中島宏・法セ729号130頁(2015)、黒川・前掲注(4)、山本・前掲注(4)、亀石倫子・刑弁85号96頁(2016)、安村・前掲注(4)、宮下紘・平成27年度重判解12頁(2016)。1審判決は大阪地判平成27年7月10日LEX/DB25540767【刑集71巻3号149頁】（懲役5年6月）、控訴審判決はⅥ判決（控訴棄却）である〔上告〕。【補注2】

模かつ組織的」な本件GPS捜査につき、違法と判断した。その理由として、①GPSによる位置情報取得は、通常の尾行や張込み等の手法による目視とは異なり「内在的かつ必然的に」プライバシー侵害が大きいこと（位置情報はラブホテル駐車場の目隠しカーテン内等でも取得されており、また、失尾した対象を再発見・追尾しうるというそれなりに精度の高いものであった）、②端末設置時に警察官が管理者に無断・無令状で私有地に立ち入っており、管理者への権利侵害性を否定しがたいことが、挙げられる。従って、本件GPS捜査は強制処分（検証）に該当し、令状なきその実施は違法であるという（なお、本件で取得されたのが公道上の対象車両位置情報のみであったとしても結論は変わらない旨、付言する）。

さらに、本件違法の程度については、上記①②に加えて、③携帯電話の基地局に係る位置情報の取得には検証令状を要するとの実務が定着しているところ（後述—2(1)）、GPS捜査はこれと「共通する性質を有するもの」である（むしろ精度の点で侵害性がより高いことが少なくない）から、令状取得の必要性・可能性に関する検討は容易であったこと、④令状請求する時間的余裕等があったのに無令状で長期間実施していること、⑤本件捜査過程において重要な事実であるGPS捜査について警察が独自・組織的に保秘を徹底し、司法審査を困難にしていること、⑥本件端末設置は、私有地立入りを伴う点で警察庁運用要領（後述—2(2)）にいう「犯罪を構成するような行為を伴うことなく」との要請にも反すること等を挙げて、警察官の令状主義軽視の姿勢を各所指摘したうえで、「令状主義の精神を没却するような重大な違法があり、……これにより得られた証拠及びこれと密接に関連する証拠……を……許容することは、将来における違法捜査抑止の見地からして相当でない」と結論した。

【Ⅲ判決】名古屋地判平成27年12月24日 LEX/DB25541935[6]
　名古屋地裁は、3か月以上にわたる本件GPS捜査につき、違法と判断した。曰く、①携帯電話機等の操作という極めて容易な方法で、対象車両の相当正確な位置情報を取得しうること、及び、②具体的終期を定めないまま開始されており、長期間継続しうることからして、③位置情報取得が限定に乏しいものに

---

(6) 1審判決は有罪（懲役6年）、控訴審判決はⅦ判決（控訴棄却）である。

流れ、プライバシー期待の高い場所での被告人の行動等が把握される虞があること、④実際本件では、被告人のGPS端末発見・取外しによる終了まで相当長期間、極めて多くの位置探索（計1637回〔大半で取得成功〕、多くて1日109回）が行われたことを挙げて、「位置探索の結果を個別に見ていけば、その多くが他者からの……観察を受忍せざるを得ない場所を示すものであったとしても、本件GPS捜査は、任意捜査として許容される尾行等とは質的に異な〔り〕、……プライバシー等に対する大きな侵害を伴う」という(7)。さらに、位置情報が蓄積記録されていなかったからといって、プライバシー侵害が小さいとはいえないと付言したうえで、本件GPS捜査は「少なくとも検証の性質を有」し、「検証許可状等を得ることなく行った本件GPS捜査は違法である」と結論した。なお、本件端末設置は店舗駐車場や公道上等の公領域で行われたが、かかる装着態様は「本件GPS捜査の強制処分該当性を左右しない」。

但し、被告人側による証拠排除の申立てに対しては、本件GPS捜査による証拠収集過程に重大な違法はないとして、これを斥けた。その理由として、①対象車両の動静を把握するという捜査目的は正当であったこと、②本件GPS捜査当時、これを強制処分とする司法判断はなく、これを任意処分とする警察庁運用要領（後述ー2(2)）に基づき行動した捜査機関において、令状主義を潜脱する意図があったとはいえないこと等を、挙げている。

【Ⅳ決定】水戸地決平成28年1月22日 LEX/DB25545987(8)

水戸地裁は、半月余及び1か月余（その間の約1か月半の中断は被告人の端末発見・取外しによる）にわたる本件GPS捜査につき、違法と判断した。曰く、①対象者が私的な場所に居る場合でも容易にその所在場所を把握しうるという意味で、「性質上、常に大きなプライバシー侵害の危険が内在している」ことや、②GPSによる正確・詳細な位置情報が長期間集積された場合、対象者の

---

(7) 同判決は別箇所にて次のように敷衍する。「尾行により、対象車両の様子を目視によって観察する場合には、人的資源に自ずから限界があり、長期にわたって継続的に対象車両を観察することは困難であるが、本件GPS捜査にそのような障害はなく、長期間にわたり相当正確となり得る位置情報を得ることが容易だったのであり、目視による尾行を続けることとは質的に異なるものであって、任意捜査として許容される尾行の補助手段とみることはできない」。
(8) 1審判決は水戸地判平成28年3月25日 LEX/DB25542721（懲役2年）である。

所在場所に留まらず、その交友関係や嗜好等、私的な行動性向をも捜査機関が把握しうることから、本件 GPS 捜査は、単なる尾行の補助的手段として想定される以上に対象者のプライバシーを大きく侵害する危険を「潜在的に」有し、強制処分（検証）にあたるという（因みに、本件位置情報検索はほぼ毎日、多くて1日30回程度であった）。従って、令状なきその実施は違法である。なお、本件端末設置も、Ⅲ判決の事案同様、店舗駐車場及び公道上という公領域で行われていた。〔加えて、端末設置自体の性質に関する言及につき後述四1、対象者への事後告知（通知）に関する言及につき後述四2にて、各引用。〕

さらに、本件違法の程度については、無令状実施に至るやむを得ない事情はなかったとして、令状主義の精神を没却する重大な違法を認定し、関連証拠を一部排除した。

【Ⅴ判決】広島地福山支判平成28年2月16日平成25年（わ）第144号、同26年（わ）第115号（判例集未登載）

広島地裁福山支部は、本件 GPS 捜査につき、令状を要する強制捜査ではなく適法と判断した。曰く、本件 GPS 捜査で得られる情報は「車両の位置情報、すなわち公道や一般に利用可能な駐車場を示す情報であるから、そのような情報を得ることが、被告人のプライバシーや移動の自由への制約になるとはいい難い」。加えて、本件端末設置場所につき、「コインパーキングや商業施設等の駐車場であって、……私有地への違法な立ち入りがあったわけではなく、財産権への侵害があったということもできない」。

【Ⅵ判決】大阪高判平成28年3月2日刑集71巻3号171頁（Ⅱ決定事案の控訴審）

大阪高裁は、本件 GPS 捜査につき、重大な違法ではないと判断した。曰く、①本件 GPS 捜査で取得可能な情報は対象車両の所在位置のみであること、当該情報を「相当期間（時間）にわたり機械的に……間断なく取得して……蓄積し、それにより過去の位置（移動）情報を網羅的に把握したという事実も認められない」ことから、プライバシー侵害の程度は必ずしも大きくない。他方、②対象から離れた場所からでも情報取得しうること、期間が比較的長期であること、事業者の蓄積情報を随時利用しうることから、「プライバシーを大きく侵害するものとして強制処分に当たり、無令状でこれを行った点において違法と解する余地がないわけではない」（因みに、本件位置情報取得は GPS 端末計16

個を用いたもので、1端末につき多くて3か月間で計1200回以上検索〔1000回以上取得成功〕していた）。そのうえで本件結論としては、「少なくとも……重大な違法があるとは解され〔ない〕」という。なぜなら、本件では「令状が必要であったと解してみても、その発付の実体的要件は満たしていた」ことに加え、本件GPS捜査当時これを強制処分とする司法判断は存在・定着していなかったことも併せ考えると、警察官において令状主義に関する諸規定を潜脱する意図があったとまでは認めがたいからである。

　なお、携帯電話の基地局に係る位置情報取得（後述ー2(1)）との関係では、「理論的な性質、実務的な状況をやや異にするところがある」という。また、警察庁運用要領（後述ー2(2)）との関係では、端末設置時におけるラブホテル駐車場等への無断・無令状立入りにつき「違法の疑いがあるが、その……程度は大きいものではない」とするも、一再ならずかかる「違法の疑いのある行為に出ている」点や組織内の報告等諸手続に履践不足の疑いのある点は、「甚だ遺憾とせざるを得ない」と付言した。

【Ⅶ判決】名古屋高判平成28年6月29日LEX/DB25543439（Ⅲ判決の控訴審）
　名古屋高裁は、本件GPS捜査につき、原審と同じく違法と判断した。曰く、「本件の場合、〔GPS端末を〕取り付けた対象が自動車であるから、被告人の行動状況そのものを把握できるわけではない。また、自動車の所在する場所は、公道上等通常他人から観察されること自体は受忍せざるを得ない場所が多〔い〕……。対象自動車がプライバシー保護の期待が強い場所にある場合の位置情報が取得される可能性はあるものの、当該自動車がそのような場所に入っていくこと自体は、公道上からも視認可能であろう」。とはいえ、「対象者に気付かれない間に、容易かつ低コストで、その端末の相当正確となり得る位置情報を、長期間にわたり常時取得できるだけでなく、……対象者の交友関係、信教、思想・信条、趣味や嗜好などの個人情報を網羅的に明らかにすることが可能であり、その運用次第では、対象者のプライバシーを大きく侵害する危険性を内包する」。そのうえで、本件GPS捜査については、①具体的な終期を定めることなく開始されており、警察庁運用要領にいう「捜査上特に必要がある」とは認め難い場合にも繰り返し検索されていたことと、②位置検索結果がGPS事業者の許に保管され、これを捜査機関が入手しえたことにより、「プラ

イバシー侵害の危険性が相当程度現実化したものと評価せざるを得ないから、全体として強制処分に当た」り、令状なき実施は違法であるという。なお、既存の強制処分の類型でいえば検証の性質を有する（検証として行う場合、「令状の事前提示に代わる条件、検証の対象や期間の特定等、検討を要する種々の問題があり、解釈論的にも解決の必要に迫られている」）が、「より根本的には……新たな立法的措置も検討されるべきである」とした。

さらに、本件違法の程度については、原審と概ね同様の理由を挙げて、その重大性を否定した。

(2) 以上判例をみるに、Ⅰ・Ⅴ（任意処分説）とⅡ・Ⅲ・Ⅳ・Ⅶ（強制処分説）との結論差は、基本的に、GPS端末の「追跡（使用）」を、通常の尾行等における目視程度の情報取得・利益侵害に収まると解するか否かの認識相違に基づく。この点Ⅵは態度を明らかにしていない。

加えて、判例Ⅰ・Ⅱ・Ⅵは、GPS端末の「設置」が管理者に無断・無令状での私有地立入りを伴った点につき、いずれも違法性を——その程度に対する評価には開きがあるが——示唆する。Ⅲ・Ⅳ・Ⅴ・Ⅶの事案では、設置は公領域で行われているが、そのことはⅤ（任意処分説）では任意処分性の一要素とされる一方、Ⅲ・Ⅳ・Ⅶ（強制処分説）では強制処分性肯認の結論に影響を及ぼしていない。

2　準則：総務省ガイドラインと警察庁運用要領

(1) 総務省「電気通信事業における個人情報保護に関するガイドライン」
（平成16〔2004〕年8月31日総務省告示第695号〔最終改正・平成27〔2015〕年6月24日〕）[補3]

携帯電話の位置情報には、①基地局に係るもの（通信サービス提供のため通信事業者が保有する情報）と、②GPSに係るもの（通信サービス提供には不要で、原則として利用者の意思に基づくときのみ携帯端末において衛星から新たに取得する情報）とがある。本ガイドライン付属の解説をみるに、①については、通信時以外は通信の秘密の保護は及ばないが、これに準じて保護される[9]。②については、通信の秘密には関わらず、しかしプライバシー性の高い事項として保護される。なお、携帯端末を物に設置してその位置情報を取得する場合にも、上

記に準じた保護が求められるという⁽¹⁰⁾。

　上記①②いずれの情報についても、捜査機関による取得に際しては「裁判官の発付した令状」を必要とする（ガイドライン26条3項）ところ、実務はこれを検証令状と解することから⁽¹¹⁾、現行法上不服申立ての途は確保されていない（刑訴法430条参照）。また、従来は情報取得の旨を本人に知らせるとの要件が付されていたが、2015年のガイドライン改正により、令状による場合には本人への通知は不要になった⁽¹²⁾。しかし現在、これに代わる事後告知の規定や位置情報取得期間の制限規定は、整備されていない⁽¹³⁾。

　(2) 警察庁「移動追跡装置運用要領」（平成18〔2006〕年6月30日警察庁丁刑企発第184号）^{（補6）}

　移動追跡装置とは、「捜査対象車両等に取り付け、GPS 等を使用することにより、当該車両等の位置等の位置情報を取得する装置」である（定義）。本要領は、かかる GPS 端末による車両等の位置情報取得につき任意捜査と性格づけたうえで、その使用要件（犯罪類型・設置対象・捜査上特に必要があること等）や手続（警察組織内における承認・報告等）を定めた警察庁の内部規範である。使用の必要性は随時見直されることになっているが、期間の具体的制限、対象者に対する告知（通知）、取得情報の取扱い等に関する定めはない。また、警察組織外のチェックは、司法審査を含めて想定されていない⁽¹⁴⁾。

　前記7判例は、犯罪類型（連続窃盗）と設置対象（被疑者の使用車両）⁽¹⁵⁾の点では、いずれも本要領をみたす。しかし、Ⅰ・Ⅱ・Ⅵの事案では、端末設置・交換に際して捜査官が管理者に無断・無令状で（公衆視下にない）私有地に立ち入

---

(9) ガイドライン26条の解説(1)(4)。発信時の位置情報取得は同25条3項による（同じく令状を要する）。
(10) ガイドライン26条の解説(3)(5)。
(11) 池田・前掲注(3)、石渡・前掲注(3)。【補注4】。緊急時の取得はガイドライン26条4項による。
(12) 犯罪捜査における位置情報取得につき、「当該位置情報が取得されていることを利用者が知ることができるときであって」との要件が削除された（2015年6月24日改正）。
(13) 実務では7日間程度で1日数回程度の取得ともいわれる（石渡・前掲注(3)）。比べて通信傍受の場合は、規定上、傍受実施期間は原則10日以内であり（通傍法5条1項。延長可）、傍受終了後原則30日以内に本人に通知することが義務づけられている（同23条2項。延長可）。【補注5】
(14) Ⅰ・Ⅱ・Ⅵの事案では、GPS 捜査実施の旨を検察庁にも知らせていない。
(15) 但しⅠ・Ⅱ・Ⅵの事案とⅣの事案では、被疑者以外の者の使用車両への拡大も疑われる。

っていたため、本要領の使用要件のうち、少なくとも、犯罪を構成する行為を伴うことなく取り付けることを求める点に反していた。また、Ⅳの事案では、GPS捜査の申請に際して尾行等の困難性を裏づける書面資料がなく、対象車両の使用者が被告人であることの確認も不十分なまま承認されたとして、「〔本要領の申請・承認〕の審査が形骸化していた疑いが払拭できない」と指摘された（Ⅵにも類似の指摘がある）。さらに、任意捜査（尾行等の補助手段）として許容するという本要領の立論自体に対しても、判例Ⅱ・Ⅲ・Ⅳ・Ⅶから根本的疑義が示された。

二　GPS端末の設置（アメリカ）

1　「公衆視下の車両外表に権利はない」か

（1）当初判例では、GPS端末の設置と使用の区別が曖昧なうえ、設置場所の公私の性質にも特に言及しないまま無令状GPS捜査を許容するものもみられた。[16]しかし程なくして、まずは設置時に私領域（特に公衆視下にない私有地）に立ち入ることの権利侵害性が広く意識されるようになり、以後、私領域立入りを伴わない設置態様を前提にしたうえでその先の適否の議論――以下の２見解――が展開される。

第１に、公衆視下の車両外表にはプライバシー期待がないことを根拠に、公衆視下の車両へのGPS端末の設置（及びその後の使用）について令状・相当な理由（probable cause）を不要とする判例群がある。[17]但し、これらのなかにも、合理的な嫌疑（reasonable suspicion）はなお必要かそれすら不要かというレベ

---

(16) *E.g.*, United States v. Moran, 349 F. Supp. 2d 425 (N.D.N.Y. 2005). 但し、捜索・押収にあたるか否かは明言せずに裁判所命令を必要とみた State v. Berry, 300 F. Supp. 2d 366 (D. Md. 2004)のような例もある。

(17) United States v. McIver, 186 F.3d 1119 (9th Cir. 1999)（公衆の視界に開かれた領域）; United States v. Garcia, 474 F.3d 994 (7th Cir. 2007)（公道）; United States v. Pineda-Moreno, 591 F.3d 1212 (9th Cir. 2010)（柵のない私道）; United States v. Marquez, 605 F.3d 604 (8th Cir. 2010)（公的場所）; United States v. Burton, 698 F. Supp. 2d 1303 (N.D. Fla. 2010)（柵なしで公道に接する開かれた場所）; United States v. Jesus-Nunez, 2010 WL 2991229 (Pa. 2010)（公的場所）. 括弧内は設置場所である。

(18) *E.g., Marquez*, 605 F.3d 604; *Burton*, 698 F. Supp. 2d 1303.

(19) *E.g., Jesus-Nunez*, 2010 WL 2991229.

ルで、若干の温度差がみられた。

　第2に、公衆視下の車両外表への端末設置であっても、令状・相当な理由を必要とする判例群がある[20]。これらのなかには、設置をその後の使用と一括したうえで押収[21]ないし捜索[22]とみるもののほか、設置のみを取り上げて捜索とみるものもあった[23]（使用のみを取り上げて捜索とみるものについては後述三で扱う）。令状・相当な理由を要求する根拠としては、公衆視下の車両外表とはいえ目視に留まらず慮外物の設置まで行うことに対して、①私有物への物理的侵入にあたるという侵入法理説[24]と、②プライバシーの合理的期待を侵害するという Katz 判決[25]由来のプライバシー侵害説[26]との、2説が併立していた。

　(2) 2012年の合衆国最高裁 Jones 判決法廷意見(Scalia 裁判官執筆)[27]は、公的駐車場で捜査官が被告人 Jones の使用車両外表に GPS 端末を設置・使用した事案において、上記第2の見解のうち①の流れを汲んでその設置を「私有物への物理的侵入」と捉え、これを無令状（本件で発せられた令状の時間的・場所的射程外）で行ったことは合衆国憲法第4修正に抵触するとした。同条項は「身体・家屋・書類・物」につき不合理な捜索押収を受けない権利を保障するところ、車はこのうちの「物(effects)」にあたる。捜査官が情報を得るために私有物を物理的に占有すれば、それだけで「その物理的侵入は第4修正の原義における『捜索』とみなされる」。従って、車両外表への GPS 端末の設置と、車両位置情報を取得するための同端末の使用は、捜索にあたると結論された。この見解に立てば、仮に短期間の使用であっても、設置という物理的侵入が先行する限り、第4修正に抵触する。

　(3) その後の判例をみると、Jones 判決に倣って侵入法理に則り設置・使用

---

(20) People v. Lacy, 787 N.Y.S.2d 680 (2004) (公道); State v. Weaver, 909 N.E.2d 1195 (N.Y. 2009) (公的場所としての K-Mart 駐車場). 括弧内は設置場所である。なお、被告人アパート裏における設置を令状下で許容したものとして Commonwealth v. Connolly, 913 N.E.2d 356 (Mass. 2009)。

(21) Connolly, 913 N.E.2d 356.

(22) Weaver, 909 N.E.2d 1195.

(23) Lacy, 787 N.Y.S.2d 680. なお、使用のみを取り上げて捜索とみる例として United States v. Maynard, 615 F.3d 544 (D.C. Cir. 2010) (因みに設置場所は公道である)。

(24) Lacy, 787 N.Y.S.2d 680.

(25) Katz v. United States, 389 U.S. 347 (1967).

(26) State v. Jackson, 76 P.3d 217 (Wash. 2003); Weaver, 909 N.E.2d 1195.

を捜索とするものと、Jones 判決に倣って侵入法理に則り設置・使用を捜索と⁽²⁸⁾したうえで、併せて長期間 (26日間) の使用 (モニタリング) についてプライバシー侵害をも認めて捜索とするものとがある。いずれも侵入法理に基づき設置を捜索とみる⁽²⁹⁾点では一致する。なお、これらとは別に、当該 GPS 捜査が Jones 判決前に行

---

(27) United States v. Jones, 565 U.S. 400(2012). 邦文評釈として、土屋眞一・判時2150号3頁(2012)、眞島知子・比較法雑誌47巻1号219頁(2013)、緑大輔・アメリカ法2013-1号356頁(2014)。See Alison M. Smith, *Law Enforcement Use of Global Positioning (GPS) Device to Moniter Vehicles: Fourth Amendment Considerations, in* LEGALITIES OF GPS AND CELL PHONE SURVEILLANCE 1 (Emily M. Johnson & Michael J. Rodriguez eds., 2012); David Reichbach, Comment, *The Home Not the Homeless: What the Fourth Amendment Has Historically Protected and Where the Law is Going After Jones*, 47 U.S.F. L. REV. 377(2012); Daniel T. Pesciotta, Note, *I'm Not Dead Yet: Katz, Jones, and the Fourth Amendment in the 21st Century*, 63 CASE W. RES. L. REV. 187(2012); Fabio Arcila, Jr, *GPS Tracking Out of Fourth Amendment Dead Ends:* United States v. Jones *and the* Katz *Conundrum*, 91 N.C. L. REV. 1(2012); Thomas K. Clancy, United States v. Jones: *Fourth Amendment Applicability in the 21st Century*, 10 OHIO ST. J.CRIM. L. 303(2012); Erin Murphy, *Back to the Future: The Curious Case of* United States v. Jones, 10 OHIO ST. J. CRIM. L. 325(2012); Kevin Emas & Tamara Pallas, United States v. Jones: *Does* Katz *Still Have Nine Lives?*, 24 ST. THOMAS L. REV. 116(2012); George M. Dery III & Ryan Evaro, *The Court Loses Its Way With the Global Positioning System:* United States v. Jones *Retreats to the "Classic Trespassory Search,"* 19 MICH. J. RACE & L. 113(2013); Arnold H. Loewy, United States v. Jones: *Return to Trespass—Good News or Bad*, 82 MISS. L.J. 879(2013); Jason D. Medinger, *Post-*Jones: *How District Courts Are Answering the Myriad Questions Raised by the Supreme Court's Decision in* United States v. Jones, 42 U. BALT. L. REV. 395(2013); Nancy Forster, *Back to the Future:* United States v. Jones *Resuscitates Property Law Concept in Fourth Amendment Jurisprudence*, 42 U. BALT. L. REV.445(2013); Stephanie K. Pell, Jones*ing for a Privacy Mandate, Getting a Technology Fix—Doctrine to Follow*, 14 N.C. J.L. & TECH. 489(2013); Melanie Reid, United States v. Jones: *Big Brother and the "Common Good" Versus the Fourth Amendment and Your Right to Privacy*, 9 TENN. J.L. & POL'Y 7(2013); Richard Sobel, Barry Horwitz & Gerald Jenkins, *The Fourth Amendment Beyond* Katz, Kyllo *and* Jones: *Reinstating Justifiable Reliance as a More Secure Constitutional Standard for Privacy*, 22 B.U. PUB. INT. L.J. 1(2013); Michael L. Snyder, Note, Katz*-ing and (not) Losing Place: Tracking the Fourth Amendment Implications of* United States v. Jones *and Prolonged GPS Moniteing*, 58 S.D. L. REV.158(2013); John A. Stratford, Comment, *Adventures on the Autobahn and Infobahn:* United States v. Jones, *Mandatory Data Retention, and a More Reasonable "Reasonable Expectation of Privacy,"* 103 J. CRIM. L. & CRIMINOLOGY 985(2013); Vikram Iyengar, U.S. v. Jones: *Inadequate to Promote Privacy for Citizens and Efficiency for Law Enforcement*, 19 TEX. J. C.L. & C.R. 335(2014).

(28) Foltz v. Commonwealth, 284 Va. 467, 732 S.E.2d 4(2012)(設置・使用約1日); People v. Lewis, 23 N. Y.3d 179, 989 N.Y.S.2d 661, 12 N.E.3d 1091(2014)(設置3週間〔うち使用2週間〕)。「使用のための設置」を捜索とする United States v. Katzin, 732 F.3d 187(3d Cir. 2013)(設置・使用数日間)も、同枠組みで把握可能である。

(29) State v. Zahn, 812 N.W.2d 490(S.D. 2012)(但し設置時に私的駐車場立入りもある事案)。

われたことを理由に善意の例外（good-faith exception）を適用して、捜索にあたるか否かの判断を留保・回避した例も、散見される(30)。

2 「車両に影響(ダメージ)を与えない設置態様」の含意

(1) 磁石等による外表設置を超えて、車体損傷や運転干渉といった車両に影響を与える態様でGPS端末の無令状設置を行えば第4修正に抵触することには、従来からほぼ異論がない。問題は、設置態様が磁石等による外表設置に留まる場合である。

Jones判決Alito同意意見（Ginsburg、Breyer、Kagan裁判官同調）は、これを侵入とみた前記・同判決法廷意見に対し、「設置」の過大評価と批判する。曰く、GPS端末の外表設置だけでは現実の影響(ダメージ)がない以上、既存の侵入法理に則れば第4修正違反とならないはずであるから、むしろ「使用」のところでプライバシー侵害枠組みに則って判断すべきであった、と。

あらためてみるに、Jones判決法廷意見は、侵入法理に則りGPS端末の設置及び使用 を捜索であると述べる一方、設置を伴わない使用単独の場合は本件判示の射程外であるとも述べる（後述三1 (1)）。それでは、設置(外表)単独の場合はどう考えるのか。Jones判決後に出されたGibson判決は、被告人Gibson（James）が車両の占有利益をGPS端末設置時には有していたがその後のGPS使用時には有していなかった（被告人は運転者でも同乗者でもなかった）事案において、GPS捜査で得られた証拠の排除申立てに対して被告人の申立適格自体を否定している(31)。考えあわせると、判例の枠組みが、使用を伴わない設置単独の場合にいかほどの権利侵害性を認めているかは、心許ない。むしろJones判決法廷意見が、無令状GPS端末設置を第4修正違反としながら、従前の合衆国最高裁Karo判決（当初の所有者の同意を得て缶内部に電波発信器[beeper]を事前設置し、この缶を受け取った被告人Karoの公道上位置情報が追跡(モニ)

---

(30) United States v. Pineda-Moreno, 688 F.3d 1087 (9th Cir. 2012) (*cf. Pineda-Moreno*, 591 F.3d 1212); United States v. Sparks, 711 F.3d 58 (1st Cir. 2013); United States v. Katzin, 769 F.3d 163 (3d Cir. 2014) (*cf. Katzin*, 732 F.3d 187).

(31) United States v. Gibson, 708 F.3d 1256 (11th Cir. 2013). See LAFAVE, *supra* note 2, at 1003 (Pocket Part, § 2.7(f) at 81).

取得された事案で、Karoに対する発信器(ビーパー)使用を許容したもの）を「本件と完全に一致する」とした一見奇妙な齟齬は、設置単独の権利侵害性を認めない脈絡において一応整合的に理解しうる。

（2）尤も、このKaro判決におけるStevens裁判官一部反対意見（Brennan、Marshall裁判官同調）は、「財産の性格は、完全な無垢状態と電子機器による汚染状態とで大いに異なる」と述べていた。財産の占有利益は排他性を含むところ、発信器(ビーパー)を内部設置した缶がKaroに渡された時点で財産は――Karo判決法廷意見とは異なって――「有意味な介入（meaningful interference）」を受けたと解するのである。なお、保護領域のうち少なくとも家屋への「侵入」については、その質・量の低少では正当化しえないと説く判例も別途存在する。

GPS端末の場合は外表設置ではあるが、Jones判決がこれを物理的侵入と位置づけていることにも鑑みれば、外表設置単独の権利侵害性（Karo判決のStevens裁判官一部反対意見によれば「押収」）肯認の途も、ありえないではない。

（3）仮に外表設置単独の影響(ダメージ)発生・権利侵害性を認めないとしても、外表設置の「代償」は別の形であらわれる。

設置型GPS端末にはその動力源に関してバッテリー独立型と対象車両からの供給型とがあるところ、いずれの論者においても車両内部機構への干渉は任意処分の域を超えるので、特に無令状下では、外表設置のみで済むバッテリー独立型が必然的に選択されてきた（令状下でも、設置作業に専門知識や時間を要しない利ゆえ、一般に独立型が好まれる）。ただ、判例のなかには、バッテリー独立型の特性として、むしろ機器作動（追跡時だけでなく待受状態も含む）のための動力を対象車両から「窃取」しない点を意識・強調するものも散見される。

バッテリー独立型のGPS端末を用いる限り、位置情報を長時間切れ目なく取得し続けることは難しい。一般に運転者が自分の運転車両の位置を知るため

---

(32) United States v. Karo, 468 U.S. 705(1984).
(33) *Jones*, 565 U.S. at 410.
(34) *Karo*, 468 U.S. at 729. *See* LAFAVE, *supra* note 2, at 1003-1004.
(35) Kyllo v. United States, 533 U.S. 27, 37, 40(2001)(citing *Karo*, 468 U.S. 705).
(36) 令状下での内部設置許容例として *Jackson*, 76 P.3d 217; United States v. Williams, 650 F. Supp. 2d 633(W.D.Ky. 2009)、適法な押収下での内部設置許容例として State v. Brereton, 826 N.W.2d 369 (Wis. 2013)。独立型と供給型の違いにつき *Connolly*, 913 N.E.2d at 362。

に用いる GPS ナビ等であれば、動力を同車両から得ているがゆえに長時間ほぼ切れ目なく継続的に位置情報を取得しうるが、バッテリー独立型 GPS 端末の場合は、頻繁なバッテリー交換を伴っても通常はなお単発・断続的取得となる。その結果、対象が私領域にあるときにその位置情報を得てしまう事態を本来的に避けがたい（かかる事態を避けるべく位置情報取得頻度を上げれば、バッテリー交換頻度も上がるため、設置〔交換〕場所を公領域に限ることが難しくなる）。設置で影響（ダメージ）を回避することが、使用での問題惹起を不可避とする（後述三）。

三　GPS 端末の使用（アメリカ）

1　「目視でも得られる情報である」か

（1）判例には、GPS 端末の使用につき、プライバシー侵害枠組みに則ってその適否を判断したものが多い[38]。但し、従来その結論は、目視でも得られる情報を GPS で得たにすぎないとしてプライバシー侵害の発生を否定する判例群[39]と、目視では得られない情報を得たとしてプライバシー侵害の発生を肯定する判例群[40]とに、分かれていた。

前記合衆国最高裁 Jones 判決は「設置」段階で侵入法理に則って片をつけており、「使用」に関する直接の先例ではない。尤も、同判決法廷意見は、「侵入を伴わずに電子的手段で同じ結果を達成することは憲法違反のプライバシー侵害であるだろう（が、本件は我々に対してこの問いに答えることを要求しない）」と仄言していた[41]。

---

(37) Garcia, 474 F.3d 994 は、対象車両から動力を得ていないことをひとつの根拠として、設置・使用につき令状不要とした。他方で、対象車両から動力を得ていないことを指摘・確認したうえでなお侵入法理的見地から設置を捜索とみるもの（Lacy, 787 N.Y.S.2d 680; Zahn, 812 N.W.2d 490）や、「対象車両から動力を得ているか否かにかかわりなく」設置には令状を要するというもの（Connolly, 913 N.E.2d at 370）がある。

(38) E.g., Weaver, 909 N.E.2d 1195; Maynard, 615 F.3d 544. 但し、侵入法理とプライバシー侵害との重畳理解に立つもの（Brereton, 826 N.W.2d 369）や、捜査官が私有物（車両）を捜査情報収集に使うことを押収とみるもの（Connolly, 913 N.E.2d at 369-370）もある。

(39) McIver, 186 F.3d 1119; Burton, 698 F. Supp. 2d 1303; Jesus-Nunez, 2010 WL 2991229.

(40) Weaver, 909 N.E.2d 1195; Maynard, 615 F.3d 544.

(41) Jones, 565 U.S. at 412.

（2）私領域内の対象の位置情報については、基本的に「目視では得られない情報」であるため、無令状での取得は許されないとの見解が一般的である。

かつて合衆国最高裁 Knotts 判決は、発信器（ビーパー）によって公道上の車両動向を把握することは捜索にあたらないと判示するに際して、その理由として、捜査官らが道沿いの公領域からの目視では入手できない情報を得たわけではなかったことを挙げた。⁽⁴²⁾しかし、同判決は、「目視では得られない情報を発信器（ビーパー）使用によって開披する場合」の扱いについては、答を留保していた。この点については、その後の合衆国最高裁 Karo 判決が、公領域における位置情報を取得するために発信器（ビーパー）を使用することは「何の私的情報も伝えない」から捜索ではなくかつ「誰の所有権も有意味な方法で介入されていない」から押収でもないとした一方、「私宅内(in a private residence)——目視できない場所(a location not open to visual surveillance)——において発信器（ビーパー）で追跡（モニター）すること」ないし「公的視界から引っ込められている(withdrawn from public view)財物の追跡（モニタリング）」は捜索にあたるとの線引きを示した。⁽⁴³⁾すなわち、令状なしに建物に立ち入って対象がそこに在るのを確かめる場合が不合理な捜索にあたる以上、令状なしに電子機器を用いて、外からの目視では得られない当該情報を得る場合も、同様に解されるという（外からの目視によっても対象が建物内に入っていったことまでは知れるが、発信器（ビーパー）を使えばその後対象が建物内に留まっていることも確実に知れるから、目視では得られない情報といえる）。⁽⁴⁴⁾

このような発信器（ビーパー）に比べて、GPS の場合は対象から遠く離れても位置情報取得に支障がないため目視を併用しないことも多く、⁽⁴⁵⁾また動力負荷の大きさゆえ単発・断続的使用に留まることから、位置情報取得時に対象が公領域に在る保障はさらにない（前述二 2）。対象が私領域に入る機を捉えて追跡を終了な

---

(42) United States v. Knotts, 460 U.S. 276 (1983).
(43) Karo, 468 U.S. at 712, 714-715. 私宅内と公的視界外とは厳密には異なるが、Karo 判決はこの点やや不明瞭である。
(44) Karo 判決 Stevens 裁判官一部反対意見によれば、もし（Karo 判決法廷意見のいうように）発信器（ビーパー）使用が「対象がその建物内に留まっていることを確実に知らせる」がゆえに捜索にあたるのならば、対象が——トラックに隠されて目視しえない状態にありながら——その建物を出たことを確実に知らせるのもまた捜索にあたるという（Karo, 468 U.S. at 735 n. 8. See also LAFAVE, supra note 2, at 1007）。

いし中断させる運用には、その性質上馴染まないのである。しかるに、無令状で位置情報を取得したところ「折悪しく」対象が私領域に在れば第4修正違反となる、という捜査手法には、根本的疑義がある。

(3) さらに、公領域における位置情報に限ってみても、GPSを使用すれば「目視でも得られる情報」の範囲は拡がりうる。

理論上は目視で同じ情報を取得しうる場合であっても、GPSによる位置情報取得は、対象者に視線を悟らせない秘匿視機能、遠方からでも「視える」遠隔視（増幅視）機能、そして一旦失尾しても（その間に外観が大きく変化しても）対象同一性を識別のうえ追尾する再捕捉機能において、目視に優位する。さらに、長期間にわたり現実の捜査官が秘密裡に尾行し続けたり、対象（車両）と実際に行き遭う通行人全てから目撃情報を提供されたりするには「事実上の」制約がかかるところ、GPSを用いればこれと同じ成果が技術的に実現可能であることから、問題が尖鋭化する。

無令状GPS使用の不許容例たるWeaver判決は、GPS情報で開披される移動先として「精神科医、整形外科医、中絶医院、エイズ治療センター、ストリップクラブ、刑事弁護事務所、時間貸モーテル、組合集会、モスク・シナゴーグ・キリスト教教会、ゲイバー等」を挙げて、位置情報が——公領域におけるそれであっても——単なる所在地情報を超えて私生活情報としての性質をもちうることを摘示する。また、同じく不許容例たるMaynard判決は、特に長期間の追跡に着眼のうえ、短期間のそれとは異質の——個別情報の単純加算に留まらない——情報をもたらすという[47]。「個々の情報片が単独では些細であっても、それらの情報の集積（aggregation）はプライバシーの合理的期待によって保護されうる」という思考法は、時にモザイク理論と称される[48]。

尤も、GPSを数か月単位で使用した事案をみても、許容例[49]と不許容例[50]とが

---

(45) 発信器とGPSの違いにつきKatzin, 732 F.3d at 191-192参照。GPSの場合は、複数衛星を利用して対象位置の緯度・経度を把握したうえでそれを地図上に落とし込むが、発信器の場合は、受信器が電波受信可能域内にあるときに限り、その受信器に対する距離・方位において対象位置を把握するのみである。

(46) Weaver, 909 N.E.2d at 1199.

(47) Maynard, 615 F.3d at 562.

混在しており、そもそも期間で線引きするのか、仮にするとしてもその具体的境界線はどこか、判然としない。最近では前記 Jones 判決 Alito 裁判官同意意見が、「当該 GPS 使用が合理的人間(reasonable person)の予想しえないレベルの侵害にあたるか否か」で決すべきとの立場から、長期間の位置情報取得は第 4 修正違反であるとし、長期間か否かの境界線は「4 週間（Jones 事件における実際の GPS 使用期間）より前に引かれることは確かである」と述べた（長期間追跡ルール）。他方、同じ Jones 判決にあって Sotomayor 裁判官同意意見は、前記 Weaver 判決の方を引きつつ、短期間においても私的情報の取得がありうる旨示唆し、長期間のみの規制には賛同しない。とはいえ、Jones 判決において Alito 裁判官同意意見（Ginsburg、Breyer、Kagan 裁判官同調）と Sotomayor 裁判官同意意見とで計 5 名——過半数——の合衆国最高裁判事が、かかる形で GPS 使用の権利侵害性を肯認した意義は大きい。[51]しかも Alito 裁判官同意意見は、捜査官において「長期間」にあたるか否か不明瞭であれば、令状を請求・取得しておくことになるだろうとも付言していた。[52]

---

(48) Benjamin J. Priester, *Five Answers and Three Questions After* United States v. Jones, 65 OKLA. L. REV. 491, 518 (2013). *See also* Benjamin M. Ostrander, Note, *The "Mosaic Theory" and Fourth Amendment Law*, 86 NOTRE DAME L. REV.1733, 1734-1735 (2011); Orin Kerr, *The Mosaic Theory of the Fourth Amendment*, 111 MICH. L. REV. 311, 314-315 (2012); Courtney E. Walsh, *Surveillance Technology and the Loss of Something a Lot Like Privacy: An Examination of the "Mosaic Theory" and the Limits of the Fourth Amendment*, 24 ST. THOMAS L. REV. 169, 243 (2012); David Gray & Danielle Keats Citron, *A Shattered Looking Glass: The Pitfalls and Potential of the Mosaic Theory of Fourth Amendment Privacy*, 14 N.C. J.L. & TECH. 381, 390 (2013); Priscilla J. Smith, *Much Ado About Mosaics: How Original Principles Apply to Evolving Technology in* United States v. Jones, 14 N.C. J.L. & TECH. 557 (2013); Stephen E. Henderson, *Real-Time and Historic Location Surveillance After* United States v. Jones: *An Administrable, Mildly Mosaic Theory Approach*, 103 J. CRIM. L. & CRIMINOLOGY 803 (2013).
(49) *Pineda-Moreno*, 591 F.3d 1212 (約 2 か月); *Marquez*, 605 F.3d 604 (数か月); *Jesus-Nunez*, 2010 WL 2991229 (11か月強).
(50) *Weaver*, 909 N.E.2d 1195 (65日間). なお、*Berry*, 300 F. Supp. 2d 366 も、60日間につき一般に裁判所命令が必要であるという（本件では裁判所命令が出されていた）。
(51) Priester, *supra* note 48, at 518-519; LAFAVE, *supra* note 2, at 1008. とはいえ、モザイクの基準は何か、裁判所は各行為をいかに集合評価するべきか、モザイク理論において捜索に令状は必要か——必要であるとすれば特定性の要求をいかにして満たすのか——等、理論的に未解明の部分も多い。*See* Kerr, *supra* note 48.
(52) *Jones*, 565 U.S. at 430.

Jones 判決後をみると、26日間の GPS 使用をプライバシー侵害と評価した判例において(53)、各時点の単なる位置情報に留まらず「被疑者の全動向におけるパターンを発見するために情報を用いている」点を問題視しており、モザイク理論的思考が窺われる。なお、州法レベルで、位置情報取得捜査関連規定において、令状（warrant）ないし裁判所命令（court order）の下で GPS 等による捜査実施に期間制限を設けているものも見受けられる(54)。

2 携帯電話の位置情報の取得

（1）携帯電話の現在・将来（real-time or prospective）位置情報の取得(55)については、従来、(ⅰ)捜索令状（相当な理由）が必要であるとみるか(56)、(ⅱ)令状も相当な理由も不要である(57)――「取得蓋然性のある情報が現在進行中の犯罪捜査に関連する」合理的な根拠（reasonable grounds）があることを明示的（specific and articulable）に示せば足りる(58)――とみるかで、解釈が分かれていた。

従前判例群を俯瞰すると、通信時か非通信時か、及び、最寄り基地局（cell

---

(53) *Zahn*, 812 N.W.2d at 498.
(54) 令状・裁判所命令が発せられた後（ないし端末が設置された後）、原則10日以内（Maine 州＊）、同30日以内（Connecticut 州＊、Kansas 州＊、Maryland 州＊、Virginia 州＊）、同45日以内（Alabama 州＊、Ohio 州＊、Oregon 州＊、Wyoming 州）、同60日以内（Arizona 州＊、Hawaii 州＊、Illinois 州、Minnesota 州＊、Oklahoma 州、Wisconsin 州＊）、同90日以内（Pennsylvania 州＊）〔＊は延長可能規定あり〕。後述三末尾《図表》参照。連邦刑事手続規則における追跡機器令状の場合は、（10日以内に設置のうえ）原則45日以内である（FED. R. CRIM. P. 41(e)(C)）〔延長可能規定あり〕。
(55) *See* Richard M. Thompson, *Governmental Tracking of Cell Phone and Vehicles, in* LEGALITIES OF GPS AND CELL PHONE SURVEILLANCE, *supra* note 27, at 19; Matthew Mickle Werdegar, Note, *Lost? The Government Knows Where You Are: Cellular Telephone Call Location Technology and the Expectations of Privacy*, 10 STAN. L. & POL'Y REV. 103 (1998); M. Wesley Clark, *Cell Phones as Tracking Devices*, 41 VAL. U. L. REV. 1413 (2007); Kevin McLaughlin, *The Fourth Amendment and Cell Phone Location Tracking: Where Are We?*, 29 HASTINGS COMM. & ENT. L.J. 421 (2007); Steven B. Toeniskoetter, *Preventing a Modern Panopticon: Law Enforcement Acquisition of Real-Time Cellular Tracking Data*, 13 RICH. J.L. & TECH. 1 (2007); Koppel, *supra* note 2; Adam B. Merrill, Comment, *Can You Find Me Now? The Federal Government's Attempt to Track Criminal Suspects Using Their Cell Phones*, 43 ARIZ. ST. L.J. 591 (2011); Marc McCallister, *GPS and Cell Phone Tracking: A Constitutional and Empirical Analysis*, 82 U. CIN. L. REV. 207 (2013). 邦文献として、海野敦史「携帯電話の位置情報の法的取扱いをめぐる近年の米国の議論」情報通信学会誌33巻1号29頁（2015）。過去位置情報の取得については後掲注(58)。
(56) FED. R. CRIM. P. 41(d)(1).

tower）位置情報（すなわち携帯端末の存在領域情報）かそれとも端的に携帯端末(cell phone)位置情報かという2つの視点から、整理が可能である。まず、通信時については、令状（相当な理由）を必要とする判例（上記(ⅰ)説）が多いものの、最寄り基地局位置情報に限るのであればこれを不要とする判例（上記（ⅱ）説）が、一部みられる。他方、非通信時については、ping call（到達性確認通信）等を用いて位置情報を取得するところ、最寄り基地局位置と携帯端末位置のいずれの場合も、判例は基本的に令状を必要（上記(ⅰ)説）と解している。但し、取得情報が「公領域における位置」のみであった場合に、令状を不要と

---

(57) 18 U.S.C. § 2703(c) & 18 U.S.C. § 3127(3). Stored Communications Act (SCA)の2703条(c)(加入者情報の取得)と Pen Register/Trap and Trace Statute の3127条(3)(携帯端末[cell phone]－基地局[cell tower]間の電波情報の取得)を重畳適用する見解である。
　情報取得基準の緩やかな SCA の2703条の適用対象は「電子的通信(electronic communication)」であるが、この語はその定義において「追跡機器からの通信(communication from a tracking device)」を含まない(18 U.S.C. § 2510(12))。従って、携帯端末が追跡機器にあたれば適用対象外となるところ、多くの裁判所は追跡機器にあたると解して、携帯電話の位置情報取得には基準緩和の特別規定は存在せず、令状が必要であると判示する。これが(ⅰ)説である。
　しかしなお一部の裁判所は、Pen Register/Trap Trace Statute を適用し、ここに SCA をも併用することにより令状不要と解する。これが(ⅱ)説である。この見解によれば、着信先電話番号記録機(pen register)は電話番号とともに「電波情報(signaling information)」をも記録する（2001年の United and Strengthening America by Providing Appropriate Tools Required to Intercept and Obstruct Terrorism (USA PATRIOT) Act で拡張された）ところ、携帯電話の位置情報はこの電波情報にあたるという。ただ、別途に Communications Assistance for Law Enforcement Act (CALEA) が「着信先電話番号記録機の権限のみに基づいて」位置情報取得することを禁じる(47 U.S.C. § 1002(a)(2))ため、加入者情報取得を権限づける SCA の2703条をも併用すれば、位置情報取得が可能になると解する。従来、特に通信時の位置情報取得の論理として用いられてきた（e.g., In re Application of U.S. for Order, 405 F. Supp. 2d 435(S.D.N.Y. 2005)[cited as N.Y.2005 CASE]）。尤も、CALEA の1002条の解釈として無理があるとの批判も強い(e.g., In re Application for Pen Register and Trap/Trace Device with Cell Site Location Authority, 396 F. Supp. 2d 747(S.D. Tex. 2005)[cited as Tex.2005 CASE]; In re Application of U.S. for Order, 415 F. Supp. 2d 211(W.D.N.Y. 2006))。
(58) SCA 2703条(d)。これは「合理的な嫌疑」基準と同じであるともいわれる (Tracey v. State, 152 So. 3d 504, 517 n. 11(Fla. 2014))。
　なお、携帯電話の過去(historical)位置情報記録については、現在・将来位置情報とは異なり、この SCA 基準で取得しうるとの見解が伝統的に強い（e.g., United States v. Davis, 785 F.3d 498(11th Cir. 2015)）。しかし、現在・将来位置情報の場合と同様に令状・相当な理由を要求する見解も、近時かなり有力である（e.g., Tracey, 152 So. 3d at 515-516; United States v. Graham, 796 F.3d 332(4th Cir. 2015)）。合衆国最高裁は態度を決していない（Davis, 785 F.3d 498, cert. denied, 136 S. Ct. 479 (2015)）。

する判例が一部みられる。なお、位置情報取得方法にはGPSに係るものと基地局に係るものとがあるが、法的には両者に隔差を設けずに扱う判例が多い。

（2）理論構成につき、設置型GPS端末の場合と比較する。

従来、携帯電話位置情報の無令状取得を許容する判例は、①車両等への設置型GPS端末使用許容の場合と同じ論拠——公道上の移動は目視でも得られる情報である——に加えて、②対象者は通信事業者（第三者）に対して通信サービスの享受に伴って任意に自らの位置情報を晒しているため同情報のリスク管理にプライバシー期待はないという、リスク想定法理（第三者法理）をも論拠としてきた。前述の「公領域における位置情報」許容は論拠①に、「通信時の

---

(59) 不要例として *N.Y.2005 CASE*, 405 F. Supp. 2d 435; *In re* Application of U.S. for Order, 411 F. Supp. 2d 678（W.D. La. 2006）[cited as *La.2006 CASE*]; *In re* Application of U.S. for Order, 415 F. Supp. 2d 663（S.D. W. Va. 2006）; *In re* Application of U.S. for Order, 433 F. Supp. 2d 804（S.D. Tex. 2006）; *In re* Application of U.S. for Order, 460 F. Supp. 2d 448（S.D.N.Y. 2006）; *In re* Application of U.S. for Order, 622 F. Supp. 2d 411（S.D. Tex. 2007）; *In re* Application of U.S. for Order, 632 F. Supp. 2d 202（E.D.N.Y. 2008）。他方、必要例として *In re* Application of U.S. for Order, 412 F. Supp. 2d 947（E.D. Wis. 2006）, *aff'd*, 2006 U.S. Dist. LEXIS 73324（E.D. Wis. 2006）[cited as *Wis.2006 CASE*]; *In re* Application of U.S. for Order, 2006 U.S. Dist. LEXIS 11747（S.D.N.Y. 2006）。

(60) たとえば最寄り基地局位置情報取得につき *In re* Application of U.S. for Orders, 416 F. Supp. 2d 390（D. Md. 2006）; *In re* Application of U.S. for Order, 441 F. Supp. 2d 816（S.D. Tex. 2006）; State v. Earls, 214 N.J. 564（2013）、携帯端末位置情報取得につき *Tex.2005 CASE*, 396 F. Supp. 2d 747; *In re* Application of U.S. for Order, 402 F. Supp. 2d 597（D. Md. 2005）; *In re* Application of U.S. for Order, 407 F. Supp. 2d 134（D.D.C. 2006）; *In re* Application of U.S. for Order, 2006 U.S. Dist. LEXIS 45643（N.D. Ind. 2006）; *In re* Application of U.S. for Order, 497 F. Supp. 2d 301（D.P.R. 2007）; *In re* Application of U.S. for Order, 733 F. Supp. 2d 939（N.D. Ill. 2009）; Commonwealth v. Rushing, 71 A.3d. 939（Pa. Super. 2013）。

(61) たとえば最寄り基地局位置情報取得につき United States v. Forest, 355 F.3d 942（6th Cir. 2004）、携帯端末位置情報取得につき Devega v. State, 689 S.E.2d 293（Ga. 2010）; United States v. Skinner, 690 F.3d 772（6th Cir. 2012）, *cert. denied*, 133 S. Ct. 2851（2013）。但し、最寄り基地局位置か携帯端末位置かという区別はこの場面では重要ではなく、対象が公領域に居たこと（プライバシー期待を有していなかったこと）が重要である（Forest, 355 F.3d at 951）。なお、期間はいずれも短いが、そのことも直接の許容根拠ではない（*Earls*, 214 N.J. at 586はモザイク理論に言及するものの、期間での線引きはしていない。See also Tracey, 152 So. 3d at 520）。

(62) *Forest*, 355 F.3d at 951; *Devega*, 689 S.E.2d at 300 ; *Skinner*, 690 F.3d at 778.

(63) *N.Y.2005 CASE*, 405 F. Supp. 2d at 449-450; *La.2006 CASE*, 411 F. Supp. 2d at 681. 同法理は、着信先電話番号記録機の許容論拠としても有名である（Smith v. Maryland, 442 U.S. 735（1979））。See also Stephen E. Henderson, *After* United States v. Jones, *After the Fourth Amendment Third Party Doctrine*, 14 N.C. J.L. & TECH. 431（2013）。

最寄り基地局位置情報」許容は論拠②に、基本的に由来するといえよう。

　他方、令状を要求する判例をみるに、論拠①に対しては、設置型 GPS 端末使用の場合と同じ反論――目視では得られない情報である――がなされるのに加えて、携帯端末は私領域のうちでも特に屋内に入る蓋然性の高い点で、権利侵害がより大きいともいえる。(64)携帯端末の場合は、バッテリー独立型機器の設置はないが、その位置情報を切れめなく継続的に取得すれば携帯端末内バッテリーの急速な消耗を招き、当該端末所持者に察知される虞が高まる。(65)従って、結局、設置型 GPS 端末の場合と同じかさらに間遠にしか位置情報を取得しえず、対象が私領域に在る状況下で位置情報取得してしまう事態をやはり避けがたい。

　論拠②に対しては、位置情報のプライバシーは通信事業者への情報開示によっては失われない(66)、あるいは（非通信時の）位置情報は通信事業者に自ら引き渡しているとはいえない(67)との反論が強い。なお、近時の捜査用擬似基地局（Stingray）により得られる位置情報は、この論拠②をそもそも仮想的にしか満たさない。(68)

　(3) 携帯電話の現在・将来位置情報の取得について、現在の通説・実務は、通信時の最寄り基地局位置情報についても例外を認めない形で、令状必要説に収斂しつつある。(69)但し、「公領域における位置情報」に限っては、Jones 判決後も Skinner 判決が、非通信時に ping call によって単発・断続的に 3 日間情報取得した事案にこの例外を適用して、なお令状不要の結論を導く。(70)尤も他方で、公道上の位置情報の取得になるかどうかは通常は事前予測できないことから、この例外を認めずに全て事前の令状取得を要するとの判例も、蓄積が進ん

---

(64) *E.g.*, *In re* Application of U.S. for Order, 849 F. Supp. 2d 526 (D. Md. 2011) [cited as *Md.2011 CASE*], at 541; *Tracey*, 152 So. 3d at 518.

(65) AARON EDENS, CELL PHONE INVESTIGATIONS 39 (2014). 清原良三ほか「携帯電話におけるコンテキスト情報としての低消費電力位置情報取得方式」情報処理学会研究報告45号33頁、37頁（2008）も参照。

(66) *Earls*, 214 N.J. at 568; *Tracey*, 152 So. 3d at 525. *See also* Sascha Rips, Note, *In Defense of the Reasonable Expectation of Privacy: Cell Phone Tracking as an Unreasonable Search and How New Jersey Got It Right*, 41 RUTGERS COMPUTER & TECH. L.J. 134 (2015).

(67) *Tex.2005 CASE*, 396 F. Supp. 2d 747; *Md.2011 CASE*, 849 F. Supp. 2d at 539; Commonwealth v. Pitt, 29 Mass. L. Rptr. 445 (Super. 2012); *Graham*, 796 F.3d at 355.

第三章　GPS及び携帯電話による位置情報の取得　83

《図表》位置情報取得捜査に関するアメリカ州法規定

Alabama 州	Ala. Code § 15-5-50（令状を要する）
Arizona 州	Ariz. Rev. Stat. § 13-4293（令状を要する）
Colorado 州	Colo. Rev. Stat. § 16-3-303.5（令状／裁判所命令を要する）
Connecticut 州	Conn. Gen. Stat. § 54-33a（令状を要する）
Florida 州	Fla. Stat. § 934.42（「合衆国最高裁の示す基準を適用する」）
Hawaii 州	Haw. Rev. Stat. § 803-44.7（令状／裁判所命令を要する）
Illinois 州	725 Ill. Comp. Stat. 168/10（裁判所命令を要する）
Indiana 州	Ind. Code § § 35-31.5-2-143.3, 35-33-5-12（裁判所命令を要する）
Iowa 州	Iowa Code § § 808. 1, 808. 4A（令状を要する）
Kansas 州	Kan. Stat. Ann. § 22-2502（令状を要する）
Maine 州	Me. Stat. tit. 16, § 648（令状を要する）
Maryland 州	Md. R. Crim. P. 4-612（裁判所命令を要する）
Minnesota 州	Minn. Stat. § 626A.42（令状を要する）
Montana 州	Mont. Code Ann. § 46-5-110（令状を要する）
Nebraska 州	Neb. Rev. Stat. § 86-2,103（令状／裁判所命令を要する）
New Hampshire 州	N.H. Rev. Stat. Ann. § 644-A:2（令状を要する）
Ohio 州	Ohio R. Crim. P. 41（令状を要する）
Oklahoma 州	Okla. Stat. tit. 13, § 177.6（令状を要する）
Oregon 州	Or. Rev. Stat. § 133.619（令状を要する）
Pennsylvania 州	18 Pa. Cons. Stat. § 5761（裁判所命令を要する）
South Carolina 州	S.C. Code Ann. § 17-30-140（裁判所命令を要する）
South Dakota 州	S.D. Codified Laws § 23A-35-4.3（令状を要する）
Tennessee 州	Tenn. Code Ann. § 39-13-610（令状を要する）
Utah 州	Utah Code Ann. § 77-23c-102（令状を要する）
Vermont 州	Vt. R. Crim. P. 41（令状を要する）
Virginia 州	Va. Code Ann. § 19.2-70.3（令状を要する）
Wisconsin 州	Wis. Stat. § 968.373（令状を要する）
Wyoming 州	Wyo. R. Crim. P. 41（令状を要する）

・上記裁判所命令は、いずれも相当な理由に基づくものとされている。
・捜査実施の期間制限につき前掲注(54)、告知（通知）遅滞の期間制限につき後掲注(88)参照。

でいる。後の紛糾を避けるべく全事案で令状を得ておくという捜査実務は、捜査関係者からも推奨されている。

四　検討

1　従来の類似手法との比較

(1)　わが国では、捜査官が被疑者の私有物に対して「設置」を行う捜査手法として、従来からライブ・コントロールド・デリバリーにおける禁制品荷物への発信器(ビーパー)設置やクリーン・コントロールド・デリバリーにおける（目的物抜取り後の）代替物挿入が、議論の俎上に載せられてきた。

発信器(ビーパー)の設置については、「装置を入れるために被疑者の所持品を無断で開

---

(68)　Stingray とは、基地局と同機能を有するスーツケース大の機器で、一定領域内の全ての携帯端末に対し最寄り基地局と誤認識させて、各位置情報を送らせ受信する。通信事業者を介さずに位置情報を取得しうるため、論拠②の延長線上にはなく、捜索にあたるとの見方が特に強い(United States v. Rigmaiden, 844 F. Supp. 2d 982 (D. Ariz. 2012); State v. Tate, 849 N.W.2d 798 (Wis. 2014))。 See Brittany Hampton, Note, *From Smartphones to Stingrays: Can the Fourth Amendment Keep Up With the Twenty-First Century?*, 51 U. LOUISVILLE L. REV. 159 (2012); Stephanie K. Pell & Christopher Soghoian, *A Lot More Than a Pen Register, and Less Than Wiretap*, 16 YALE J.L. & TECH. 134 (2013); Brian L. Owsley, *TriggerFish, StingRays, and Fourth Amendment Fishing Expeditions*, 66 HASTINGS L.J. 183 (2014).　擬似基地局の使用に対し、州法には明文で令状を要求するものもある (*e.g.*, 725 ILL. COMP. STAT. 137/10; WASH. REV. CODE § 9.73.270)。さらに、U.S. Department of Justice (DOJ)の準則として、*Justice Department Announces Enhanced Policy for Use of Cell-Site Simulators*(Sept. 3, 2015), https://www.justice.gov/opa/pr/justice-department-announces-enhanced-policy-use-cell-site-simulators 及び *Department of Justice Policy Guidance: Use of Cell-Site Simulator Technology*, https://www.justice.gov/opa/file/767321/download (last visited Nov. 23, 2017)参照。邦文献として、指宿信「偽装携帯基地局を用いた通信傍受」法セ730号1頁(2015)。

(69)　同趣勢については、*Wis.2006 CASE*, 2006 U.S. Dist. LEXIS 73324, at *22; *Rushing*, 71 A.3d. at 961 n. 10; United States v. Espudo, 954 F. Supp. 2d 1029, 1038-1039 (S.D. Cal. 2013)等でも言及されている。

(70)　*Skinner*, 690 F.3d 772.

(71)　*Md.2011 CASE*, 849 F. Supp. 2d 526; *Pitt*, 29 Mass. L. Rptr. 445; *Tracey*, 152 So. 3d at 518-519, 525. 前記 Jones 判決の趣旨に鑑み Skinner 判決に疑念を呈するものとして、United States v. Barajas, 710 F.3d 1102 (10th Cir. 2013)。*See also* Alessandra Suuberg, Note, *Big Foot, Big Brother...and a Big Step Backwards for Your Fourth Amendment Rights?: The Sixth Circuit Approves Warrantless Cell Phone Tracking in* United States v. Skinner, 15 TUL. J.TECH. & INTELL. PROP. 319 (2012); Recent Case,126 HARV. L. REV. 802 (2013).

(72)　EDENS, *supra* note 65, at 135.

披したり、被疑者の車両に装置を付着するため被疑者の住居に侵入する等が任意捜査として許されないのは、明らかである」。ただ、設置自体の権利・利益侵害性が独立に論じられることは、従来殆どなかった。

　代替物の内部挿入については、目的物の差押えが先行し、開梱も令状による。とはいえ、通説・実務は慮外物の挿入それ自体については任意処分とみる。これは、影響(ダメージ)がなければ設置単独の権利・利益侵害性を認めないアメリカの支配的見解に近しい。

　しかし、GPS 端末の設置の場合、Ⅳ決定が、同端末と磁石を絶縁テープで巻き付けたものを車両底部に設置する態様は GPS 事業者の想定外で発火の危険もあったとの弁護人主張に応える形で、「本件において、その危険性が現実的であったか否かはともかくとして、……GPS 機器の性能や装着方法によっては、故障による発火等の危険や、走行中の落下による後続車両への危険等も想定しなければならない」と述べ、これをもって司法審査による適切な条件づけを求める一根拠とする。かかる影響(ダメージ)発生論理の射程はなお不透明であるが、GPS 端末「使用」の議論に先立ってあえて「設置」に（も）着眼して権利侵害性を認める構成については、使用期間の長短判断に纏わる葛藤の多くを回避して GPS 捜査の強制処分性を肯認しうるという実際的意義もあり、今後の展開が注目される。

　(2) わが国では、GPS 端末の「使用」に近しい手法として、従来から発信器(ビーパー)や街頭カメラ等の使用がある。

　まず、発信器(ビーパー)の使用については、従来、禁制品荷物に機器を設置して追跡する事案を念頭に、①端的に尾行の補助手段とみる、②尾行の補助手段に留まるが禁制品荷物に対するものとして高度の嫌疑や緊急性等を内在的要件とする、③（その継続性・精度・記録蓄積性において）尾行の補助手段を超える新たなプライバシー侵害発生を認める等、諸説ある。しかし、いずれの説であれ、任意処分と解する場合には、通常は公衆視下の位置情報の取得が想定されている。し

---

(73) 渡辺咲子『任意捜査の限界101問〔5訂版〕』88頁（立花書房、2013）。
(74) 佐藤隆之「コントロールド・デリバリー」松尾浩也＝井上正仁編『刑事訴訟法の争点〔第3版〕』86頁（有斐閣、2002）、法曹会編『例題解説刑事訴訟法（六）』196頁（法曹会、1997）参照。
(75) See LAFAVE, supra note 2, at 1001.

かるに、〔1〕発信器(ビーパー)の場合、①電波受信可能域が狭くかつ相対的位置関係を把握するに留まるため、通常は尾行を併用することと、②発信器(ビーパー)の電波は連続的に自動発信されることとが、対象の位置が公衆視を外れる機を捉えての追跡終了ないし中止を可能にし、問題は顕在化しない。他方、GPS の場合は、①距離を隔てても地図上の位置として把握できるため、発覚リスクのある尾行は伴われないことも多く、また、②現在の技術では動力負荷の関係上、間断ない情報取得を通常は避けることから、同問題が顕在化する。加えて、〔2〕発信器(ビーパー)の場合に従来想定されてきた事案では、禁制品所持の現行犯的状況において、失尾による散逸の危険等の緊急事情も本来的に備わるところ、GPS の場合は必ずしもそうではない。また、〔3〕発信器(ビーパー)の権利・利益侵害性の判断要素とされるその継続性（期間）・精度・記録蓄積性をみても、GPS は発信器(ビーパー)を潜在的に上回りうる。

次に、公領域における人の写真撮影については、現在判例では相当な理由よりも一段低い「合理的な理由」の具備で足りる任意処分と解されるところ、Ⅰ決定は無令状の GPS 捜査許容において「合理的な理由」（及び必要性・相当性）の具備を挙げており、両者を類似の手法と捉えていることが窺われる。確かに秘匿視機能・遠隔視（増幅視）機能・（各所画像受信・照合処理に基づく）対象同一性識別による再捕捉機能やそれらの長期継続性において、両者は類似する。

---

(76) ①尾行の補助手段とみる説として、中屋利洋「コントロールド・デリバリー」研修618号109頁（1999）、安冨潔「実務のための捜査手法ノート(20)」月刊警察313号39頁(2009)、②尾行の補助手段とみるが禁制品追跡ゆえ現行犯性や高度の嫌疑等を前提にする説として、井上宏「コントロールド・デリバリーの可否」平野龍一＝松尾浩也編『新実例刑事訴訟法Ⅰ』38頁(青林書院、1998)、幕田英雄『実例中心捜査法解説〔第3版〕』133頁(東京法令、2012)、③尾行を超える新たなプライバシー侵害とみる説として、渡辺・前掲注(73)、大久保隆志『刑事訴訟法』33頁(新世社、2014)、白取祐司『刑事訴訟法〔第8版〕』(日本評論社、2015)。
(77) 酒巻匡「組織的犯罪と刑事手続」岩村正彦ほか編『岩波講座・現代の法(6)』263頁、284頁(岩波書店、1998)、佐藤・前掲注(74)87頁、宇藤崇ほか『刑事訴訟法』169頁〔松田岳士〕(有斐閣、2012)、渡辺・前掲注(73)、大久保・前掲注(76)。この点、井上・前掲注(76)48頁は微妙である。
(78) 長沼範良ほか『演習刑事訴訟法』182頁、184頁〔長沼〕(有斐閣、2005)。
(79) Ⅲ判決によれば、当該 GPS 捜査は、対象車両の失尾が続いたことなどを理由に開始されたもので、「基本的に尾行捜査で失尾した際に位置検索を行うとする建前であった」が、対象車両に移動の形跡がなく車両を失尾したとは考えられない状況でも数日間にわたり繰り返し位置検索しており、「どのような状況で尾行の補助手段として必要となるのかも証拠上判然としない」という。

但し、街頭での写真撮影の場合、①情報取得は対象が公衆視下にある状況に概ね限られるうえ、②少なくとも最高裁の許容例は、対象（人）の容貌・姿態の非継続的な情報取得に関するものである(80)。この点、下級審には被疑者宅玄関前の公道上にカメラの焦点を合わせてその出入情報を数か月間継続的に取得したことを「合理的な理由」の具備により許容した例もあるほか(81)、対象の公道上移動を継続的に追跡することも技術的には可能である(82)。しかし、少なくとも撮影の継続性が長期に至れば、相当性を満たさない可能性が高まるとの見解はなお有力である(83)。

さらに、Ｎシステムについて。判例はその無断・無令状使用を許容するにあたり、取得情報が公領域の車両位置にすぎないことを挙げるが、取得情報の「集積」はその許容範疇からなお除かれている(84)。しかるにGPS捜査では、Ⅲ・Ⅵ・Ⅶ判決の指摘するように、捜査機関は取得情報を自身で蓄積せずとも、GPS事業者の許で蓄積されている情報を随時利用しうるという特性がある。

結局、仮に従来の類似手法に関する判例枠組みを前提にしたとしても、GPS捜査については、①現在の技術では私領域内の位置情報が必然的に混淆するその性質に鑑み、一般に任意処分の域を超えると解するのが整合的であろう。そして、②特段の事情により公衆視下の位置情報の取得に確実に限定しうる場合であっても、少なくとも長期の継続的取得や取得情報の蓄積は、従来の類似手

---

(80) 最決平成20年4月15日刑集62巻5号1398頁。
(81) 東京地判平成17年6月2日判時1930号174頁（但し緊急性も肯認されていた）。
(82) 松代剛枝「捜査における人の写真撮影――アメリカ法を中心として」『光藤景皎先生古稀祝賀（上）』111頁(成文堂、2001)【本書第一部第一章】、同「写真撮影」『刑事訴訟法の争点〔第3版〕』前掲注(74)76頁【本書補遺一】、同「捜査としての公道上の人のビデオ撮影・ごみの領置――最決平成20年4月15日刑集62巻5号1398頁を素材として」関大法学59巻6号1頁(2010)【本書第一部第一章付記（判例1）】参照。
(83) たとえば酒巻匡『刑事訴訟法』160頁(有斐閣、2015)曰く、「例えば、犯人特定目的や犯罪実行場面の撮影目的を超えて、対象者の公道上の行動を長期間継続的にビデオ撮影する行為は、特段の事由がない限り合理的必要性を欠き、不相当な撮影方法というべきであろう」。関連して、池田公博「写真・ビデオ撮影」法教364号10頁、13-14頁(2011)も参照。
(84) 東京地判平成13年2月6日判時1748号144頁（控訴審：東京高判平成13年9月19日 LEX/DB28071456〔控訴棄却〕）、東京高判平成17年1月19日高刑集58巻1号1頁、東京地判平成19年12月26日訟月55巻12号3430頁（控訴審：東京高判平成21年1月29日同3411頁〔控訴棄却〕、上告審：最決平成21年11月27日平成21年(オ)第702号（判例集未登載）〔上告棄却〕）。

法に関する判例枠組みになお抵触しうる。

2 規制のあり方

(1) アメリカでは（公衆視下にない）私領域内への発信器(ビーパー)使用に対して、1984年の合衆国最高裁 Karo 判決が令状を要求した。当時検察側は令状不要の主張として、①発信器(ビーパー)により取得されるのは位置情報のみであるから、プライバシーに対する些細な侵害にすぎない、②発信器(ビーパー)が私宅内から信号を発信することになるか否かを事前に知る術がない以上、結局発信器(ビーパー)使用事件全てで令状を得なければならなくなるので実務上負担が大きい、③発信器(ビーパー)使用開始時にはどのような建物内に対象物が在ることになるか通常は予測できないので、令状において特定性の要求を満たせないと述べたが、容れられなかった。特に③に対しては、「発信器(ビーパー)が設置される対象、発信器(ビーパー)設置を捜査官に促す状況、発信器(ビーパー)使用が必要な期間を記述することは、なお可能であり」、これをもって特定性の要求は満たされうると判示された。[85]

現在州法レベルでは、GPS 等による位置情報取得捜査に令状ないし（相当な理由に基づく）裁判所命令を要求する明文規定をおく州が、約半数にのぼる（前述三末尾《図表》参照）。また、2015年1月に連邦議会に提出された Geolocational Privacy and Surveillance (GPS) Act の法案も、令状要求を含んでいる。[86]

(2) GPS 等による位置情報取得捜査に令状を要求する場合、対象者への事前呈示（刑訴法222条1項、110条）を欠く点が問題となりうる。

わが国の場合、携帯電話のうち①基地局に係る位置情報については、通信傍受法の存在を前提とすればその類推において、被処分者（情報の在処）を通信

---

(85) Karo, 468 U.S. at 718. 但し、所謂「anticipatory warrant（見込み令状）」との絡みでなお検討を要する。LAFAVE, supra note 2, at 1010 n. 239. 井上正仁「捜索・押収と令状主義」刑法36巻3号51頁、58頁(1997)、長沼範良「犯罪・差押目的物の存在蓋然性」同62頁、64頁、酒巻・前掲注(83)114頁も参照。

(86) 2013年に第112回議会に提出されたものが、ほぼそのまま2015年に第114回議会に再々提出された（S. 237 and H.R. 491）。設置型 GPS 端末の位置情報、携帯電話の GPS に係る位置情報、携帯電話の基地局に係る位置情報を包括的に扱う内容である（§ 2602 (h) (2)で令状要求）。See also U.S. GOVERNMENT PRINTING OFFICE, HOUSE HEARING, 112TH CONGRESS: GEOLOCATIONAL PRIVACY AND SURVEILLANCE (GPS) Act (2013).

事業者とみてこれに令状を呈示し、携帯端末所持者には事後通知するべしとの構成が、一応成り立ちうる（現総務省ガイドラインについては、この点で疑義なしとしない）。尤も、通信時は別論、非通信時に ping call 等により携帯端末から通信事業者の手許にあえて送らせたうえで取得する位置情報については――端末電源が入っていれば端末所持者が基地局領域(エリア)を移動する毎に位置登録情報が機械的に基地局に送られるうえ、いつでも通話時になりうるとの「前提」があるとはいえ――通信傍受法からの類推枠組みを超えかねない。さらに、②GPS に係る位置情報については、かかる前提もない。これらに比べると、③設置型 GPS 端末の位置情報の場合は、捜査官が GPS サービス加入・利用者として自身の端末の位置情報を取得する構図であるから、事業者への令状呈示を一見観念しにくい。しかし、同意なく他人の物に設置して得る対象者の位置情報については、事業者としても原則として利用者に提供しないのであるから、事業者への令状呈示は――これを被処分者とみるかどうかは別として――なお必要であると思われる。対象者に対しては、Ⅳ決定が「捜査終了後合理的な期間内に、対象者に対し処分の内容を告知するといった条件を付すなど」で対応しうる旨示唆する。

　ただ、従来わが国では、たとえ令状下であっても（公衆視下にない）私領域内の情報を外部から無告知（事後通知）で取得する捜査手法に対しては、一貫して慎重な姿勢がとられてきた（通信傍受令状下で傍受しうる通信は送受信者により一旦私領域外に出されたものとみることができ、他方で屋内会話の傍受については許容根拠規定がなく実施しえない）。この点アメリカでは、令状があれば屋

---

(87) 基地局に係る位置情報を管理する通信事業者とは異なる場合がある。たとえばスマートフォンのうち、グーグル社 Android 使用機種の場合は、GPS 情報を携帯電話会社が取得しうるが、iPhone の場合は、GPS 情報は携帯電話会社では扱わず、アップル社（国外事業者）の管理下にある。【補注7】

(88) アメリカ州法における位置情報取得捜査関連規定によれば、告知（通知）遅滞期間の上限は以下の通りである。当該位置情報取得捜査終了後、原則 3 日以内(Maine 州＊)、同10日以内(Alabama 州＊、Maryland 州＊、Ohio 州＊、Oregon 州＊、Wyoming 州＊)、同30日以内(Tennessee 州＊)、同90日以内(Arizona 州＊、Minnesota 州、Oklahoma 州＊)〔＊は延長可能規定あり〕。連邦規則における追跡機器令状の場合は、原則10日以内である（FED. R. CRIM. P. 41(f)(2)(C)）〔延長可能規定あり〕。なお、わが国の通信傍受の場合の告知遅滞期間については前掲注(13)。

(89) 酒巻匡「通信傍受制度について」ジュリ1122号38頁、42、50頁注25(1997)参照。

内会話の傍受や秘密捜索をも事後告知にて許容しており、わが国とは前提が若干異なる。わが国の場合、既存の（検証）令状の枠組みにより対応しうる性質のものかどうか自体、検討の余地があろう。

跋

本章では、設置型 GPS 端末及び携帯電話による位置情報取得捜査固有の性質の析出に努めた。同捜査手法は、位置情報取得を公衆視下に限ること——尾行からの類推理解の前提でもある——を本来的に充足しえず、一般に任意処分の域を超えるものといわざるを得ないように思われる。

位置情報取得を公衆視下に確実に限ることのできる特段の事情のある場合には、従来の街頭撮影をめぐる議論との擦り合わせも有益である。この街頭撮影につき、前述四ではわが国の既存判例枠組みのみ取り上げたが、より詳しくは別稿を参照されたい。[90]

※本稿公刊後、最大判平成29年3月15日刑集71巻3号13頁（後掲・本章補注欄末尾「ＧＰＳ捜査関連判例一覧（追補）」のⅪ判決）に先立って公刊された文献として、知りえたものに、河村有教・海上保安大学校研究報告61巻1号57頁（2016）、田淵浩二・判時2305（判評693）号171頁（2016）、柳川重規「『プライヴァシーの合理的期待』という概念についての一考察」井田良ほか編『新時代の刑事法学（椎橋隆幸先生古稀記念）（上）』131頁（信山社、2016）、緑大輔＝高平奇恵＝尾崎愛美＝斎藤司＝三島聡「特集・GPS装置による動静監視」刑弁89号92頁（2017）がある。

さらに、上記最大判に関する評釈等につき、知りえたものとして、井上正仁・井上ほか編『刑事訴訟法判例百選〔第10版〕』64頁（有斐閣）、宇藤崇・法教440号152頁、伊藤雅人＝石田寿一・ジュリ1507号106頁、尾崎愛美・電子情報通信学会技術研究報告（信学技報）117巻69号21頁、後藤昭・法時89巻6号4頁、石田倫識・法セ749号98頁、指宿信・世界896号46頁、平江徳子・福岡大学法学論叢62巻1号279頁、前田雅英・捜査研究798号28頁、尾崎愛美・同号43頁、800号2頁、笹田栄司・法教

---

(90) 松代・前掲注(82)の各論文【本書第一部第一章、同付記（判例1）、補遺一】。

442号123頁、堀口悟郎・法セ750号104頁、松田岳士・刑弁91号66頁、堀江慎司・論ジュリ22号138頁、山本龍彦・同号148頁、西原博史「監視社会と犯罪捜査」佐藤博史編『捜査と弁護（刑事司法を考える(2)）』53頁（岩波書店）、池田公博・法教444号70頁、中島宏＝我妻路人／小野俊介／舘康祐／西村啓＝大野正博＝山田哲史＝辻本典央「特集・GPS捜査とプライバシー」法セ752号10頁、福本博之・中京ロイヤー27号31頁、亀石倫子＝斎藤司＝尾崎愛美「特集・監視型捜査手法の新展開」自正826号8頁、緑大輔・法教446号24頁、渡邉英敬・警論70巻11号70頁、五十嵐二葉・法時89巻13号250頁、稲谷龍彦『刑事手続におけるプライバシー保護』18頁、71頁、333頁（弘文堂）（いずれも2017年）。

（補注1）本稿公刊後に出された判例（最高裁判例を含む）については、本補注欄末尾「GPS捜査関連判例一覧（追補）」に収録した。
（補注2）上告審は、平成29年3月15日刑集71巻3号13頁（本補注欄末尾「GPS捜査関連判例一覧（追補）」のⅩⅠ判決）である。
（補注3）本稿公刊後、2017(平成29)年4月8日に改正された（最終改正・同年9月14日）。本稿本文及び注に引用した2015(平成27)年版ガイドラインの条文番号のうち、25条3項は34条3項に、26条3・4項は35条4・5項に変わっているが、内容的変更はない。2017(平成29)年版ガイドラインにつき、本書第一部第二章補注欄末尾「『電気通信事業における個人情報保護に関するガイドライン（抄）』の変遷」参照。
（補注4）「検証すべき場所又は物」に関する記載として、位置探索を実施する期間及び回数を令状に明記する運用がなされているという（刑集71巻3号140頁——後掲ⅩⅠ判決の「検察官の弁論要旨」参照）。
（補注5）通信傍受法23条2項は、2016(平成28)年法改正により、現在は同法30条2項である（条文番号のみ変更）。
（補注6）本稿公刊後の実務動向につき、本補注欄末尾「実務関連状況（追補）」参照。
（補注7）国外事業者の有する情報の取得に関連して、横浜地判平成28年3月17日LEX/DB25542385、控訴審・東京高判同年12月7日高刑集69巻2号5頁参照。なお、近時アメリカでは、国内事業者が国外サーバに蔵置するメール内容データ等

につき、国内法である通信蔵置法（Stored Communications Act〔= SCA〕）下で発せられた令状により取得しうるか否かが、問題となっている。取得を認めた例として、*In re* Search Warrant No. 16-960-M-01 to Google, 232 F. Supp. 3d 708（E.D. Pa. 2017）; *In re* Search Warrant Issued to Google, Inc., 264 F. Supp. 3d 1268（N.D. Ala. 2017）があり、認めなかった例として、*In re* Warrant to Search a Certain E-Mail Account Controlled and Maintained by Microsoft Co., 829 F.3d 197（2d Cir. 2016）がある。

GPS 捜査関連判例一覧（追補）

　以下に掲げるものは全て、当該 GPS 捜査自体は、【Ⅰ決定】に始まる一連の司法判断が示されるより前に、実施されていた事案である。いずれも警察官が無断・無令状で、被告人等の使用車両外表に GPS 端末を設置してその位置情報を取得したことの適否が争われた。なお、Ⅸ・ⅩⅣ判決の事案（この２判決は同一事件の１審及び控訴審である）を除き、いずれも連続窃盗の事案である。
　最高裁の違法判断（後掲ⅩⅠ判決）後については、争いの主関心は、証拠排除の範囲へと移っている＊。

【Ⅷ判決】広島高判平成28年７月21日 LEX/DB25543571（Ⅴ判決の控訴審）
　広島高裁は、本件 GPS 捜査につき、車両計５台に対して発信器２個を用いて各々１日平均20回程度の位置情報検索を約１か月間（被告人による発見・取外しによる終了まで）行った旨認定したうえで、原審（Ⅴ判決）と同じく任意処分であると判断した。曰く、「磁石による発信器の装着は、通常、車体の損傷を来すものとはいえず、財産権の実質的な侵害を伴う可能性は一般的に小さく、この観点から本件 GPS 捜査が強制処分であると解される余地はない。問題は、プライバシーとの関係である」。しかるに、「車両は、通常、公道を移動し、不特定多数の者の出入り可能な駐車場に駐車することが多いなど、公衆の目にさらされ、観察されること自体は受忍せざるを得ない存在である。車両の使用者にとって、その位置情報は、基本的に、第三者に知られないですますことを合理的に期待できる性質のものではなく、一般にプライバシーとしての要保護性は高くない。そうすると、少なくとも、本件のような類型の GPS 捜査は、……刑訴法197条１項ただし書にいう強制の処分には該当せず、任意処分（任意捜査）と解するのが相当である」。

＊アメリカ州法には、明文の位置情報取得手続（前述三末尾《図表》参照）に反した場合につき、証拠排除規定をおくものもある。E.g., COLO. REV. STAT. § 16-3-303.5(5); 725 ILL. COMP. STAT. 168/20; MINN. STAT. § 626A.42 Subd.6(a); MONT. CODE ANN. § 46-5-110(1)(c); TENN. CODE ANN. § 39-13-610(d).

さらに、任意処分としての適法性（原審では説示されなかった点）についても検討を進めた結果、被告人が犯人であると疑う合理的な理由があり、必要性が高く、他に採り得る現実的かつ有効な手段も乏しかったこと、間断なく網羅的に位置情報を記録蓄積して分析監視していたわけでもないこと等を指摘して、「本件 GPS 捜査は、正当な目的を達成するため、必要な範囲において、相当な方法によって行われたものといえ、適法な任意処分である」とした。

なお、携帯電話の位置情報取得との関係では、GPS 捜査と「同列に論じることはできない」と付言する。前者の場合、通信の秘密について守秘義務のある電気通信事業者を被処分者とするものであって、総務省ガイドラインにより令状が必要であるとされていること、携帯電話は人の位置情報と直結していること等の点で、異なるからであるという。

【IX判決】福井地判平成28年12月6日 LEX/DB25544761

従前判例の事案とは異なり、覚せい剤取締法違反被疑事件である。

福井地裁は、端末取付期間が49日間（うち、実際に位置情報取得されたのは約39日間〔被告人による端末発見・取外しを以て終了〕）で位置情報検索回数が計371回という本件 GPS 捜査につき、強制処分性を否定した。その理由は、大筋次の通りである。すなわち、①端末の着脱は、被告人車両を物理的に損傷させたり、その性能を大きく阻害したりするものではなく、被告人の財産権が大きく侵害されたとはいえないこと、②被告人車両の個々の位置情報それ自体は、常に衆目に晒されていて、通常の目視による尾行捜査でも取得可能なものであること、③（「位置情報がデジタルデータ等の形式で長期間にわたって連続的に取得・蓄積されるなどした場合、捜査機関が個人の移動経路を包括的かつ詳細に把握し、そこから単なる位置情報を超えた、より保護の必要性が高い情報についてまでも把握することが可能になって、プライバシーの侵害の程度は高まる」ことから、GPS 捜査が「強制処分に該当する場合があり得ることは否定できない」が、）「本件……位置情報の検索・取得は、尾行捜査の補助手段として、おおむね断続的かつ不規則に行われたものにすぎず、……取得された位置情報自体もおおむね断続的・断片的なものであったといえる。こうした点からすれば、本件 GPS 捜査で取得された位置情報を全体としてみても、……単なる個々の位置情報を超

えた個人の情報が明らかにされる可能性が高いとまでいうことはできないのであり、本件 GPS 捜査によって被告人のプライバシーが制約される度合いが高かったとまではいえない」。なお、「本件 GPS 捜査において運用要領が完全に遵守されていたかについては疑念が残る部分はあるが、それが直ちに被告人のプライバシーを侵害する度合いを高めたとはいい難」いと付言した。

さらに、任意捜査としての適法性について検討した結果、①重大犯罪の嫌疑が相当に高かったこと、② GPS 捜査を実施する必要性も相当に高かったこと、③基本的に相当な方法で行われたことを挙げて、「少なくとも令状主義の精神を没却するような重大な違法があったとはいえない」とした。

【X決定】東京地立川支決平成28年12月22日 LEX/DB25544851

東京地裁立川支部は、半年余りわたり車両計8台に対し順次 GPS 端末を取り付けて日中は1時間に1回、夜間は15分から20分に1回のスケジュール設定により位置情報を検索・取得した本件 GPS 捜査につき、強制処分性を肯認した。曰く、「捜査機関は、GPS 捜査を行うと、対象車両を利用する捜査対象者のおおよその位置をいつでも容易に把握することができるようになるのであり、実質的にみれば、GPS 捜査は、捜査機関が捜査対象者をその監視下に置くことを可能にするものといえる。このような捜査手法を捜査対象者が無限定に受忍せざるを得ないとは考え難く、そのような GPS 捜査は、個人のプライバシーを大きく侵害するものというべきである」。従って、「本件 GPS 捜査は、強制処分であると解するのが相当であり、携帯電話機に表示される位置検索結果を目視によって認識するものであるから、少なくとも検証の性質を有するものと考えられる」とした（なお、検察官の主張に応える形で、「GPS 捜査は、……捜査対象者を目視によって観察するという捜査手法とはそもそも性質が異なるのであり、目視による行動確認や尾行を行うための補助手段とはいえない」と付言している）。

但し、被告人側による証拠排除の申立に対しては、本件 GPS 捜査による証拠収集過程に重大な違法はないとして、これを斥けた。その理由として、①本件では令状発付の実体的要件は満たされていたと考え得ること、②本件 GPS 捜査当時、これを強制処分とする司法判断は示されても定着してもいな

かったことを挙げて、警察官らにおいて令状主義を潜脱する意図があったとまでは認め難いとしている。

【XI判決】最大判平成29年3月15日 刑集71巻3号13頁（II決定事案・VI判決の上告審）

　最高裁大法廷は、本件GPS捜査につき、その強制処分性を肯認した。その理由として曰く、「GPS捜査は、対象車両の時々刻々の位置情報を検索し、把握すべく行われるものであるが、その性質上、公道上のもののみならず、個人のプライバシーが強く保護されるべき場所や空間に関わるものも含めて、対象車両及びその使用者の所在と移動状況を逐一把握することを可能にする。このような捜査手法は、個人の行動を継続的、網羅的に把握することを必然的に伴うから、個人のプライバシーを侵害し得るものであり、また、そのような侵害を可能とする機器を個人の所持品に秘かに装着することによって行う点において、公道上の所在を肉眼で把握したりカメラで撮影したりするような手法とは異なり、公権力による私的領域への侵入を伴うものというべきである。」「憲法35条は、『住居、書類及び所持品について、侵入、捜索及び押収を受けることのない権利』を規定しているところ、この規定の保障対象には、『住居、書類及び所持品』に限らずこれらに準ずる私的領域に『侵入』されることのない権利が含まれるものと解するのが相当である。そうすると、前記のとおり、個人のプライバシーの侵害を可能とする機器をその所持品に秘かに装着することによって、合理的に推認される個人の意思に反してその私的領域に侵入する捜査手法であるGPS捜査は、個人の意思を制圧して憲法の保障する重要な法的利益を侵害するものとして、刑訴法上、特別の根拠規定がなければ許容されない強制の処分に当たる（最高裁昭和……51年3月16日第三小法廷決定・刑集30巻2号187頁参照）とともに、一般的には、現行犯人逮捕等の令状を要しないものとされている処分と同視すべき事情があると認めるのも困難であるから、令状がなければ行うことのできない処分と解すべきである」。

　そしてさらに、刑訴法上の既存令状によることには疑義があるとして、立法的な措置を求めた。曰く、「GPS捜査は、情報機器の画面表示を読み取って対象車両の所在と移動状況を把握する点では刑訴法上の『検証』と同様の性質を

有するものの、対象車両にGPS端末を取り付けることにより対象車両及びその使用者の所在の検索を行う点において、『検証』では捉えきれない性質を有することも否定し難い。仮に、検証許可状の発付を受け、あるいはそれと併せて捜索許可状の発付を受けて行うとしても、GPS捜査は、GPS端末を取り付けた対象車両の所在の検索を通じて対象車両の使用者の行動を継続的、網羅的に把握することを必然的に伴うものであって、GPS端末を取り付けるべき車両及び罪名を特定しただけでは被疑事実と関係のない使用者の行動の過剰な把握を抑制することができず、裁判官による令状請求の審査を要することとされている趣旨を満たすことができないおそれがある。さらに、GPS捜査は、被疑者らに知られず秘かに行うのでなければ意味がなく、事前の令状呈示を行うことは想定できない。刑訴法上の各種強制の処分については、手続の公正の担保の趣旨から原則として事前の令状呈示が求められており（同法222条1項、110条）、他の手段で同趣旨が図られ得るのであれば事前の令状呈示が絶対的な要請であるとは解されないとしても、これに代わる公正の担保の手段が仕組みとして確保されていないのでは、適正手続の保障という観点から問題が残る。」

「これらの問題を解消するための手段として、一般的には、実施可能期間の限定、第三者の立会い、事後の通知等様々なものが考えられるところ、捜査の実効性にも配慮しつつどのような手段を選択するかは、刑訴法197条1項ただし書の趣旨に照らし、第一次的には立法府に委ねられていると解される。仮に法解釈により刑訴法上の強制の処分として許容するのであれば、以上のような問題を解消するため、裁判官が発する令状に様々な条件を付す必要が生じるが、事案ごとに、令状請求の審査を担当する裁判官の判断により、多様な選択肢の中から的確な条件の選択が行われない限り是認できないような強制の処分を認めることは、『強制の処分は、この法律に特別の定のある場合でなければ、これをすることができない』と規定する同項ただし書の趣旨に沿うものとはいえない」。

　なお、証拠排除についての具体的基準は示されていない。ただ、「本件GPS捜査によって直接得られた証拠及びこれと密接な関連性を有する証拠の証拠能力を否定する一方で、その余の証拠につき、同捜査に密接に関連するとまでは認められないとして証拠能力を肯定し、これに基づき被告人を有罪とした第1

審判決正当であ」るとしたうえで、「第1審判決を維持した原判決の結論に誤りはない」（下線、松代）としたのみである。

【XII判決】東京地判平成29年5月30日 LEX/DB25545864
　本件GPS捜査は、被告人を含む関係者使用車両へのGPS端末設置期間が約1年9か月（被告人の使用車両への設置期間が約半年）という長期間にわたり計70台のGPS端末を用いて、スケジュール設定（一定間隔で自動的に位置情報を検索）・位置履歴取得（業者の許で3か月間保存される位置情報記録を後で確認）・見守り設定（拠点登録場所からの出入りをメールで通知）という各種機能を使用しつつ「継続的かつ間断なく」（日中は概ね1時間毎、夜間は30分毎、そして必要に応じて分刻みで）位置情報を検索・取得したものである（なお、端末設置に際して、民間駐車場等の私有地への無断立入りも行っている）ところ、東京地裁は、前記最高裁判決（XI判決）に則って、その強制処分性を肯認した。
　さらに、被告人側による証拠排除の申立てについては、「本件GPS捜査及びこれに引き続いて行われた覚せい剤及び尿の押収手続には、令状主義の精神を没却する重大な違法がある」として、これを認めた。その理由として、①本件GPS捜査の実施期間、規模、態様に照らせば、本件GPS捜査は、被告人及び共犯者らを含む個人のプライバシーを大きく侵害するものであったこと、②現行犯逮捕等の令状を要しない処分と同視すべき事情もないこと、③警察官らにおいて司法審査及び令状主義を軽視する態度が見て取れること（被疑者が発見・取り外して保管しておいたGPS端末を押収したにもかかわらず押収品目録に記載しない、検察官からGPS捜査の任意性について将来問題となり得ることを指摘され、違法捜査の問題が生じ得ることを把握した後の公判中に、GPS捜査に関する捜査メモを破棄する等）が、挙げられている。（その結果として、一部無罪。）

【XIII判決】奈良地葛城支判平成29年6月19日 LEX/DB25546108
　奈良地裁葛城支部は、本件GPS捜査につき、前記最高裁判決（XI判決）に則って、その強制処分性を肯認した（なお、本件対象車両はレンタカーであり、レンタカー業者承諾下で事前にGPS端末を設置していたところ、この点への特段の言及はない）。

さらに、被告人側による証拠排除の申立てについては、「本件 GPS 捜査の違法の程度は、令状主義の精神を潜脱し、没却するような重大なものであると評価されてもやむを得ない」として、本件 GPS 捜査と密接な関連性を有する一部証拠の証拠能力を否定した。その理由として、本件警察官において規範ひいては令状主義軽視の姿勢が看て取れること（奈良県警察本部の備品ではなく、警察官の私物の GPS 端末が使用されており、また、運用要領等に違反して事前の承認や使用状況の報告等が実践されていなかった）、さらにそもそも運用要領の保秘徹底運用が令状主義の精神に反すること等が、挙げられている。（但し、その余の証拠に基づき、懲役 3 年。）

【XIV判決】東京地立川支判平成29年 7 月19日 LEX/DB25449150（X決定事案の 1 審判決）

　東京地裁立川支部は、前記最高裁大法廷判決（XI判決）を参照のうえ、本件 GPS 捜査は違法でありかつその違法の程度は大きいこと、また、警察官が本件 GPS 捜査実施を秘匿するとともに実施状況報告等を十分に記録化していなかったことを指摘した。そして曰く、「GPS 捜査を実施する必要性が認められる状況にあったこと、本件 GPS 捜査が行われていた頃までに、これを強制処分と解する司法判断が示されたり、定着したりしていたわけではなかったこと、その他検察官の主張を併せ考えても、本件 GPS 捜査の違法の程度は、令状主義の精神を潜脱し、没却する重大なものであるといわざるを得ない」。

　従って、一部の証拠につき、本件 GPS 捜査によって直接得られたものないしこれと密接な関連性を有するものであるとして、その証拠能力を否定した。具体的には、「本件 GPS 捜査によらなくとも被告人Aの使用車両を発見できたとはいえない」場所におけるその撮影画像や、供述調書のうち「本件 GPS 捜査により直接得られた証拠ないし密接な関連性を有する証拠を確認した上で供述している部分等」について、証拠排除がなされた。（但し、その余の証拠に基づき、被告人 2 名につき各懲役 4 年。）

【XV判決】名古屋高金沢支判平成29年9月26日 LEX/DB25449013（IX判決の控訴審）

　名古屋高裁金沢支部は、本件 GPS 捜査につき、原審（IX判決）の適法判断を覆し、前記最高裁大法廷判決（XI判決）に則って強制処分性肯認の下に違法と判断した。さらに曰く、「〔本件 GPS 捜査〕の実施期間は合計約49日間と長期間に及び、この間の検索回数も、被告人使用車両2台を併せ、合計371回（検索不能分を含む。）と多かったこと、移動追跡装置運用要領中に『捜査書類には、移動追跡装置の存在を推知させるような記載をしない』とあるように、被告人の捜査に係る捜査報告書等には本件 GPS 捜査に関する記載をせず、その実施前から実施中を通じ、検察官に知らされなかったのであり、その適法性の判断を事後的にも困難にするものであったことを併せ考慮すると、同捜査の違法の程度は、令状主義の精神を没却する重大なもの」である。

　しかし、「本件 GPS 捜査の違法性と令状請求に用いられた疎明資料との関係は、その資料中に同捜査の結果がどの程度反映されているか、他の資料によっても令状が発付されたといえるかなどを具体的に検討すべきものである」ところ、その後の令状執行を契機として得られた証拠につき「本件 GPS 捜査の影響は希薄であり、他の捜査結果を基にした疎明資料により同令状を発付することは可能であった」等として、被告人側による排除申立てを斥けた。（その結果として、原審の有罪〔懲役6年及び罰金100万円〕を維持し、控訴棄却。）

【XVI判決】大阪高判平成29年12月6日 LEX/DB25549149（XIII判決の控訴審）

　大阪高裁は、本件 GPS 捜査につき、原判決（XIII判決）と同じく違法と判断した（なお、「本件 GPS 端末が、レンタカーに装着され、しかも、予めレンタカー会社から捜査に協力する旨の承諾を取り付けていたとしても、結論としては変わらない」と付言した）。また、違法の程度についても、原判決と同じく「令状主義の精神を潜脱、没却するような重大なもの」と位置づけた。

　さらに、GPS 捜査との密接関連性否定ゆえに証拠能力を認めた原審判断部分についても、同様の結論を示した。具体的には、①GPS 捜査に基づく被害現場付近の聞込みを契機とするが「早晩……警察署が獲得できた証拠であったと推認できる」被害届等、②GPS 捜査により得られた疎明資料に基づき発付

された捜索差押令状下で発見されたが、任意提出を受けた合鍵に関連する証拠、③GPS捜査により立寄先（盗品搬入先）として浮上した古物商Aの供述（「供述証拠が、結局は供述者の意思に関わるとして違法捜査との関連性が低くなり、一般的に証拠能力が肯定されるとまで言い切れるかは疑問」としつつも、本件GPS捜査は「重大な違法があるとはいえ、その違法の程度は、同捜査と関連する証拠を広く排除しなければならない程著しく重大であるとまではいえない」とする）、の各証拠能力が肯認された。（その結果として、原審の有罪〔懲役3年〕を維持し、控訴棄却。）

【XⅢ判決】東京高判平成30年1月12日平成29年（う）第1464号（判例集未登載）（Ⅹ決定事案・XⅣ判決の控訴審）

東京高裁は、本件GPS捜査の違法の程度を大とみた原判決（XⅣ判決）の判断につき、誤りはないとした。なお補足して曰く、「〔警察官の本件GPS使用態様についてみると〕GPSを用いて日常的、継続的に位置情報を取得しており、その頻度も高く、犯罪に係る行動をしていると目される状況下等でのみ、制限的に位置情報を把握しようとしたものとはいえ、GPSによる位置情報の取得態様は余りに包括的である上、必要性の判断も安易かつ恣意的であり、……令状主義を軽視する態度も顕著である……。そうすると、本件GPS捜査の違法性は高度であり、将来における違法捜査抑止のためにも、本件GPS捜査から直接取得された証拠やこれと密接に関連する証拠については、証拠能力を否定することが相当である」。

さらに、原判決がGPS捜査との密接関連性否定ゆえに排除しなかった証拠のうちの一部につき、密接関連性を肯定し、その関連性を稀薄化させる事情も立証されていないとして、排除に転じた。具体的には、①GPS捜査により判明した通過場所（高速道路出口料金所）のビデオカメラ映像の解析結果報告書（「犯人が通過した……入口料金所が判明したとしても、……当該犯人が通過した……出口料金所が直ちに判明するとは限ら」ず、「GPS捜査と無関係に収集できたはずの証拠であると認めることはできない」）、及び、GPS捜査と密接に関連する疎明資料に基づき発付された捜索差押令状下で収集された証拠物（「客観的内容に関する疎明資料は十分であるが、被告人Aの犯罪の嫌疑に関する疎明資料は、専ら

本件GPS捜査と密接に関連するものしか存在しないとの疑いが払拭できない」)、の各証拠能力が否定された。(但し、その余の証拠に基づき、原審の有罪〔懲役4年〕を維持し、控訴棄却。)

実務関連状況（追補）

　平成28（2016）年9月26日　警察庁が各都道府県警に対して、GPS捜査につき令状を取得して行うよう指示（「移動追跡装置を被疑者の使用車両に取り付けて行う捜査について」事務連絡）。その後、検証令状（私有地立入りを伴わないこと、当事者に事後通知すること等の条件を付したもの）に基づいてGPS捜査を実施＊。

　平成29（2017）年1月19日　日本弁護士連合会が「GPS移動追跡装置を用いた位置情報探索捜査に関する意見書」＊＊を取りまとめ。その後、同年2月1日付で警察庁長官宛に提出。

　平成29（2017）年3月15日　最高裁大法廷によるXI判決

　平成29（2017）年3月15日　警察庁が各都道府県警に対して、GPS捜査を控えるよう指示（「移動追跡装置を使用した捜査に係る最高裁判所大法廷判決について」警察庁丁刑企発第15号、丁支発第22号）。

＊ XI判決の「検察官の弁論要旨」に詳しい紹介がある（刑集71巻3号144頁以下。特に147-148頁には令状雛型が添付されている）。

＊＊ https://www.nichbenren.or.jp/library/ja/opinion/report/data/2017/opinion_170119/03.pdf 参照。

第二部　強制捜査とその告知

第一章

執行着手後の告知──令状事前呈示要請の輪郭

目 次
一 立入後告知と「必要な処分」
二 立入態様をめぐる判例展開（アメリカ）
三 緊急例外をめぐる判例展開（アメリカ）
四 検討──令状執行に伴う「必要な処分」の定位

　捜索差押令状の執行には、対象場所への立入りという先行行為が必須である。しかし、被疑者の現在する個人家宅に立ち入る場合、事前に警察官の来訪来意を明らかにすれば、殊更に強く抵抗されたり即座に証拠が隠滅されたりして、令状の執行そのものが危うくもなりかねない。かくして近年、薬物の捜索差押事例の増加とともに、対象物の処分容易性──薬物の多くは洗面所に流す等して容易に隠滅可能である──に鑑み、実務では、警察官が在宅の対象者に気取られぬよう来訪来意を告知せずにまず当該家宅に立ち入り、妨害行為の可能性を予め封じたうえで令状を呈示・執行するという手法が、散見されるようになった。

　他方において、捜索差押令状事前呈示の原則（刑訴法110条、以下条文は同法）は、従来、被処分者が呈示を受ける権利・利益を放棄した場合及び不在の場合のみを、その例外と解してきた（114条2項参照）。勾引状・勾留状（73条3項）や逮捕状（201条2項）の場合のような緊急執行は、現行法上許されていない。従って、立入時が捜索差押令状の執行開始時に完全に一致するものであるならば、前記の如き呈示なき立入りの許容は、事前呈示の原則に正面から抵触する虞を孕んでいる。他方、立入時と令状執行開始時とが乖離し得るとすれば、事前呈示の原則をその「核心」においてなお堅持しつつも、先立つ立入りについては未だ令状執行「本体」に至らぬものとして、呈示なき場合の存立余地が齎される。

　対象物としての薬物の登場は、立入行為と令状執行行為との間の空隙を否応なく意識させ、以て事前呈示原則の本質を顕出させることになった。

一 立入後告知と「必要な処分」

1

　近時わが国において、捜索差押令状の執行に伴って行われる個人家宅への「立入り」そのものが、争点化している。対象者（被疑者）が在宅しているにもかかわらず警察官が当該家宅に無断で立ち入る場合について、最高裁判所の判断は未だないが、高等裁判所には以下の如き許容例が見られる。なお、事案は何れも、対象者個人住居にかかる捜索差押えであること、警察官が対象者の在宅を了知していたことを、前提とする。

　第１は、破錠立入りの事案である。平成５（1993）年、大阪高等裁判所は、捜索差押令状の執行のために、合鍵を用い鎖錠を切断して秘かに当該家宅に立ち入り、就寝中の対象者に警察官たる身許及び来意・令状所持の旨を口頭告知し、更に証拠物発見後に令状を呈示した警察官の行為を、違法ではないとした。原審の大阪地方裁判所堺支部は、「証拠隠滅の行われる蓋然性の高い場合や強い抵抗の予測される場合などには……捜索場所に立入る前や、立入った直後に令状を呈示することができなくてもやむを得ない場合があ」るとの一般論を、まず展開した。そのうえで、具体的に本件については、対象物たる覚醒剤が当該家宅内トイレにて隠滅容易であること、対象者が拳銃を所持し発砲の危険も予測されたことから、立入りを含む一連の行為を許容すべきものと判断した。２審の大阪高等裁判所は、この原審判断に立脚して、本件のような事情の下では、破錠立入りは「捜索差押の執行についての<u>必要な処分として許される</u>」（下線、松代）と判示したのである。

　第２は、欺罔立入りの事案である。平成６（1994）年、大阪高等裁判所は、

---

(1) 大阪高判平成５年10月７日判時1497号134頁（確定）。本判決の評釈として、辻裕教・研修553号13頁（1994）。原審は大阪地堺支判平成５年６月28日判例集未登載である（本稿引用部分については、控訴審判決掲載判時（前掲）の匿名解説に依拠した）。

(2) 大阪高判平成６年４月20日高刑集47巻１号１頁（確定）。本判決の評釈として、最新判例研究会・捜査研究523号93頁（1995）、宮城啓子・平成６年度重判解171頁（1995）、麻生光洋・研修567号11頁（1995）、石塚敬一・立教院17号41頁（1995）、猪俣尚人・警察公論51巻４号95頁（1996）、山室惠・松尾浩也＝井上正仁編『刑事訴訟法判例百選（第７版）』50頁（有斐閣、1998）。

捜索差押令状の執行にあたり、私服警察官が宅急便配達員を装うことにより対象者に玄関を開錠開扉させ、当該家宅への立入りと同時に警察官たる身許及び令状所持の旨を口頭告知し、更に家宅奥まで入り込んだ後に令状を呈示して捜索を開始した事案について、一連の行為に違法はないと判示した。同裁判所の言によれば、「捜索差押の開始前に」令状を呈示するのが原則であるが、殊に薬物事件の場合「証拠隠滅の危険性が極めて大きい点に特色があり、かつ、捜索を受ける者が素直に捜索に応じない場合が少なくない」ので、必ずしも令状を呈示し得る状況にない。そのうえで、具体的に本件を見るに、対象者に覚醒剤事犯の前科があることに照らして、警察官の来意を知れば「直ちに証拠隠滅等の行為に出ることが十分予測される場合であ」った。更に、開扉・立入りのために用いられた手段も、「有形力を行使したものでも……財産的損害を与えるものでもなく、平和裡に行われた至極穏当なものであって……社会通念上相当性を欠くものとまではいえない」。ゆえに、「法は、<u>前同条</u>〔＝111条──松代注〕の『<u>必要な処分</u>』としてこれを許容しているものと解され」たのである（下線、松代）。なお、開扉後の家屋内奥への立入り部分については、その前に口頭告知はしている点を指摘したうえで、「捜索活動というよりは、むしろその準備行為ないし現場保存的行為というべきであ」ると述べた。

　第3は、合鍵立入りの事案である。[(3)] 平成8（1996）年、東京高等裁判所は、来訪来意を告げずに合鍵を用いて当該家宅に立ち入り、在宅中の対象者に令状を呈示した後に捜索差押活動を開始した警察官の一連の行為について、「本件における具体的な事実関係の下においては、捜索差押の実効性を確保するために必要であり、その手段方法も社会通念上相当な範囲内にある」から「令状執行に<u>必要な処分として許容される</u>」（下線、松代）とした。ここにいう具体的事実関係とは、差押対象物が隠滅容易な覚醒剤であること、対象者が暴力団員で覚醒剤取締法違反の前科を有していることから、証拠の隠滅を懸念したものである。また、「必要な処分として許容される」根拠は、「刑訴法の前記各関係規定の法意に照らし」たゆえであるとしており、令状呈示の要請（110条）と必要な処分の許容（<u>111条1項</u>）と令状執行時の立会要請及びその例外（114条2

---

(3) 東京高判平成8年3月6日高刑集49巻1号43頁（確定）。

項)とを「捜索差押によって証拠を確保すべき要請と捜索差押を受ける者の人権に配慮すべき要請の調和を図る法意に出たもの」と理解したことを、受ける。

　以上の3判例は、何れも捜索差押令状の執行に伴う「必要な処分」という同じ文言を用いて、当該各態様による立入措置を許容している。しかし、第2例はこの文言が111条1項所定のものである旨明示するが、第3例は、同条項の摘示があるとはいえ、稍不明瞭である。更に、第1例には抑も同条項に基づく旨の記載が全くない。この点は、参照条文の欄を見れば、一層明らかである。222条という共通の準用規定を除くと、第1例は110条、114条2項、第2例は110条、111条1項、第3例は110条、111条1項、114条2項を挙げる（しかも、第1例掲載判時の参照条文の欄に挙げられているのは、222条2項である）。すなわち、同じく「必要な処分」という文言の下で、少なくとも第1例におけるそれは、111条1項所定のものではなく、一般語彙としての「必要な処分」を指すと見る余地がある。

2

　111条1項は、捜索差押令状の執行につき「開錠、開封その他必要な処分」を許すところ、この具体的内容として、従来、床板や壁の損壊、敷地の掘り起こし、フィルムの現像、磁気テープの再生等、物の発見・取得に必要な各種の処分が念頭に置かれてきた[4]。これらは、執行の目的達成のため「必要であり、かつ社会的にも相当と認められる処分に限られる」[5]。第2例は、欺罔立入措置を明示的にここに含めた。更に、第3例において「捜索差押の実効性を確保するために必要であり、その手段方法も社会通念上相当な範囲内にある」という類似の言い回しを用いていること、第2例において財産的損害の有無を1つの

---

(4) 宮城・前掲注(2)172頁。石塚・前掲注(2)47頁、平田勝雅「刑訴法111条1項の必要な処分の意義」判タ296号417頁（1973）、丸山定弘「捜索・差押令状の執行方法」『捜査法大系Ⅲ』65頁（日本評論社、1974）、河上和雄「捜索・差押令状による捜索、差押上の諸問題」警論28巻9号150頁（1975）、岡部宏泰「捜索・差押の執行をめぐる諸問題（下）」警論29巻10号114頁（1976）参照。更に、以下本稿の「必要な処分」理解全体に関わるものとして、特に、酒巻匡「捜索・押収とそれに伴う処分」刑法36巻3号444頁（1997）参照。加えて、松代剛枝「捜索差押状執行に伴う『必要な処分』の変容」ジュリ1148号100頁（1999）【本書補遺二】がある。
(5) 松尾浩也監修『条解刑事訴訟法〔新版〕』182頁（弘文堂、1996）。

指標として既に布石していたことを基に、第3例が合鍵立入措置をもこの枠内で捉えたものであるとすれば、少なくとも財産的損害を齎さない態様によるものは一般に、111条1項の範疇にあることになる。そして、これら呈示なき立入措置を同条項に包含させる構成は、同条項の「必要な処分」を捜索差押えの執行本体から引き剥して事前呈示要請の枠外に置き得るものと解して初めて、可能となる。しかし、111条1項の「必要な処分」は、令状の効力に付随して認められるとすれば、本来、令状呈示後に初めて実施可能となるべき性質のものであるとも考えられるのであり、かかる解釈論には疑義も付き纏う。

　他方、第1例は、111条1項には触れることなく、事前呈示要請の直截的例外を含む114条2項の方のみを挙げた。これは、111条1項の摘示を意図的に避けることによって、破錠立入りは111条1項でまかなわれる付随行為の域を越える、と評価したのではなかったか。このとき、例外許容の構成は、例外的な緊急事情があれば、現場保存的な準備行為についてはなお呈示前に行えるという先例を想起して、かかる準備行為の中に立入行為をも読み込んだものと見ることができる。この脈絡において、第1例の「必要な処分」は法文上の文言ではなく、正に通常の一般語彙として使用されていたことになる。

　111条1項の「必要な処分」に該当する行為は、物の発見・取得に必要最小限度の前提行為で、その手段も社会通念上相当なものであるから、通例、令状そのものの効力に付随してそのまま認められるものであって、緊急性を要件としない。これに対して、事前呈示原則の例外の許容という位置づけであれば、対象者自身による権利・利益の放棄ではない以上、不在の場合に準じる緊急性

---

(6) 111条1項にいう「必要な処分」と令状の「付随的効力」とは、強制採尿に伴う強制連行の許容構成の中で区別して論じられることがある。しかし、これら2語は、少なくともここでの脈絡においては、本質的に異ならないと考えることができる。酒巻・前掲注(4)参照。
(7) 宮城・前掲注(2)172頁参照。反対、山室・前掲注(2)51頁。
(8) 従来、第1例も他の立入態様と同様に、111条1項の枠内で捉えられてきた。辻・前掲注(1)21頁。しかしながら、和歌山地判平成6年10月5日判時1532号109頁は、警察官たる身許の口頭告知のみで令状を呈示することなく破錠立入りを行った事案の国賠訴訟において、当該行為は111条1項の枠を越えると見た（その後、控訴審・大阪高判平成7年11月1日判時1554号54頁は、当該立入りにつき正当行為として違法性を阻却したが、その理由として緊急性の具備に言及している）。
(9) 東京地決昭和44年6月6日刑月1巻6号709頁、東京高判昭和58年3月29日刑月15巻3号247頁。但し、何れも口頭告知後である。

を要求する余地が生じる。従って、111条1項の枠内で許容可能な立入りとそれを越える立入りとを区別する規準を、まず画定しなければならない。一体、111条1項の枠内であるか否かは、当該行為が「必要であり、その手段方法も社会通念上相当な範囲内にある」か否かである。そこでまずは、立入りに際して社会通念上相当な手段方法とは何か、という点を検討する。次の二では、アメリカ法に一旦眼を転じ、立入態様毎に得失を論じてきたその豊富な蓄積の中に、令状そのものの効力に付随してそのまま認め得る立入態様と、許容に際して更なる要件を付加される立入態様との、区別の手がかりを求める。

二 立入態様をめぐる判例展開（アメリカ）

1

アメリカ法においても、捜索・押収に際して、捜査官は自らの来訪来意を告げて初めて個人家宅に対し「破壊を伴う立入り（breaking entry）」をなし得る、というコモンロー上の原則がある。これを、来訪来意告知（knock and announcement）の要請という[11]。1917年制定の連邦法18 U. S. C. § 3109は、このコモンロー上の要請を成文化した。曰く、「捜査官は、その権限及び目的を告

---

(10) 三井誠『刑事手続法(1)〔新版〕』43頁以下（有斐閣、1997）参照。
(11) *See* G. Robert Blakey, *The Rule of Announcement and Unlawful Entry : Miller v. United States and Ker v. California*, 112 U. PA. L. REV. 499 (1964) ; Note, *Announcement in Police Entries*, 80 YALE L.J. 139 (1970) ; Charles Patrick Garcia, Note, *The Knock and Announce Rule : A New Approach to the Destruction-of-Evidence Exception*, 93 COLUM. L. REV. 685 (1993) ; Jennifer M. Goddard, Note, *The Destruction of Evidence Exception to the Knock and Announce Rule : A Call for Protection of Fourth Amendment Rights*, 75 B.U. L. REV. 449 (1995) ; Robert J. Driscoll, *Unannounced Police Entries and Destruction of Evidence After Wilson v. Arkansas*, 29 COLUM. J.L. & SOC. PROBS. 1 (1995). 井上正仁『捜査手段としての通信・会話の傍受』74頁以下（有斐閣、1997）参照。来訪来意告知要請の起源は、イングランドにおける Semayne's Case, 5 Co. Rep. 91a, 77 Eng. Rep. 194 (K.B. 1603) に求められる。その後、この原則は植民地アメリカへと継受され、19世紀のうちにアメリカ法学に定着した（リーディング・ケースとして、Bell v. Clapp, 10 Johns. R. 263 (N.Y. Sup. Ct. 1813)）。合衆国最高裁判所は、Miller v. United States, 357 U.S. 301 (1958) において、初めてこの原則を採用した。Bell v. Clapp は捜索に際しての、Miller v. United States は逮捕に際しての立入りの事例であるが、告知要請自体は、アメリカでは捜索・逮捕ともに全く同一の規準で適用されるものである。対するわが国では、捜索差押えと逮捕とで取扱上若干の差異があるため、本稿は、わが国の逮捕の場合については今後の検討に委ねるものとして、このたびの比較対象外とした。

知して立入りを拒まれるか、又は、自身もしくは令状執行協力者を救うために必要である場合には、家宅内外の扉・窓を破開する (break open) ことができる」と。現在、同趣旨の規定は、州法にも多く存在し、更に、同内容は、合衆国憲法第4修正の要請としての位置づけをも得ている。

　この要請の成立根拠として、①個人のプライバシーの保護、②暴力沙汰の回避、③不必要な私財破壊の防止、の３つが挙げられる。歴史的には、ほぼ③②①の順で登場してきた経緯がある。①については、誤った立入りを防止する意義のみならず、正しい立入りであってもなお来訪来意を確知し数刻の準備（着衣等の身支度）時間を得られる意義が、認められている。②については、適法な令状を所持している捜査官を不法侵入者と誤解して行われる抵抗の必然と、告知によるその回避可能性とが、指摘されている。③については、歴史的には最も古くから主張されてきた根拠であるが、以下に見るように、現在その重みは相対的に減じられつつある。

　暴力 (violence) によってなされた立入りが breaking entry に該ることは、疑いない。告知なき破錠立入りは①②③の何れにも抵触し、従って来訪来意告知要請に明らかに反している。しかし、暴力によらない諸々の立入態様のうち、breaking に該るものと該らないもの、すなわち告知要請違反である事例とない事例との間で何処に区別規準を設けるかという段階に至ると、議論が生じる。以下、合鍵による立入り、施錠されていない扉を開けての立入り、既に開け放されている入口を通り抜けての立入り、欺罔による立入りの４つに分けて、検

---

(12) *See* Driscoll, *supra* note 11, at 9.
(13) Wilson v. Arkansas, 514 U.S. 927 (1995). *See also* Ker v. California, 374 U.S. 23 (1963).
(14) Stanley A. Goldman, Note, *The Concept of "Breaking" in Announcement Statutes*, 7 LOY. L.A. L. REV. 162, 163-164 (1974) ; WAYNE R. LAFAVE, SEARCH AND SEIZURE: A TREATISE ON THE FOURTH AMENDMENT § 4.8 (a) (3d ed. 1996).
(15) *Ker*, 374 U.S. at 57 (Brennan, J., dissenting).
(16) State v. Valentine, 264 Or. 54, 504 P.2d 84 (1972).
(17) Launock v. Brown, 2 B. & Ald. 592, 593-594, 106 Eng. Rep. 482, 483 (K.B. 1819) ; State v. Carufel, 112 R.I. 664, 314 A.2d 144 (1974).
(18) *Semayne's Case*, 77 Eng. Rep. at 195-196.
(19) *Miller*, 357 U.S. at 303-304. 他に、連邦判例として United States v. Likas, 448 F.2d 607, 609 (7th Cir. 1971) ; Accarino v. United States, 179 F. 2d 456, 465 (D.C. Cir. 1949)、州判例として Commonwealth v. Newman, 240 A.2d 795, 799 (Pa. 1968) 等も同趣旨である。

討する。

2

　施錠されている扉に対する合鍵立入りについて。力（force）を行使したと解するかどうかは格別、財産的損害を発生させない点で、典型的な破壊立入り（例えば破錠立入り）とは一線を画する。しかし、合鍵立入りにおいても、暴力沙汰の危険(リスク)とプライバシー侵害とはなお存在し、告知要請の基となる3つの成立根拠のうち2つにまで抵触する。ゆえに、合衆国最高裁判所は、1963年のKer v. Californiaにおいて、かかる場合もbreakingに該るものとした。爾来、合鍵立入りはbreaking entryであるという見解は、不動である。

3

　施錠されていないが閉じられている扉を開けての立入りについて。財産的損害の発生はないが、暴力沙汰の危険(リスク)とプライバシー侵害とはなお存在する点で、合鍵立入りの場合と同様である。しかし、forceを行使したと解する余地はどの論者によっても最早なく、それゆえこの立入態様がbreakingに該る可能性はより低くなる。

　1950年代から1960年代にかけて、連邦下級裁判所の見解は分裂していた。Columbia特別区地方裁判所は、従来、breakingの成立にはforceの存在が欠かせないと理解していたが、1960年のKeiningham v. United Statesにおいて、Columbia特別区控訴裁判所はこれを覆した。ここにおいて、プライバシーの権利（right to privacy）は扉の施錠の有無という偶発的要素に左右されるべきものではない、§3109のbreakingに該らない立入りとは、単に家宅の破壊等

---

(20) 以下の内容の参考文献として、特にDriscoll, *supra* note 11 ; LAFAVE, *supra* note 14, §4.8 (b).
(21) *Ker*, 374 U.S. at 38.
(22) *See* LAFAVE, *supra* note 14, §4.8 (b). *E.g.*, United States v. Sims, 231 F. Supp. 251 (D. Md. 1964) ; People v. Flores, 68 Cal. 2d 563, 68 Cal. Rptr. 161, 440 P.2d 233, *cert. denied*, 393 U.S. 1057 (1968).
(23) United States v. Bowman, 137 F. Supp. 385, 388 (D.D.C. 1956) ; United States v. Silverman, 166 F. Supp. 838, 841 (D.D.C. 1958).
(24) Keiningham v. United States, 287 F.2d 126 (D.C. Cir. 1960).

を伴わないのみならず「承諾を得た立入り（permissive entry）」でなければならない、という注目すべき見解が示される。更に、1964年の United States v. Poppittにおいて、Delaware 地方裁判所は、Wilgus 教授の所謂「不法目的侵入（burglary）類推説」に依拠して、前記 Keiningham 判決の breaking 解釈を是認した。曰く「令状を送達するための breaking という概念は、burglary における breaking という概念、すなわち『掛金を持ち上げ、扉の取手を捻り、閉じられている扉を押し開けること』と同じである」と。burglary における breaking 解釈は、force の行使を必要としてこなかった点に着眼し、これを捜査官の立入場面に応用したのである。ほぼ同時期、州裁判所においても、burglary 類推説を支持したものが見られる。Florida 州最高裁判所による1964年の Bennefield v. State、及び、California 州最高裁判所による1968年の People v. Rosalesである。特に Rosales 判決は、burglary 類推説に全面的に依拠して、California 州控訴裁判所の先例を覆している。

1968年の Sabbath v. United Statesにおいて、合衆国最高裁判所は、施錠されている扉を開けての立入りと施錠されていない扉を開けての立入りとの区別を撤廃して、遂に従来の分裂に終止符を打った。連邦税関吏が告知なく施錠されていない扉を開けて対象者宅に立ち入った本件において、原審の第九巡回区控訴裁判所は、当該立入りを§3109にいう breaking ではないと判示していた。しかし、合衆国最高裁判所の Marshall 裁判官は、たとえ扉が施錠されていなくとも（すなわち開扉に際して force を要しなくとも）、告知要請の成立根拠に照らして暴力沙汰の危険とプライバシー侵害との２点に抵触する以上、当該立入りは breaking に該ると判示した（８名多数意見、Black 裁判官反対）。法規定上

---

(25) *Keiningham,* 287 F.2d at 130. *See also* Hair v. United States, 289 F.2d 894, 897 (D.C. Cir. 1961).
(26) United States v. Poppitt, 227 F. Supp. 73 (D. Del. 1964).
(27) Horace L. Wilgus, *Arrest Without A Warrant,* 22 MICH. L. REV. 798, 806 (1924).
(28) *Poppitt,* 227 F. Supp. at 80.
(29) Bennefield v. State, 160 So. 2d 706 (Fla. 1964).
(30) People v. Rosales, 68 Cal. 2d 299, 66 Cal. Rptr. 1, 437 P.2d 489 (1968). 但し、これは、逮捕のために対象者宅へ、施錠していない扉を開けて立ち入った捜査官と、施錠してある別の扉から立ち入った捜査官とがいた事案ゆえ、判旨は稍不明瞭である。
(31) People v. Feeley, 179 Cal. App. 2d 100, 3 Cal. Rptr. 529 (1960).
(32) Sabbath v. United States, 391 U.S. 585 (1968).

の「break open」という文言の言語学的分析にのみ囚われてforceの行使を必須要素と解することは、実に狭量な適用（grudging application）である、と述べた後、Marshall裁判官もまたburglary類推説を援用した。

Sabbath判決の結論は、現在、連邦下級裁判所及び州裁判所において広く受け容れられている。尤も一部例外的に、通常のノックの反動で扉が開いてしまったためその時点で告知した場合や、外の捜査官と内の居住者とが互いに素通しになっている網扉をノック後にその掛金を外して告知なく立ち入った場合について、許容例がある。

4

開いている入口を通り抜けての立入りについて。breakingの成立にとってforceの行使は必須ではない、というSabbath判決の結論は、早晩、承諾なき立入りの一切をbreakingとする見解を導く。そこで次に浮上するのが、既に扉を開け放した状態の入口を通り抜けての立入りはbreakingか否か、すなわちかかる立入態様においてもなお告知が要請されるか、という問題である。この類型においては、閉じられている扉を開けての立入りの場合に比べて、対象者の抱くプライバシー保護の期待度はもともと稍劣っているが、予め立入りを承諾しているとも考えられない。また、捜査官の来訪も一目で了知し易いとはいえ、告知を欠けば不法侵入者と誤認して暴力沙汰に至る可能性も、なお在る。

合衆国最高裁判所の判断は、未だない。

この問題について、1968年Sabbath判決が施錠されていない扉を開けての立入りをbreakingであると判示した当時、連邦下級裁判所、州裁判所ともに、見解は二分されていた。第1の見解によれば、開いている入口を通り抜けての立入りは、§3109にいうbreakingではない。例えば、第七巡回区控訴裁判所

---

(33) 但し、Sabbath判決は§3109に基づいた論展開であったが、その後の判例の多くは第4修正に基づいた論展開をなしている。See LAFAVE, *supra* note 14, §4.8 (b).
(34) United States v. Kemp, 12 F.3d 1140 (D.C. Cir. 1994), *followed in* Belton v. United States, 647 A.2d 66 (D.C. App. 1994).
(35) People v. Peterson, 9 Cal. 3d 717, 108 Cal. Rptr. 835, 511 P.2d 1187 (1973).
(36) *E.g.*, United States v. Williams, 351 F.2d 475 (6th Cir. 1965), *cert. denied*, 383 U.S. 917 (1966) ; United States v. Lopez, 475 F.2d 537 (7th Cir. 1973).

による1973年の United States v. Lopez は、Sabbath 判決の射程を、施錠されていない扉を開けての立入りのみに限定する旨、明言した。対する第2の見解は、告知がない限り全て breaking を構成するものと主張する。特に前記 Sabbath 判決以降は、第2の見解に与するものが多く現れてきた。

以下、California 州を例に、この論点をめぐってなされた議論を敷衍する。ここでは争いは、CAL. PENAL CODE § 844（連邦法18 U. S. C. § 3109に相応する規定）に反するか否かという形をとる。当初は、開いている扉を通り抜けての立入りは breaking ではないとする判例が続いた。これに対して、初期の判例の中で唯一反対の見解を採ったのが、控訴裁判所の People v. Beamon である。これは California 州最高裁判所の前記 Rosales 判決を想起したもので、burglary 類推説に立って、burglary が開いている扉や窓を通って立ち入る場合にも成立することに依拠していた。

この論点は、1969年の People v. Bradleyにおいて、遂に California 州最高裁判所の判断するところとなった。本件は、捜査官が深夜に当該家宅の完全に開け放された入口に接近し、対象者が就寝中であることを確認したうえで秘かに立ち入って逮捕した事案であった。裁判所は、折衷的見解を採った。すなわち break open という文言を用いた§ 844の趣旨は、Sabbath 判決及び Rosales 判決に鑑み、本件の如き「夜間就寝中において開いている入口を通り抜けての立

---

(37) *Lopez*, 475 F.2d at 540. 対象者が外出のため自ら開扉するのを捜査官が待ち伏せていて立ち入った事案である。

(38) *E.g.*, State v. Miller, 499 P.2d 241（Wash. App. 1972）; State v. Sakellson, 379 N.W.2d 779（N.D. 1985）.

(39) CAL. PENAL CODE § 844：逮捕を行うために、全ての事件において捜査官は——重罪の容疑の場合のみ私人も——、立入りを要請しかつその目的を説明した後に、逮捕されるべき者の居るところの、或は居ると信ずべき合理的な根拠（reasonable grounds）があるところの家宅の扉・窓を破開する（break open）ことができる。

(40) *E.g.*, People v. Rodriquez, 274 Cal. App. 2d 770, 79 Cal. Rptr. 240（1969）; People v. Hamilton, 257 Cal. App. 2d 296, 64 Cal. Rptr. 578（1967）（これは施錠されていない扉を開けての立入りの事案であるが、開いている入口を通り抜けての立入りと一括して言及）.

(41) People v. Beamon, 268 Cal. App. 2d 61, 73 Cal. Rptr. 604（1968）.

(42) *See, e.g.*, People v. Failla, 64 Cal. 2d 560, 51 Cal. Rptr. 103, 414 P.2d 39（1966）; People v. Massey, 196 Cal. App. 2d 230, 16 Cal. Rptr. 402（1961）.

(43) People v. Bradley 1 Cal. 3d 80, 81 Cal. Rptr. 457, 460 P.2d 129（1969）.

入り」にも適用される、というのである。かくして本件裁判所は、開いている入口を通り抜けての立入一般（制服捜査官による日中の立入りであって直後に告知した場合等を含む）が breaking に該るか否かについては、判断を回避した。

　Bradley 判決以降、California 州裁判所は、日中の場合について breaking であるか否かというこの論点を未だ確定していない。一方で、日中立入りも breaking に該るとする判断が下されている。プライバシー侵害は日中でも夜間でも生じ得るのであり、また、暴力的事態はむしろ日中の方が生じ易いとも考えれば、昼夜で区別を設ける理由はないからである。更に、日中に開いている入口を通り抜けての立入りを§844の breaking としなかった他方の判例群に対しては、何れも事実上、マリワナが匂う等して重罪進行中である状況を捜査官が現認した場合である、という見方もある。この見方に立てば、重罪現行犯たることが告知要請に緊急例外（後述三）を許したに過ぎないのであり、少なくとも California 州においては、開いている入口を通り抜けての立入りは一般に全て breaking と解されていることになる。

5

　欺罔による立入りについて。捜査官の欺罔による立入りは、開いている入口を通り抜けての立入りに類似するが、来訪者の真の来意を知らないながらも承諾ある立入りである。この立入類型もまた、告知要請の３つの成立根拠のうち財産的損害を伴わない。更に、暴力沙汰の危険（リスク）もプライバシー侵害も、承諾があることによって減じられる。特に前者については、通例、欺罔の続く限り基本的に発生しないと見ることができる（このことゆえに、アメリカにおける欺罔立入りは一般に、欺罔が開扉時に終了せず、家宅内部まで立ち入って好機を得るま

---

(44) People v. Norton, 5 Cal. App. 3d 955, 86 Cal. Rptr. 40 (1970) ; People v. Arias, 6 Cal. App. 3d 87, 85 Cal. Rptr. 479 (1970) ; People v. Anderson, 9 Cal. App. 3d 80, 88 Cal. Rptr. 4 (1970) ; People v. Hayko, 7 Cal. App. 3d 604, 86 Cal. Rptr. 726 (1970) ; People v. Lawrence, 25 Cal. App. 3d 213, 101 Cal. Rptr. 671 (1972).

(45) *Arias*, 85 Cal. Rptr. at 483.

(46) People v. Lee, 20 Cal. App. 3d 982, 987, 98 Cal. Rptr. 182, 187 (1971) ; People v. Peterson, 9 Cal. App. 3d 627, 633, 88 Cal. Rptr. 597, 600 (1970) ; People v. Boone, 2 Cal. App. 3d 66, 69, 82 Cal. Rptr. 398, 399-400 (1969). *See* Goldman, Note, *supra* note 14, at 179.

で継続する形態をとる）。従って、かかる欺罔立入りにおいては、来訪来意告知要請の3つの成立根拠のうち、告知があることの利益としての私財破壊の回避、暴力沙汰の回避、の2つまでが無い。

合衆国最高裁判所は、1963年の Wong Sun v. United States において、捜査官が顧客を装って対象者の店舗に立ち入った欺罔行為を、既に違法としていた。(47) しかし、本件における問題は、当該立入りが正当な告知を欠いているのみならず、対象者が身許詐称に応じて僅かに開扉した後に捜査官が立入りのため force を行使したところにあり、(48) force を一切伴わない純然たる欺罔立入りについて違法と判断した事案ではなかった。1968年には前記 Sabbath 判決が、従来 breaking でないとされてきた欺罔立入りについては射程外とする旨を述べたが、(49) ここにいう「従来 breaking でないとされてきた欺罔立入り」とは、force を伴わない欺罔立入りを指していた。(50) すなわち、合衆国最高裁判所は、純粋形態の欺罔立入りの取扱いについては指針を明確に示さぬまま、現在に至る。

Sabbath 判決後、連邦下級裁判所、州裁判所ともに、force を伴う欺罔立入りを breaking と解する点では一致する。しかし、force を伴わない欺罔立入りについては、burglary 類推説をそのまま適用するならば或は breaking に該り得るところ、見解が分かれる。(51)

force を伴わない欺罔立入りにつき、breaking に該らないとした例は多い。例えば、第五巡回区控訴裁判所による1971年7月の United States v. Beale は、(52)

---

(47) Wong Sun v. United States, 371 U.S. 471, 482-483 (1963). *See also* Gatewood v. United States, 209 F.2d 789, 791 (D.C. Cir. 1953).

(48) *Wong Sun*, 371 U.S. at 474. *See also Gatewood*, 209 F.2d at 790.

(49) *Sabbath*, 391 U.S. at 590 n. 7.

(50) Leahy v. United States, 272 F.2d 487 (9th Cir. 1959), *cert. denied*, 364 U.S. 945 (1961); Smith v. United States, 357 F.2d 486 (5th Cir. 1966).

(51) burglary 類推説を提唱した Wilgus 教授自身、breaking の内容を burglary の場合に即して解するべきであるとしつつ、「しかし、burglay の場合の規準と違って、捜査官が計略（stratagem）を用いて立入りの許可を得ることは、虚偽の口実と暴力的な立入りとを伴わない限り（if not accompanied by false pretense and violent entry）、"breaking" ではない」（下線、松代）と述べていた。Wilgus, *supra* note 27, at 806.

(52) United States v. Beale, 445 F.2d 977 (5th Cir. 1971). *See also infra* note 60.

ホテルの部屋の扉を、捜査官がホテルの支配人にノックさせて当該支配人の来訪のみを告知させ、対象者自身に開扉させて立ち入り、逮捕した事案であり、第七巡回区控訴裁判所による1970年の United States v. Syler は、捜査官がガス会社の者と称し対象者自身に開扉させて立ち入り、告知・逮捕した事案である。また、California 州控訴裁判所による1971年の People v. Veloz は、まず捜査官1名が対象者の妻に対して絨緞販売人であると称して立ち入り、直後に入口扉の近くで睡眠中の対象者を発見するや更に別の捜査官2名が立ち入ったうえで、目覚めさせて逮捕した事案である。しかし、類似した状況でありながら、West Verginia 南区地方裁判所による1970年の Bower v. Coiner は、知人宅に客として宿泊中の対象者を逮捕するために、捜査官が当該知人に対して、その知人自身と話すのを望んでいる如く欺罔して開扉させて立ち入り、抜銃して対象者の所在を問い、寝室にて就寝中のところを逮捕した事案に至って、breaking に該ると判断した。

　これらの背景にある判断規準を窺わせるのが、1980年の State v. Clarke である。これは、捜査官が扉をノックしたところ入るように応答があったので、捜査官たる身許及び来意を告知することなく立ち入ったことが、適法とされた事案であった。ここにおいて、Florida 州の控訴裁判所は、立入りが平和裡に（peaceably）行われる場合には、来訪来意告知は不要と見た。すなわち、欺罔立入りにおいては、「承諾」がある以上対象者自身によりプライバシーは放棄されており、基本的には来訪来意告知要請の3つの成立根拠に一切抵触しない。従って、原則として全て許容され、一部、force の行使に至らぬとはいえ平和裡に行われたともいえぬ態様のもののみが、ここから外れるという。

　しかし、少数ながら注目すべき別の流れもある。欺罔立入りは、真意に基づく承諾を得ていないので、プライバシーを侵害するという見解もまた、例えば、

---

(53) United States v. Syler, 430 F.2d 68 (7th Cir. 1970).
(54) People v. Veloz, 22 Cal. App. 3d 499, 99 Cal. Rptr. 519 (1971).
(55) Bower v. Coiner, 309 F. Supp. 1064 (S.D. W.Va. 1970). 対象者宅でなかったことの及ぼした影響は、定かではない。尤も、対象者は当該知人宅の鍵をも有していた点で、ある種住居権者的立場にあったといえなくもない。
(56) State v. Clarke, 387 So. 2d 980 (Fla. App. 1980).
(57) Lewis v. United States, 385 U.S. 206, 87 S. Ct. 424 (1966).

Oregon 州最高裁判所の1972年の State v. Valentineにより採られている。本判決は、麻薬密売人を装った捜査官Aが、取引代金を車まで取りに行くという口実の下に当該家宅を離れた後、Aが半開きにしておいた扉を通って捜査官Bが立ち入って逮捕した事案であった。但し、本件裁判所に限っては、プライバシー侵害のみならず暴力沙汰の危険(リスク)もあって初めて憲法上の保護に値するとの見解に立ち、従って当該立入りは結論としてはなお許容された。しかし、第五巡回区控訴裁判所による1971年1月の United States v. Bealeにおいては、プライバシー侵害があるという同見解に立つと同時に、それのみで告知要請違反とするに足りると考えたために、当該立入りを許容しないという結論に達した。

現在、欺罔立入りについては、数の上では許容例が不許容例を上回るものの、そこに明確な統一判断規準を見出し難い状態にある。但し、何れにせよ、法の執行機関たる捜査官が欺罔行為を行うことの問題性からして、少なくとも一般的に望ましいわけではない。

三 緊急例外をめぐる判例展開（アメリカ）

1

前述二において来訪来意告知要請違反と位置づけられた立入態様も、しかし、緊急性が認められる場合にまで、一切許容されないわけではない。

コモンロー上、同要請が後退する緊急状況例外として現在確立されているものは、①既に捜査官の来訪来意が了知されているので告知する益のない場合（useless gesture exception）、②告知により捜査官に及ぶ危険が増すであろう場

---

(58) *Valentine*, 264 Or. 54.
(59) かかる形態の欺罔立入り（2回目の立入り）に承諾があると見るか否か、見解は分かれる。State v. Darroch, 8 Or. App. 32, 492 P.2d 308（1971）は、Aに対する承諾がBへと拡張されると考えた。しかし、State v. Collier, 270 So. 2d 451（Fla. App. 1972）及び State v. Roman, 309 So. 2d 12（Fla. App. 1975）は、1回目の立入りと2回目の立入りを同一人がなした場合についてすら、一目的でなされた承諾はそれに限られると考えた。
(60) United States v. Beale, 436 F.2d 573（5th Cir. 1971）. *See also supra* note 52（*reh'g granted*, 445 F. 2d 977）.
(61) *See also* Hoffa v. United States, 385 U.S. 293, 315（1966）（Warren. J., dissenting）.
(62) *See* State v. Young, 455 P.2d 595, 597（Wash. 1969）.

合(danger to officers exception)、③告知により証拠隠滅が生じるであろう場合(destruction-of-evidence exception)[65]である。連邦法及び州法の告知要請規定もコモンローの法典化である以上、文言上に例外が規定されていない場合であっても、コモンロー上の緊急状況例外を含むと解される[66]。

例外②該当例は、告知要請黎明期のイングランドにおいて既に登場している。1619年の White & Wiltsheire[67]である。尤もこれは、差押えを執行しようとして対象者宅に拘禁されたシェリフ助手を救うためにシェリフによる破壊立入りを許した、という極限的事案であった。同要請からの逸脱を許したアメリカの判例に遭うには、1822年の Read v. Case まで下らねばならないが、以後、例外①及び例外②を許した事案が、19世紀前半には出揃う[68]。

例外③該当例の登場は、これに対して、20世紀半ばまでなお待たれねばならない[69]。なぜなら、例外③は、「禁酒法時代——アメリカの裁判所がアルコールや薬物や賭博道具といった隠滅容易な証拠物の所持について捜索・逮捕するための強制立入りを検討していた時期——に形作られた」からである[70]。証拠隠滅例外の隆盛は著しく、1970年には許容規定の明文化まで成るが[71]、誤執行に対する強い批判を受けて僅か4年後に潰え、現在はコモンロー上の成立余地だけが

---

(63) *Miller*, 357 U.S. 301. *See* United States v. Kulcsar, 586 F.2d 1283 (8th Cir. 1978); Commonwealth v. Antwine, 632 N.E.2d 818 (Mass. 1994); State v. Clark, 250 N.W.2d 199 (Minn. 1977).
(64) *See* United States v. Dahlman, 13 F.3d 1391 (10th Cir. 1993); United States v. Manfredi, 722 F.2d 519 (9th Cir. 1984).
(65) *See* People v. Maddox, 46 Cal. 2d 301, 294 P.2d 6, *cert. denied*, 352 U.S. 858 (1956).
(66) 例えば、前掲注(39)の CAL. PENAL CODE § 844には、例外を許す文言はない。しかし、Maddox判決がリーディング・ケースとなり、以後コモンロー上の例外を含んで理解されることとなった（*Maddox*, 294 P.2d at 9）。*See also* Rodriguez v. Jones, 473 F.2d 599, 607 (5th Cir. 1973).
(67) White & Wiltsheire, 81 Eng. Rep. 709 (K.B. 1619).
(68) 例外①について Howe v. Butterfield, 58 Mass. 302 (1849)、例外②について Read v. Case, 4 Conn. 166 (1822)。
(69) *Ker*, 374 U.S. 23; *Maddox*, 294 P.2d 6.
(70) Goddard, *supra* note 11, at 462.
(71) 1970年の連邦法 Comprehensive Drug Abuse, Prevention, and Control Act は、imprisonment 1年以上に相当する薬物犯罪を捜査する連邦捜査官が、証拠隠滅が行われるであろうと信じるべき相当な理由（probable cause）を示すことを条件に、裁判官に所謂 no-knock 捜索令状（告知抜きの立入りを予め許容した捜索令状）を発付する権限を付与した。*See* Driscoll, *supra* note 11; Note, *supra* note 11, at 172.

残されている。

2

　薬物事件の増加とともに近時その活躍の場を急速に拡げてきた証拠隠滅例外であるが、反面、他の2つの例外に比べて適用規準の画定が非常に難しい。今日の論争の大半は、この証拠隠滅例外を充たす緊急性の判断規準如何に集約される。

　大別して、告知すれば証拠隠滅が行われるであろうという一般的知識のみで例外を許容する見解を、包括的思考（blanket approach）という。この思考を採る場合、証拠隠滅の虞は、対象物が水に溶け易い、燃え易い等、毀棄・隠滅容易な性質のものであるという一般的知識のみに基づいて成立する。これに対して、告知抜きの立入りの許容にあたってかかる一般的知識のみならず具体的事案毎の個別的知識まで要求する見解を、個別的思考（paticularized approach）という。この思考を採る場合、捜査官において、対象物が隠滅の危機に晒されていると信じるべき個別事情を示さねば、例外は許容されない。

　この2つの思考法の相違は、とりわけ薬物事件において、顕出する。包括的思考は、捜査機関に適法な捜索差押権限が在ることを前提として、薬物事件であれば、薬物一般の隠滅容易性ゆえにそれ以上の条件を付されることなく、証拠隠滅例外を「常に」適用する。他方、個別的思考を採れば、薬物事件（対象物が薬物）といえども告知抜きの立入りを許すには、更に事案毎の個別情報による裏付けが必要となる。但し、個別情報による裏付けとして具体的に如何なるものを要求するかという点については、論者により異なる。

3

　従来、包括的思考・個別的思考の何れを採る判例も見られたが[72]、個別的思考の方が優勢であった[73]。

---

(72) 個別的思考を採るものとして、例えば United States v. Tracy, 835 F.2d 1267 (8th Cir.), *cert. denied*, 486 U.S. 1014 (1988) があり、包括的思考を採るものとして、例えば State v. Loucks, 209 N. W.2d 772 (N.D. 1973) がある。

(73) Garcia, *supra* note 11, at 698-699.

個別的思考の中にあって最も厳格な判断規準は、合衆国最高裁判所による1963年の Ker v. California において、Brennan 裁判官反対意見が述べたものである。本件は、薬物所持容疑で逮捕するために、捜査官が告知なしに合鍵を用いて立ち入った事案であった。Brennan 裁判官によれば、告知抜きの立入りは「(例えば扉がノックされたことを以て) 家宅内の者が、訪問者に気付いて、証拠隠滅を現に図りつつあると捜査官に確信させる (in the belief) ような行為をなす場合に」許容されるべきであるという。

しかし、この規準に対しては、まず、規準が厳格に過ぎて実際の適用が難しいとの批判がある。ノックをしても対象者の多くは開扉せずにまず誰何するか秘かに証拠隠滅にかかるかであるのに、なお告知要請を遵守するとなれば、開扉が明示的に拒否されるか或は拒否の存在が擬制されるべき数刻が経過するまで、breaking に該る立入りは行えない。そこで転じて、捜査官が開扉を試みた後に家宅内で足音等がすれば、これを証拠隠滅が現に図られつつある証左として、breaking に該る立入りの許容要件が即座に充たされる、という運用が現れた。抑もこの規準の判断は、現場の捜査官に依らざるを得ず、その運用を裁判官が吟味するのは困難である。しかも、この開扉の試みが更に、ノックなしに唯「警察だ」と叫ぶのみの形をとるに至り、来訪来意告知の原則がこの規準により却って大きく切り崩される懸念も生じた。

為に、その後の下級裁判所は、個別的思考を採る場合にも、Brennan 規準より緩やかな規準を模索するようになった。

4

個別的思考に立って Brennan 規準より緩やかな規準を採用したリーディング・ケースは、1967年の People v. Gastelo である。本件において California 州

---

(74) *Ker*, 374 U.S. 23.
(75) *Ker*, 374 U.S. at 47.
(76) People v. Aylwin, 31 Cal. App. 3d 826, 107 Cal. Rptr. 824 (1973) ; State v. Linder, 291 Minn. 217, 190 N.W.2d 91 (1971).
(77) LAFAVE, *supra* note 14, § 4.8 (d).
(78) People v. Gastelo, 67 Cal. 2d 586, 63 Cal. Rptr. 10, 432 P.2d 706 (1967).

最高裁判所は、薬物所持容疑で逮捕するために行われた告知抜きの立入りを許容せず、原審の有罪判決を破棄した。包括的思考に立脚した州側の主張に対して、裁判所は、来訪来意告知要請の例外は特定の事実関係に基づいて（on the basis of the specific facts involved）許容され得るものとし、薬物事犯は捜査官に遭えば証拠を隠滅するものであるとの「一般的」傾向だけでは、許容根拠としてなお不充分であると見た。かくして、Gastelo 判決は明らかに個別的思考を選んだが、その規準は、隠滅行為が現実に進行中であることまでは示す必要のない点において、Brennan 規準よりも緩和されていた。ただ、規準の内容はなお抽象的であり、現実に適切な運用がなされるには、更なる具体化が必要であった。

　Brennan 規準を緩和する第 2 の試みは、1971年の State v. Gassner[79]において為されている。本件において Oregon 州控訴裁判所は、薬物所持容疑の逮捕に伴う告知抜きの立入り（合鍵立入り）を許容すべき理由を見出し得ず、原審の有罪判決を破棄した。本件裁判所は、合衆国最高裁判所の前記 Ker 判決に基づいて告知要請を憲法上の要求と位置づけたうえで[80]、証拠隠滅例外は告知要請を総体として衰耗させる（totally consume）ものと見て、その適用の限定を試みた。包括的思考は、斥けられた。個別的思考において証拠隠滅例外が発動される本件判断規準は、①捜索前に捜査官において、捜索場所に在る証拠物につき即座に毀棄可能な僅少量であると信じるべき相当な理由（probable cause）がある場合か或はその量を知らない場合であって、②告知がなされれば隠滅が行われそうであると合理的に信じる（reasonably believe）場合、である。すなわち、この Gassner 規準は、前記 Brennan 規準より緩和されてはいるものの、前記 Gastelo 規準をより具体化した点では一歩前進し、個別事情において証拠が毀棄され得ない量であれば、薬物事件といえども告知要請の例外を許さない。

　しかし、Gassner 規準は、量不詳ゆえに隠滅不可能とも断じ得ない場合に例外の適用余地を残していた点において、個別的判断の形態を採りつつも捜査官の運用次第で、薬物事件の包括的例外許容に限りなく近づくという問題性を内

---

(79) State v. Gassner, 6 Or. App. 452, 488 P.2d 822 (1971).
(80) Ker 判決においては稍曖昧であったが、その後1995年の Wilson 判決により第 4 修正の要求であることが確認された。前述二 1 参照。

包していた。
(81)

5

　個別的思考の判断規準が模索される一方で、包括的思考もなお存続していた。包括的思考と個別的思考との鬩ぎ遭いは、その後1997年のRichards v. Wisconsinにおいて、合衆国最高裁判所が個別的思考を選んだことにより、決着する。

　本件では、薬物事件における捜索令状執行に際して、ホテルに宿泊中の対象者に対して、まずホテル従業員に扮した捜査官がノックして身許を詐称した。これに応じて対象者は鎖錠を掛けたまま一旦開扉したが、当該私服捜査官の背後に制服捜査官の姿を認めるや、告知の暇を与えず再び扉を閉ざしたため、捜査官らは施錠された扉を破って室内に立ち入った。

　合衆国最高裁判所のStevens裁判官は、本判決に先立つこと2年前にWilson v. Arkansasにより来訪来意告知要請が第4修正の要求であると宣言されていたことを確認のうえ、なお例外の存立余地を認め、具体的に本件についても例外に該当するものと認めた。なぜなら、最初の開扉時の振舞から推して、捜査官としては、対象者が破扉時には既に捜査官の来訪を了知していたこと（例外①）及び証拠隠滅・逃亡を図るであろうこと（例外③）につき、合理的な嫌疑（reasonable suspicion）を抱き得たものと、考えられたからである。個別的思考に立ったこの判示は、本件原審たるWisconsin州最高裁判所が結論としては同じく本件立入りを許容しつつも包括的思考に基づいていたことと、際立った対照をなしていた。

　本件において合衆国最高裁判所が敢えて個別的思考を選んだ主たる理由は、例外の適用が過度に一般化されることへの懸念であった。薬物事件であることを以て証拠隠滅例外を即適用する包括的思考を採ると、個別に見れば証拠隠滅の虞のない場合——例えば現居住者が当該犯罪と無関係であって隠滅を図りそうにない場合、当該薬物が容易には隠滅しがたい種類のものである場合、当該

---

(81) *See* LAFAVE, *supra* note 14, § 4. 8 (d) ; Driscoll, *supra* note 11, at 34.
(82) *E.g.*, State v. Stevens, 181 Wis. 2d 410, 511 N.W.2d 591 (1994), *cert. denied*, 515 U.S. 1102 (1995).
(83) Richards v. Wisconsin, 520 U.S. 385, 117 S. Ct. 1416 (1997). この判例の紹介として、松代剛枝・アメリカ法1998-Ⅰ号113頁（1998）【本書本章付記（判例3）】。

薬物が隠滅し得る場所にない場合等——であっても、告知抜きの立入りは包括的に許容されることになってしまう。特定類型の犯罪であることを以て、裁判官が立入時の告知要否につき判断権限を直ちに失うことになるのは、捜索の合理性を判断すべきその責務からして、妥当でない。そして更に、薬物事件が一般的に見て例外要件に該る可能性が高いという特性を有しているが為に、薬物事件を包括的に告知要請の例外とする、という扱いを認めれば、ことは薬物事件のみに終わらない。例外要件が一般に充たされ易い犯罪類型は他にも在ることに鑑みれば、これらに包括的例外が拡張される虞は多分にあり、従って包括的思考は、告知要請をその土台から崩壊せしめる芽を孕んでいる。

かくして選択された個別的思考の下において、例外許容の判断規準は、証拠隠滅の発生に関して捜査官が抱く reasonable suspicion の成否である。そして既に見たように、本件では、包括的思考を斥けて個別的思考を選択するにあたって、対象者の隠滅意図、薬物の種類やその隠匿場所等に関する知識を基に、<u>現実に処分不可能な場合を除外する</u>必要性が説かれていた。これらから窺知するに、判断規準の組立てにおいて、Richards 規準は Gassner 規準に類似する。従って、その具体性を評価する向きとともに、隠滅不可能とも断じ得ない場合には例外を許容し得る点を捉えた、Gassner 規準に対するのと同様の批判もあろう。

四　検討——令状執行に伴う「必要な処分」の定位

1

わが国の裁判所は、捜索差押令状の執行にあたって令状を呈示せずに被疑者の現在する家宅に立ち入るその態様につき、破錠立入りを直截に事前呈示原則

---

(84) probable cause よりは低い要求である。例えば、逮捕の際に家宅内を一過することを正当化するにあたって、捜査官に対してその場に危険の潜む reasonable belief based on specific and articulable suspicion を要求した事案として Maryland v. Buie, 494 U.S. 325, 337 (1990) があり、また、パットダウン捜索 (pat-down search) を正当化するにあたって、危険についての reasonable and articulable suspicion を要求した事案として Terry v. Ohio, 392 U.S. 1, 30 (1968) がある。本判決の reasonable suspicion は、これらと整合するレベルであると考えられる。

の例外として許容し、欺罔立入り及びおそらくは合鍵立入りを111条1項にいう令状執行に「必要な処分」の枠内において許容したものと、解し得る（前述一）。

まず、前述二を参考に、立入りと呈示要請との基本関係を考察する。

立入時を未だ捜索差押開始前と位置づけるとしても、令状呈示は、権利侵害が最初に発生する時点すなわち開扉・立入時に要請されるのが、やはり原則である。そしてアメリカ法は、捜査官に対する対象者（被疑者）の正当かつ不必要な抵抗・攻撃を回避し、プライバシーの誤侵害を正に「入口で」食い止めるという意味でも、適法な令状を所持するのみならずその旨を対象者に対して明らかにすることの有意義を、解明した。このことは、告知要請を遵守すべき立入りか否かの判断規準を、burglary との重ね合わせにおいて獲得してきたことと、深く関わっている。適法な立入りを不法な侵入から外形的に分かつ機能をその正当権限明示行為が担うとの理解に立つとき、わが国の場合、通常ならば住居侵入罪に該当するような所作を捜査官がとるのであれば、立入時の令状呈示は固有の意味を持ち、相応の要件によらない限り容易に外せるものではないことになる。(85)

確かに英米法においても、来訪来意告知要請の揺籃期には、告知により対象者に任意開扉の機会を与えることで財産的損害の発生を回避するという発想が、まず在った。しかし、その後の歴史のなかで同要請はその成立基盤の組成を変え、いまや同要請違反となるか否かの判断規準は、財産的損害の有無から立入承諾の有無へとその軸足を移すに至っている。これをわが国に当て嵌めるとすれば、財産的損害の発生する破錠立入り（第1例）のみならず、財産的損害の発生しない合鍵立入り（第3例）も、畢竟同じく「有形力を行使したもの」であることを念頭に、むしろ最大の関心は、「平和裡に行われた至極穏当なもの」の内容理解に向けられるべきことになる（第2例参照）。(86)

立入承諾の有無自体が争点となる立入り、すなわち欺罔立入りについては、以上の見解に立ってもなお見解の分かれる余地が残る。仮に、任意かつ真意に

---

(85) 合衆国最高裁判所の Brennan 裁判官曰く「（来訪来意告知）要請は、令状交付に付随する単なる手続的適正ないし形式ではなく……個人の自由を擁護する実体的保障にとって不可欠である」と（Ker, 374 U.S. at 49）。

基づくものでない限り無効であるとすること、住居侵入罪の「承諾」に倣うならば、欺罔立入りもまた、他の立入りと同様に捉え得ないではない。尤も、このように捉えるについては、少なくとも、本稿がこれまで欺罔立入りとして一括して見てきたもののうち、開扉時に欺罔が終了するもの(例えば第2例型欺罔)を別途に検討する必要がある。

111条1項にいう「必要な処分」は、確かに捜索差押執行行為より広い射程

---

(86) 第1、第2、第3例ともに「承諾」という指標はない。しかし、わが国においても、住居侵入罪の「侵入」に関する平穏侵害説と意思侵害説との論争の中に、この2極を垣間見ることができるように思われる。

(87) 承諾は住居権者の任意かつ真意に基づかない限り無効であるとするのが、判例の立場である。従って、錯誤に与えられた承諾は、無効であるという(最判昭和23年5月20日刑集2巻5号489頁等)。反対、例えば平野龍一『刑法概説』184頁(東京大学出版会、1977)。

(88) わが国の従前判例は、この開扉時のみの欺罔については、許容にあたって111条1項を要するとすら考えてこなかったようにも見える。例えば、警察官が「佐藤です」と偽称して開扉させた後、入口にて警察官たる身許を告げた時点で対象者が逃げた(呈示を受ける権利を放棄した)ため、これを追って来意告知・令状呈示なき立入りが行われた事案において、110条を摘示する一方で、111条1項への言及は全くない(東京高判昭和58年3月29日・前掲注(9))。そうであれば、本稿第2例についても、裁判所は、家宅奥までの立入りにあたり令状呈示に至らず口頭告知のみであったことについて111条1項を以て許容するのであって、開扉時(の欺罔行為)の方については同条項の射程外にあると、解すべきであったことになる。しかし、第2例を詳細に見るに、開扉時の欺罔部分については111条1項の「必要な処分」として許容し、その後口頭告知して家宅奥まで立ち入った(非欺罔)部分については、現場保存的な準備行為として許容する構成をとるようである。

思うに、開扉にのみ欺罔があり、その後屋内への立入前に適式の呈示が行われた場合には、住居侵入罪との擦り合わせにより得られる判断規準に照らせば、呈示要請は充たされているともいい得る。第2例における欺罔は、もともと宅急便配達員に対して通常は玄関を越えての立入承諾を与えているとは考えられないことから、本質的に開扉時に終了する性質のものである。従って、立入後まで欺罔の続く(アメリカ的)欺罔立入りが承諾の「質」を問うて見解を分ける余地を残すのに対し、第2例のような場合、開扉後に令状の呈示なく屋内に立ち入れば、与えられた承諾の範囲を越えるものとして、端的に事前呈示要請に反している(住居侵入罪についての大判昭和5年8月5日刑集9巻541頁参照)。すなわち、第2例の如き立入態様は、アメリカ的分類に則れば、「forceを伴う欺罔立入り」か、或は、開扉に欺罔が用いられた点を除けば「開いている入口を通り抜けての立入り」の一形態であり、その立入時の呈示要請は、破錠立入りや合鍵立入りの場合と同様に理解される。そして実際、第2例は、開扉後の屋内への立入部分については口頭告知後であった点を捉えて現場保存的な準備行為として許容していたところ、これは、わが国の従前判例に照らせば緊急性を要件とする手法で以て対処したに他ならない。他方、開扉に欺罔が用いられた点については、(第2例自身は111条1項を適用するが)警察官による欺罔行為として囮捜査類似の問題性を認め、この角度から別途に検討、限定することも考えられる。関連して、岩尾信行「捜索差押えにおける立入りと令状の呈示」平野龍一=松尾浩也編『新実例刑事訴訟法〔Ⅰ〕』267頁(青林書院、1998)参照。

を持ち得るが、その性質上、令状呈示（110条）後に限られるのが筋であるように思われる（規定位置関係からしても、少なくとも従来そのような想定がなされてきたものと思われる）。立入りのための種々の開錠開扉措置は、あくまでも呈示（不可能な場合には少なくとも口頭告知）後において行われる場合にのみ、この範疇に在ると解すべきである。[89]

2

呈示（不可能な場合には少なくとも口頭告知）なき立入りの許容が、111条1項の「必要な処分」の枠内にないとすれば、なおあり得るのは、事前呈示原則（110条）の例外の趣意から類推するという位置づけにおいてである。その例外許容の要件を、前述三を基に考察する。

抑も事前呈示の原則は、被処分者が呈示を受ける権利・利益を放棄した場合及び不在の場合にのみ、例外を許してきた。そして、後者の場合については、①執行する緊急の必要性と②立会人に対する令状呈示とを適用条件とし、更に、立会人不在のときは①の要件をより厳格に判断するべきである。[90]

ところで、本稿の扱ってきた立入りは、対象者在宅の場合である。しかし、いかに未だ捜索差押行為自体には至らぬ準備行為とはいえ立入時に既にプライバシー侵害は生じ、しかも呈示を受ける権利・利益の放棄とは構成し得ない以上、事前告知の原則の例外として不在の場合に準じた要件、すなわち緊急性が要求されると考えられる。[91]

第1、第2、第3例を、更めて検証する。第1例は「けん銃を所持しているとの情報を入手していたこと、薬物犯罪の事案では捜査官が来たことに気付くと覚せい剤等を投棄して証拠を隠滅してしまうことが予想されため」、第2例

---

(89) 令状呈示後の破錠立入りにつき国家賠償請求を棄却した事例として、東京地判昭和29年4月24日下民集5巻4号530頁、浦和地判昭和56年9月16日判時1027号100頁、東京地判平成3年4月26日判時1402号74頁（控訴審・東京高判平成6年6月30日判時1527号89頁）参照。
(90) 三井・前掲注(10)43頁。
(91) この脈絡において、第1例が、マンション管理者に対して合鍵借用の際に事情説明し鎖錠切断立入りの了承をも得ていたこと、第3例が、マンション管理者に対して合鍵借用の際に事情説明していたことを、如何に解すべきかが一応問題となり得る。尤も、これらの事情は、少なくとも前述の暴力沙汰の回避や対象者のプライバシー期待の低減には、つながらない。

は「被告人は、覚せい剤事犯の前科2犯を有していることに照らすと……直ちに証拠隠滅等の行為に出ることが十分予測される場合であると認められるから」、第3例は「被疑事件の内容、差押対象物件の性質、被疑者の前科及び経歴等から証拠の隠滅を懸念し」て、例外を許容した。更に、前述三をもあわせ見るに、緊急性の具体的内容として、令状執行を無効ならしめる証拠の隠滅、警察官等の生命・身体の危険、の少なくとも何れかの存在が要求される。[92]

3

問題は、とりわけ証拠隠滅例外において生じる。

第1例は、証拠隠滅例外の認定に関して、薬物の性質一般を基にした包括的思考を採るようにも見える。[93] しかし、アメリカ法が鋭く指摘したように、包括的思考に依れば、例外許容が令状裁判官の吟味を潜脱して過度に拡張される懸念を払拭し得ない。第2、第3例が対象者の薬物前科の存在等を挙げつつ個別的思考を以て判断に臨んだことは、この点で妥当であった。ただ、その判断規準はなお抽象的で、アメリカ法において登場した4種の個別的思考判断規準の中でまず最も緩やかな Gastelo 規準程度に留まる。

証拠隠滅が現に図られつつあるという確信を例外適用の要件とする Brennan 規準は、原則と例外との位置づけにおいて理論的に最も明解ながら、運用によって原則の切崩しが行われた場合に外部から閲し難いとの批判を浴びた。これに対して、具体的検討項目を媒として証拠隠滅の可能性を否定し得ない場合に例外を許容する Gassner 規準及び Richards 規準は、捜査官の判断を外部から比較的閲し易い利がある。そして、この具体的検討項目として、Gassner 規準は、対象物の数量を挙げ、Richards 規準は、対象者における隠滅意図の有無、

---

(92) 対象者が既に来訪来意を了知しているので意味がないと思われる場合にも、令状呈示は必要であると考える。この点について、和歌山地判平成6年10月5日前掲注(8)は、立入りにおける違法があるとして国賠請求を認容した際に、「仮に……捜索にやってきたことを窺い知っていたとしても、右結論を左右するものではない」(115頁)という。なお、現に犯行中の場合も、現行犯逮捕等既存の枠を用いることで足りるならば、事前呈示要請の枠を不必要に緩和することはないように思われる。

(93) 但し、本件では、この証拠隠滅要件と並んで警察官に対する危険の要件として「けん銃を所持しているとの情報を入手していたこと」が挙げられており、こちらは明らかに個別的思考を採っている。なお、原審は、当該家宅内のトイレ（隠滅可能な設備）の存在にも言及していた。

対象物の種類・存在状況を例示した。何れか1つの項目においてでも隠滅不可能であることが示されれば、証拠隠滅例外は成立しない以上、より多くの検討項目を総合的に吟味すれば、実体のない「可能性」はより適切に削ぎ落とされる[94]。但し、「隠滅不可能な場合には例外を許容しない」というこの発想自体の裡に、項目内容を充たすか否か不詳の場合を許容範囲に包摂することによって、運用次第で許容範囲を過度に拡張する契機が、なお潜んでいる。

　令状呈示の固有の意味に鑑み、本稿では、呈示なき立入行為の許容につき、111条1項「必要な処分」を媒とせず、直截に事前呈示原則の緊急例外とする可能性を探った。この構成に立ったうえでの具体的判断規準の策定が、望ましいものと思われる[95]。

（補注1）　本稿公刊後、最決平成14年10月4日刑集56巻8号507頁が出された。【本書本章付記（判例2）】にて後述。

---

(94) *See* Driscoll, *supra* note 11, at 32 ; Note, *supra* note 11, at 159-171. なお、わが国において、Gassner規準類似の言及を為したものとして、宮城・前掲注(2)172頁。
(95) Richards規準の reasonable suspicion は、捜索令状執行の利益と個人のプライバシーの利益との「適切な衡量（appropriate balance）」の中から、得られたものであるという。わが国の第3例もまた、「捜索差押によって証拠を確保すべき要請と捜索差押を受ける者の人権に配慮すべき要請の調和を図る法意」に照らし、当該立入りを許容した。これに対して、Gassner規準は、（対象物が隠滅可能な僅少量たることを）相当な理由（probable cause）レベルで裏付けるよう求める点で、相違する。こちらは、「原則―例外」図式が明瞭である。

※付記（判例2）

最決平成14（2002）年10月4日刑集56巻8号507頁
——捜索差押令状の呈示に先立ってホテル客室のドアをマスターキーで開けて入室した措置が、適法とされた事例

目　次

序
一　事案概要と分析視角
二　比較法的素材——アメリカ法の論理
三　検討
跋

序

　平成14（2002）年10月4日、わが国の最高裁判所は、捜索差押令状執行に伴う家宅立入方法につき新たな論理に踏み込む、初の判断を示した。[1] 事案は以下の通りである。

　警察官らは、被疑者に対する覚醒剤取締法違反被疑事件につき、被疑者が宿泊しているホテル客室に対する捜索差押令状を被疑者在室時に執行することとしたが、令状執行の動きを察知されれば、覚醒剤事犯の前科もある被疑者において直ちに覚醒剤を洗面所に流すなど短時間のうちに差押対象物件を破棄隠匿する虞があると判断した。そこで、まずはホテル従業員のシーツ交換を装って欺罔立入りを試みたが、被疑者の応諾を得られなかったことから、ホテル支配人からマスターキーを借り受けたうえ、来意を告げることなく、施錠された当該客室ドアをマスターキーで開けて室内に立ち入り、その後直ちに被疑者に捜索差押令状を呈示して捜索及び差押えを実施した。1審京都地裁、2審大阪高裁ともに当該立入措置を適法と判断、最高裁に上告された。

---

(1) 最決平成14年10月4日刑集56巻8号507頁。

上告棄却。曰く、「捜索差押許可状の呈示に先立って警察官らがホテル客室のドアをマスターキーで開けて入室した措置は、捜索差押えの実効性を確保するために必要であり、社会通念上相当な態様で行われていると認められるから、刑訴法222条1項、111条1項に基づく処分として許容される。また、同法222条1項、110条による捜索差押許可状の呈示は、手続の公正を担保するとともに、処分を受ける者の人権に配慮する趣旨に出たものであるから、令状の執行に着手する前の呈示を原則とすべきであるが、前記事情の下においては、警察官らが令状の執行に着手して入室した上その直後に呈示を行うことは、法意にもとるものではなく、捜索差押えの実効性を確保するためにやむを得ないところであって、適法というべきである」と。

近年、捜索差押令状の執行に先立って行われる捜索場所への「立入り」そのものが、争点化している。緊急執行許容規定のない捜索差押令状においては、従来、令状事前呈示原則は捜索場所への立入時の令状呈示を要求し、その例外を、被処分者が呈示を受ける権利・利益を放棄した場合及び不在の場合のみに、限ってきた。しかし、薬物事例の増加とともに、実務では、水洗トイレ等への薬物の投棄・隠滅を懸念して、警察官が対象者（被疑者）在宅の場合にもまずは秘かに当該家宅に立ち入り、隠滅行為等の可能性を封じてから令状を呈示して捜索差押行為を開始するという手法が、編み出されるに至る。すなわちこれは、立入りと捜索（開始）とを分離して考えることにより、なおイレギュラーな位置づけとはいえ、立入時における令状呈示要請の回避余地を生み出したものといえる。このたび本決定は、最高裁として初めて、この手法の適法性を正面から肯認した。

---

(2) この論点に関する従前の検討として、宮城啓子・平成6年度重判解171頁〔後掲注(4)判例の評釈〕（1995）、岩尾信行「捜索差押えにおける立入りと令状の呈示」平野龍一＝松尾浩也編『新実例刑事訴訟法〔Ｉ〕』269頁（青林書院、1998）、松代剛枝「捜索差押令状執行に伴う家宅立入──所謂『来訪来意告知（knock and announcement）要請』について」法学62巻6号271頁（1999）【本書第二部第一章】、安冨潔『ケース・スタディ刑事手続の論点』70頁（東京法令出版、2002）参照。また、このたびの最高裁決定の評釈として、永井敏雄・ジュリ1240号122頁（2003）、井上宏・警論56巻5号191頁（2003）、田中開・平成14年度重判解178頁（2003）がある。

一 事案概要と分析視角

　高裁では、先んじて既に許容例が現れていた。以下の高裁3事案は何れも、対象者（被疑者）個人住居に対する捜索差押えであること、警察官が対象者の在宅を知っていたことを、前提とする。

　第1事案・大阪高判平成5（1993）年10月7日は、鍵の物理的破壊を伴う破錠立入りの事案である。大阪高裁は、警察官が合鍵を用い鎖錠を切断して秘かに当該家宅に立ち入り、寝ている対象者に警察官たる身許及び来意を口頭告知し証拠物発見後（原審によれば捜索開始前と解し得るとき）に令状を呈示した、という一連の行為を、違法ではないとした。原審の大阪地裁堺支部は、「証拠隠滅の行われる蓋然性の高い場合や強い抵抗の予測される場合などには……捜索場所に立入る前や、立入った直後に令状を呈示することができなくてもやむを得ない場合があ」るとの一般論をまず述べたうえで、具体的に本件については、対象物たる覚醒剤が隠滅容易な性質を持ち当該家宅内トイレ等で瞬時に隠滅可能であること、対象者が拳銃を所持し発砲の危険が予測されたことから、立入りを含む一連の行為を許容すべきものと判断した。2審の大阪高裁は、この原審判断に立脚しつつ、拳銃所持の情報を入手していたこと、「薬物犯罪の事案では、捜査官が来たことに気付くと覚せい剤などを投棄して証拠を隠滅してしまうことが予想された」ことを以て、本件破錠立入りは「捜索差押の執行についての<u>必要な処分として許される</u>」（下線、松代）と判示した。

　第2事案・大阪高判平成6（1994）年4月20日は、対象者を騙して自ら鍵を外させ玄関ドアを開けさせて立ち入る欺罔立入りの事案である。大阪高裁は、私服警察官が宅急便配達員を装うことにより対象者に玄関扉を開けさせ、当該家宅への立入りと同時に警察官たる身許及び令状所持の旨を口頭告知し、更に家宅奥まで入り込んだ後に令状を呈示して捜索を開始した事案について、一連の行為に違法はないと判示した。曰く、「捜索差押の開始前に」令状を呈示す

---

(3) 大阪高判平成5年10月7日判時1497号134頁（確定）。原審・大阪地裁堺支判平成5年6月28日判例集未登載の引用部分については、控訴審判決掲載判時（前掲）の匿名解説に依拠した。
(4) 大阪高判平成6年4月20日高刑集47巻1号1頁（確定）。

るのが原則であるが、殊に薬物事件の場合「証拠隠滅の危険性が極めて大きい点に特色があり、かつ、捜索を受ける者が素直に捜索に応じない場合が少なくない」ので、必ずしも令状を呈示し得る状況にない。そのうえで、具体的に本件を見るに、対象者に覚醒剤事犯の前科があることに照らして、警察官の来意を知れば「直ちに証拠隠滅等の行為に出ることが十分予測される場合であ」ったと。更に、開扉・立入りに用いられた手段も、「有形力を行使したものでも……財産的損害を与えるものでもなく、平和裡に行われた至極穏当なものであって……社会通念上相当性を欠くものとまではいえない」ので、「法は、前同条〔＝111条〕の『必要な処分』としてこれを許容している」とした（下線、松代）。

第3事案・東京高判平成8（1996）年3月6日は、合鍵立入りの事案である。東京高裁は、警察官が合鍵を用いて秘かに対象家宅に立ち入り、在宅中の対象者に令状を呈示した後に捜索差押活動を開始した一連の行為について、「本件における具体的な事実関係の下においては、捜索差押の実効性を確保するために必要であり、その手段方法も社会通念上相当な範囲内にある」から「令状執行に必要な処分として許容される」（下線、松代）とした。ここにいう具体的事実関係とは、差押対象物が隠滅容易な覚醒剤であること、対象者が暴力団員で覚醒剤取締法違反の前科を有していることから、証拠隠滅を懸念したことを指す。その上で、222条1項（準用規定）・110条（令状呈示の要請）・111条1項（必要な処分の許容）・114条2項（令状執行時の立会要請及びその例外）を指して、「刑訴法の前記各関係規定の法意に照らし」て許容している。

以上の判例は、何れも捜索差押令状の執行に伴う「必要な処分」という同じ文言を用いて、当該立入措置を許容する。これらは従来、刑訴法111条1項「捜索差押令状執行に伴う必要な処分」に基づくものと理解されてきた。しかし、第2事案はこの文言が111条1項所定のものである旨明示しているが、第3事案は、同条項の摘示があるとはいえ、稍不明瞭である。更に、第1事案には抑も同条項に基づく旨の記載が全くない。この点は、参照条文欄にも反映されている。第1事案は、110条、114条2項、222条2項、第2事案は110条、

---

(5) 東京高判平成8年3月6日高刑集49巻1号43頁（確定）。

111条1項、222条1項、第3事案は110条、111条1項、114条2項、222条1項を挙げている。すなわち、同じく「必要な処分」という文言の下で、少なくとも第1事案におけるそれは、従来当然のものとして理解されてきたところの111条1項所定のものではなく、一般語彙としての「必要な処分」を指すとも読める。従って私見によれば、ここに、判例の「必要な処分」による許容の構成は2種類ある、と解釈する余地が生じるように思われる。なお、この3判例以外に国賠事例であるが、和歌山地判平成6（1994）年10月5日が、警察官たる身許の口頭告知のみで令状呈示も令状執行の旨の口頭告知もせずに破壊立入りをなした事案について、当該行為は111条1項の枠を越えるとしたことも、参考になる。

　111条1項にいう、捜索差押令状の執行に伴う「開錠、開封その他必要な処分」という文言は、その具体的内容として、従来、床板や壁の損壊、敷地の掘り起こし、フィルムの現像、磁気テープの再生など、対象物の発見・取得に必要な各種の処分を念頭に置き、必要性及び相当性をその要件としてきた。第2事案は、欺罔立入措置を明示的にここに含めている。更に、第3事案が「捜索差押の実効性を確保するために必要であり、その手段方法も社会通念上相当な範囲内にある」という言い回しを用いていること、第2事案が財産的損害の有無をひとつの指標として既に布石していたことを基にすれば、少なくとも第3事案・合鍵立入りをも含めた財産的損害を齎さない立入措置については、111条1項の範疇にあることになる。そして111条1項がこれらを包含しているとすれば、それは111条1項の「必要な処分」を捜索差押えの執行行為そのものとは扱いを違え、事前呈示要請の枠外としたに他ならない。しかし、111条1項の「必要な処分」は、令状の効力に付随して認められることの帰結として、本来、令状呈示後に初めて実施可能となるべき性質のものではなかろうか。

　他方、第1事案は、111条1項には触れることなく、事前呈示要請の例外を示唆する114条2項（そして222条2項）の方のみを挙げることによって、破錠立入措置は111条1項でまかなわれる付随行為の域を越える、と評価したと考

---

(6) 和歌山地判平成6年10月5日判時1532号109頁。その後、控訴審・大阪高判平成7年11月1日判時1554号54頁は、この立入方法につき正当行為として違法性を阻却したが、その理由として緊急性の具備に言及している。

えることができる。その場合、例外的な緊急事情があれば現場保存的な準備行為についてはなお呈示なしに行えるという先例を想起し、第1事案はこの「例外」許容構成の下、準備行為に引き付けて解釈されることになろう。先に、第1事案の「必要な処分」は法文上の文言ではなく、正に通常の一般語彙として使用されていた、と述べたのはこの意味である。

111条1項の「必要な処分」であれば、通例、緊急性を要件としないが、事前呈示原則の例外の許容という位置づけであれば、不在の場合に準じた緊急性を要求すると解釈する余地が生じる。この区別は、判例が第2、第3事案、そしてこのたびの最高裁決定において言及した「社会通念上相当な態様」という点に、深く関わるものと思われる。そこで、この点を詳らかにするべく、ここで節をあらためて、この問題について膨大な検討実績を持つアメリカ法に一旦眼を転じ、まずは令状そのものの効力下でそのまま（緊急性を具備せずとも）認め得る立入りと、許容に際して更なる「緊急」要件を付される立入りとを区別する手がかりを求め（後述二1）、更に後者要件の内容を深めることにする（後述二2）。

二　比較法的素材——アメリカ法の論理

1　立入方法をめぐる判例展開とその論理

アメリカ法においても、捜索・押収に際して、捜査官は自らの来訪来意を告げて初めて個人家宅への破壊的立入り（breaking entry）をなし得る、という来訪来意告知（knock and announcement）の要請がある。これは現在、合衆国最高裁により、合衆国憲法第4修正上の要請と位置づけられている[8]。

この要請の成立根拠は3つ、①個人のプライバシーの保護、②暴力沙汰の回避、③不必要な私有財産（鍵やドア等）破壊の防止、であるといわれている。歴史的には、ほぼ③②①の順で登場してきた。根拠①については、誤った立入りを防止する意義のみならず、正しい立入りであってもなお数刻の準備時間を

---

(7) 東京高判昭和58年3月29日刑月15巻3号247頁は、「緊急の場合捜索差押の実効を確保するために必要な措置」として許容した。東京地決昭和44年6月6日刑月1巻6号709頁も参照。

(8) Wilson v. Arkansas, 514 U.S. 927 (1995).

与えることの有益性が認められている。根拠②は、捜査官を不法侵入者と誤解して行われる謂わば必然的な抵抗が、告知によって回避可能であることを意味する。根拠③については、歴史的には最も古くから主張されてきた根拠ではあるが、以下述べるように、現在その重みはアメリカ法では相対的に減じられている。

まず第1に、暴力（violence）によってなされる立入り、例えば先の第1事案・破錠立入りの如きが3つの成立根拠の何れにも抵触し、破壊的立入り（breaking entry）に該ることは明らかである[9]。しかし、暴力によらない諸々の立入りのうち、breakingに該るものと該らないもの、すなわち告知要請違反である事案とない事案との間で何処に区別規準を設けるかという段階に至ると、議論が生じた。以下、合鍵による立入り、施錠されていない扉を開けての立入り、既に開け放されている入口を通り抜けての立入り、欺罔による立入りに分けて、その議論状況のアウトラインを紹介する。

第2の、施錠されている扉に対する合鍵立入りについて。財産的損害を発生させない点で、典型的な破壊立入り（例えば錠を壊す立入り）とは区別されるが、暴力沙汰の危険(リスク)とプライバシー侵害とはなお存在するので、告知要請の3つの成立根拠のうち2つにまで抵触する。ゆえに、合衆国最高裁は、1963年のKer v. California[10]において、合鍵立入りもbreaking entryに該るものとした。

第3の、施錠されていないが閉じられている扉を開けての立入りについて。財産的損害の発生こそないものの、暴力沙汰の危険(リスク)とプライバシー侵害とがなお存在する点では、合鍵立入りの場合と同様である。しかし、強制に亙る力たるforceを行使したと解する余地が完全になくなるため、breaking entryに該る可能性はより低くなる。

従来、breakingの成立にはforceの存在が欠かせないと理解されていたが、1960年のKeiningham v. United States[11]において、Columbia特別区控訴裁判所はこれを覆した。その根拠は、プライバシーの権利（right to privacy）は扉の施錠の有無という偶発的要素に左右されるべきものではない、breakingに該

---

(9) Miller v. United States, 357 U.S. 301 (1958).
(10) Ker v. California, 374 U.S. 23 (1963).
(11) Keiningham v. United States, 287 F.2d 126 (D.C. Cir. 1960).

らない立入りとは、単に家宅の破壊等を伴わないのみならず「承諾を得た立入り（permissive entry）」でなければならない、というものであった。更に、同じ結論を支持した1964年の United States v. Poppitt(12)において、Delaware 地方裁判所は、「burglary 類推説」を採用した。この説は、burglary（不法目的侵入）の要件たる breaking という概念、すなわち『掛金を持ち上げ、扉の取手を捻り、閉じられている扉を押し開けること』という、force なしの「侵入」定義を、捜査官の立入りに応用したものであった。ほぼ同時期、Florida 州最高裁や California 州最高裁でも相次いでこの burglary 類推説が採用され、ついに1968年の Sabbath v. United States(13)において、合衆国最高裁も同様の見解を採るに至る。この Sabbath 判決を以て、施錠されていない扉を開けての立入りと施錠されてる扉を合鍵等で開けての立入りとは、同じ範疇で捉えられることになった。たとえ扉が施錠されていなくとも、告知要請の成立根拠2点に抵触する以上、当該立入りは breaking に該ると判示されたのである。

　第4の、開いている入口を通り抜けての立入りについて。breaking の成立にとって force の存在は必須ではない、という先の結論から、次に浮上したのが、既に扉を開け放した状態の入口を通り抜けての立入りは breaking か否か、という問題であった。この類型は、閉じられている扉を開けての立入りに比べると、対象者の有しているプライバシー保護の期待度は稍低下するが、予め立入りを承諾しているとも考えられない。また、捜査官の来訪も一目で了知し易いとはいえ、特に夜間に私服捜査官が告知を欠けば不法侵入者と誤解して暴力沙汰に至る可能性も、なお在る。

　この問題について、合衆国最高裁の判断は未だない。但し、施錠されていない扉を開けての立入りを breaking であると判示した先の合衆国最高裁 Sabbath 判決以降はとくに、既に開け放された入口を通り抜けての立入りもまた breaking に該るとする例が相当数現れてきている。その中で1969年の People v. Bradley(14)は、California 州最高裁が Sabbath 判決の趣旨を「夜間において対象者就寝中に開いている入口を通り抜けての立入り」の事例にも適用したもの

---

(12) United States v. Poppitt, 227 F. Supp. 73 (D. Del. 1964).
(13) Sabbath v. United States, 391 U.S. 585 (1968).
(14) People v. Bradley, 1 Cal. 3d 80, 81 Cal. Rptr. 457, 460 P.2d 129 (1969).

第5に、欺罔による立入りについて。訪問者の真の来意を知らないながらも承諾ある立入りであるところに特徴がある。従って、告知要請の3つの成立根拠のうち財産的損害を伴わないうえ、暴力沙汰の危険(リスク)もプライバシー侵害度も、承諾があることによって低減する。特に暴力沙汰については、通例、欺罔の続く限り基本的に発生しないため、アメリカにおける欺罔立入りは一般に、欺罔が開扉時点では終了せず、家の内部まで立ち入って時機を得るまで継続する形態をとる（宅配業者ではなく、ガス器具点検・家具セールスなどの形をとる）。従って、このような欺罔立入りにおいては、告知要請の3つの成立根拠のうち、財産的損害発生の回避、暴力沙汰の危険(リスク)の回避、の2つまでが無くなる。

　合衆国最高裁は、すでに1963年の Wong Sun v. United States[15]において、捜査官による欺罔立入りを違法としていた。しかし、実はこの事案は、当該立入りが正当な告知を欠いているというだけでなく、対象者が捜査官の身許詐称に応じて僅かに開扉したところ捜査官が立入りのため force を行使したもので、force を一切伴わない純然たる欺罔立入りについて違法と判断したわけではなかった。そして、合衆国最高裁は、純粋形態の欺罔立入りについては判断を明確にせぬまま、現在に至っている。そこで、この純粋形態の欺罔立入りについて合衆国最高裁以外の判例状況を見てみると、許容例が多数を占めるところ、その根本には、「承諾」ゆえに対象者自身によりプライバシーは放棄されており、来訪来意告知要請の3つの成立根拠全て抵触しないという考え方が見られる（見解A）[16]。しかし、他方で欺罔立入りは真意に基づく承諾を得ていないので、プライバシーを侵害するという判例の流れも、少数ながら存在する（見解B）[17]。但し、後者の中でも、プライバシー侵害のみならず暴力沙汰の危険(リスク)も備わって初めて告知要請違反となるとの見解に立ち、従って欺罔立入りを結論としてはなお許容するもの（見解B1）と、プライバシー侵害のみで告知要請違反とするに足りると考えて、欺罔立入りを許容しないと結論するもの（見解B

---

(15) Wong Sun v. United States, 371 U.S. 471 (1963).
(16) *E.g.*, State v. Clarke, 387 So. 2d 980 (Fla. App. 1980).
(17) *E.g.*, State v. Valentine, 264 Or. 54, 504 P.2d 84 (1972)（見解B1）; United States v. Beale, 436 F.2d 573 (5th Cir. 1971)（見解B2）.

2）とに分かれる。

　現在、欺罔立入りについては、数の上では許容例が不許容例を上回っているが、そこに明確な統一判断規準を見出すのは困難である。ただし、いずれにせよ、捜査官が欺罔行為を行うことからして、少なくとも相応の慎重な運用が求められることになる。

2　緊急例外をめぐる判例展開とその論理

　以上、アメリカの来訪来意告知要請は、いまや明確に憲法上の要請と位置づけられたものであるが、しかしこの要請に反するとされる方法での立入措置（前述二 1）であっても、緊急性が認められる場合にまで、一切許容されないわけではない。

　緊急状況例外として現在確立されているものは、①既に捜査官の来訪来意が知られていて告知しても意味がない場合、②告知すれば捜査官の身が危険に晒される場合、③告知すれば証拠が隠滅される場合である。例外①及び例外②による許容事例は古くから存在していたが、例外③は遅れて20世紀半ばの禁酒法時代に形成された。薬物事件の増加とともに活躍の場を急速に広げてきたこの例外③すなわち証拠隠滅例外は、他の2つの例外に比べて適用規準の画定が殊に難しく、今日の論争の大半は、この証拠隠滅例外を充たす緊急性の判断規準如何に収斂される。

　証拠隠滅例外の理解を2つに大別した場合、まず、告知すれば証拠隠滅が行われるであろうという一般的知識のみで例外を許容する見解、名づけて包括的アプローチがある。このアプローチを採る場合、証拠隠滅例外は、対象物が水に溶け易い、燃え易い等、隠滅容易な性質のものであるという一般的知識のみに基づいて成立する。従って薬物事件でさえあれば、薬物一般の隠滅容易性ゆえにそれ以上の条件を付されることなく、証拠隠滅例外を「常に」適用することになる。これに対して、告知抜きの立入許容にあたってこのような一般的知識のみならず具体的事案毎の個別的知識まで要求する見解を、個別的アプローチと呼ぶ。このアプローチを採る場合、捜査官は、対象物が隠滅の危機に晒されていると信じるべき個別事情を示さねばならず、薬物事件であるというだけでは告知抜きの立入りは許容されない。但し、個別事情による裏付けとして具

体的にどのようなものをどのようなレベルで要求するかという点については、論者により更に分かれるところである。代表的なものとして、Brennan 規準以下4つを挙げる。

　個別的アプローチの中にあって最も厳格な判断規準は、合衆国最高裁の1963年 Ker v. California[18]において Brennan 裁判官が反対意見の中で提示した Brennan規準である。それによれば、告知抜きの立入りは「（例えば扉がノックされたことを以て）家の中の者が、訪問者に気付いて、証拠隠滅を現に図りつつあると捜査官に確信させる（in the belief）ような行為をなす場合に」例外的に許容されるということであった。しかしこれを受けた実務は、捜査官がノックなしに唯「警察だ」と叫び、家の中で足音・物音がすれば、これを証拠隠滅が現に図られつつある証しと見て、breaking の許容要件が即座に充たされる、という運用に至ったため、来訪来意告知の原則がこの一見厳格な許容規準によって却って大きく切り崩されることになった。しかも、この規準の判断は、現場の捜査官の感覚に大きく依存せざるを得ず、その運用を裁判官が吟味するのは極めて困難でもあった。

　その後、個別的アプローチに立って Brennan 規準よりも緩やかな規準を採用したリーディング・ケースが、1967年の People v. Gastelo[19]である。ここにおいて California 州最高裁は、来訪来意告知要請の例外は「特定の事実関係（the specific facts involved）に基づいて」許容され得るものであって、薬物事犯は捜査官に遭えば証拠を隠滅するものであるとの「一般的」傾向だけでは足りないとした。ただ、これだけではなおあまりにも抽象的で、現実の運用にあたっては更なる具体化が必要であった。

　その具体化の試みの1つが、1971年の State v. Gassner[20]において為されたものである。ここで Oregon 州控訴裁判所の提示した規準は、薬物事件といえども、対象物が即座に隠滅され得る「僅少量」であると信じる相当な理由（probable cause）を捜査官が有しているか或はその量を知らない場合であって、かつ、告知すれば当該証拠が隠滅されそうであると合理的に信じる（reason-

---

(18) *Ker*, 374 U.S 23.
(19) People v. Gastelo, 67 Cal. 2d 586, 63 Cal. Rptr. 10, 432 P.2d 706 (1967).
(20) State v. Gassner, 6 Or. App. 452, 488 P.2d 822 (1971).

ably believe) 場合に初めて、告知要請の例外を許すとしたものであった。しかし、この Gassner 規準は、隠滅し得る量の判断にあたり、量不明であって隠滅できないとも言い切れない場合に例外の適用余地を残していた点において、個別的判断の形態を採りつつも捜査官の運用次第で（量がわからなかった、として）薬物事件なら包括的に例外許容する方向に限りなく近づくという問題性を含んでいた。

その後1997年の Richards v. Wisconsin[21]において、遂に合衆国最高裁が明確に個別的アプローチを選んだことにより、まず、なお細々と続いていた包括的アプローチの存続余地は完全に断たれた。合衆国最高裁が敢えて個別的思考を選んだ根拠は、例外の適用が過度に一般化されることへの懸念に尽きる。薬物事件であることを以て証拠隠滅例外を即適用する包括的アプローチを採ると、個別に見れば証拠隠滅の虞のない場合——曰く、例えば現在の居住者が当該犯罪と無関係であって隠滅を図りそうにない場合、当該薬物が容易には隠滅し難い特殊な種類のものである場合、当該薬物を隠滅し得る設備がない場合等——であっても、告知抜きの立入りは自動的に許容されることになってしまう。更に、薬物事件が一般的に見て例外要件に該る可能性が高いからといって、一挙に全ての薬物事件を包括的に告知要請の例外とする扱いを認めれば、例外要件に該る可能性の高い他の犯罪類型にも同じ論理が適用されて包括的例外はとめどなく膨張し、告知要請をその土台から崩壊せしめる、と説明している。

Richards 規準は、対象者の隠滅意図、薬物の種類やその隠匿場所等に関する個別具体的情報に基づいて現実に隠滅不可能な場合を例外許容対象から除外するべきであるとした点からみて、Gassner 規準に似るが、Gassner 規準が証拠隠滅の可能性を対象物の「量」のみで判断していたのに比べると、より総合的多角的な視点を提供している。但し、告知すれば証拠隠滅等捜査目的が妨げられるとの合理的な嫌疑（reasonable suspicion）を捜査官が有するか否かで線引きする点では、Gassner 規準よりも緩やかで充たされやすい。さらに、隠滅不可能と言い切れない限り例外要件を充たすというその発想自体に、Gassner

---

(21) Richards v. Wisconsin, 520 U.S. 385 (1997). この判例の評釈として、松代剛枝・アメリカ法1998-Ⅰ号113頁（1998）【本書本章付記（判例3）】参照。

規準の場合と同じく現場実務で切り崩される虞をなお残している。

三　検討

　わが国の裁判所は、破錠立入りを直截に事前呈示原則の例外として許容し、欺罔立入り及び合鍵立入りを111条１項にいう令状執行につき「必要な処分」の枠内において許容したという判例解釈の成立余地を、既に前述一で示した。この解釈は、このたびのわが国最高裁決定後もなお成り立ち得る。この最高裁決定は、謂わば第３事案をなぞるともいえる形で合鍵立入りを「111条１項に基づく処分として」許容したものだったからである。但し、第３事案とは異なり、「令状の執行に着手する前の呈示を原則とすべき」旨明言した点には、留意を要する。

　更めて、前述二１を基に、立入りと呈示要請との基本関係を考察する。

　立入時を未だ捜索差押「本体」の開始前と位置づけるとしても、令状呈示は、権利侵害が最初に発生する時点すなわち開扉・立入時に要請されるのが、やはり原則である。従前、例外的に令状呈示前の現場保存的行為を許容した２つの先例（前述一において注(7)を付した部分）とて何れも、立入時の口頭告知は行っていた。そしてアメリカ法は、捜査官を不法侵入者と誤認した対象者の抵抗・攻撃を避け、誤ったプライバシー侵害を正に「入口で」食い止めるという意味でも、適法な令状を所持するのみならずその旨を対象者に対して明らかにすることの有意義を、解明した。このことは、告知要請を遵守すべき立入りか否かの判断規準を、burglary（不法目的侵入）との擦り合わせにおいて獲得してきたことと、深く関わっている。適法な立入りと不法な侵入とを外形的に分かつ機能を権限明示行為に担わせるとき、わが国の場合、通常であれば住居侵入罪に該当するような立入りを捜査官が行うのであれば、立入時の令状の呈示は単なる開錠・開封の類を越えた固有の立入正当化の意味を持ち、相応の要件によらねば撤廃し得ないものと思われる。

　確かに、英米法においても、告知により対象者に任意応諾の機会を与えることで財産的損害の発生を回避するという発想が、出発点であった。しかし、その後の歴史は、告知要請の成立基盤の組成を変え、告知要請違反となるか否か

の判断規準は、財産的損害の有無から立入承諾の有無ないし質へと移りかわった。相応して、財産的損害の発生しない合鍵立入りは、アメリカ法では、財産的損害の発生する破錠立入りと同じ範疇へと包括されるに至っている。これをわが国の議論にひきつけるならば、権限を明示しないまま承諾を得ずに開扉し立ち入る場合には、適法な令状を所持するのみならず、最低限、執行の緊急性をも併せて必要とすると考えるのが妥当であろう。解釈論的には、第1事案の破錠立入りの場合、すなわち事前呈示原則（110条）の直截的例外という位置づけにおいて、第3事案及びこのたびの最高裁事案──合鍵立入り──をも捉えるべきことになる。更に、立入承諾の有無自体が争点となる立入り、すなわち欺罔立入りについては、承諾の質からして見解の分かれる余地があるが、この承諾が欺罔によってこそ得られたものであることに着目するならば、欺罔立入措置を破錠立入り・合鍵立入りと同じ構成とする可能性も、なおないわけではない。但し、アメリカの欺罔立入りにおける欺罔が扉を開ける時点から家宅奥までの立入りを経て捜索差押行為開始の直前まで続くのに対し、そもそも日本の従来の欺罔立入りは、少なくとも第2事案のように宅配業者に扮するものであれば、基本的に開扉で欺罔は終了する（引き続く家宅奥までの立入りの前に口頭告知はなされている）という違いがあるので、この点今後更に深く検討すべきであると思われる。

　次に、「例外」許容の要件内容及び判断アプローチを、前述二2を基に考察する。

　アメリカ法の提示した例外要件のうち、例外①は是非にも認めねばならないものとは考えにくく、事実アメリカにおいても例外①単独での許容例はなかなかに見当たらない。これに対して例外②（告知による捜査官の身の危険）及び例外③（告知による対象物隠滅）については、なお認めざるを得ない場合が残るかと思われるため、以下検討する。

　問題は、特に例外③──証拠隠滅例外──である。

　対象物が薬物であることのみを基に証拠隠滅例外を認める包括的アプローチを採れば、例外許容が令状裁判官の吟味を潜脱して過度に拡張されることが懸念される。第1事案は、1審で隠滅設備としてのトイレの存在に僅かに言及するものの、2審では「薬物犯罪の事案では……覚せい剤などを投棄して証拠を

隠滅してしまうことが予想され」るとのみ述べている（但し例外②については別途個別的考慮が窺われる）。第2、第3事案、更にはこのたびの最高裁決定が対象者の薬物前科の存在という個別事情を挙げて判断に臨んだことは、この限りにおいて妥当であった。ただ、その判断規準はなお抽象的で、アメリカ法において登場した4種の個別的判断規準の中でまず最も緩やか且つ抽象的なGastelo規準あたりに留まっている。対象者の薬物前科の存在のみを以て許容の判断規準とすることは、一見個別的アプローチに依りつつも包括的判断に極めて近く、また、そもそも前科のかかる使用法自体にも疑問がないわけではない。

アメリカ法において、より具体的な検討項目を媒介として証拠隠滅の可能性が認められる場合に例外を許容するGassner規準及びRichards規準は、捜査官の判断を外部から比較的チェックし易い利点があった。この検討項目内容として、繰り返せばGassner規準は対象物の数量を挙げ、Richards規準は、対象者の隠滅意図、対象物の種類・存在状況を例示したが、何れか1つの項目においてでも隠滅不可能であることが示されれば当然証拠隠滅例外は成立しなくなるから、より多くの検討項目を吟味すれば、実体のない仮象の隠滅「可能性」はより適切に削ぎ落とされることになりそうである。しかし、限りなく増える検討項目を全て吟味する負担は極めて重く、更に「隠滅不可能な場合には例外許容する」というこの発想は、結局は、項目内容を充たすか否か不明の場合を例外許容の方に危険負担させることを意味する。立入前の来訪来意告知を原則とする「原則―例外」図式は、本来、例外事由の存在を積極的に示した場合にのみ例外を許容し得るという構成においてこそ、貫徹されるべきものであると思われる。

跋

以上、令状呈示の固有の意味に鑑みて、呈示なき立入りの許容につき、111条1項「必要な処分」を媒介とせず、直截に事前呈示原則の緊急例外とする可能性——現在の判例解釈論の枠内での可能性と更にそれを越えての論理的可能性の双方——を探ってきた。

このたびの最高裁判断は、端的に111条1項に基づき合鍵立入措置を（その後の短時分の入室と併せて）適法とするものであった。その具体的要件については事例判断に留まり、更に破錠立入り及び欺罔立入りに関しては判断が示されていない。このたび最高裁が合鍵立入りを称して「社会通念上相当な態様」としたその規準について、従前の高裁判例にも照らせば、「財産的損害を与えるもの」を射程外とする余地は、なお残されている。また、立入措置後の入室部分の法的位置づけについても、短時分ゆえか必ずしも十分な検討を経ていない。関連して、現在最高裁上告中の別事件の帰趨が注目される。

（補注1）　この文言については、その後の最大判平成29年3月15日刑集71巻3号13頁（GPS捜査判決）との比較において、【本章第二部第三章二2】にて検討している。】

---

(22) 控訴審は、大阪高判平成14年11月19日平成14年（う）第1309号（判例集未登載）。こちらは、覚醒剤事件において、警察官が当初は工事現場作業員を装って被疑者自身による玄関開扉を試みたが果たせず、警察官たる身許のみ口頭告知した後、勝手口ガラス戸を割って室内に立ち入って令状を呈示した事案である。大阪高裁は、被疑者の覚醒剤取締法違反の複数前科に徴した証拠隠滅の虞等に鑑み、本件欺罔立入りの試みは社会的相当性を欠くものではないこと、本件（身許口頭告知後の）破壊立入りは111条「必要な処分」に該ることから、一連の手続を適法であると判示した（当該立入りが令状呈示前である点については、未だ捜索開始に至らぬ準備行為ゆえ瑕疵はないとみた）。なお、1審では、この部分は争点化していなかったようである（神戸地判平成14年7月3日平成14年（わ）第226号、同350号〔判例集未登載〕）。
　脱稿後追記。上告は取り下げられ、確定。この高裁判決は一見、破錠立入りを111条「必要な処分」に含める解釈に与するものともみえるが、第1例とは異なり、身許口頭告知後という事情がある。むしろ、従前の注(6)所掲判例（うち特に1審の和歌山地判）においては身許口頭告知後であっても破壊立入りは111条の枠を越えるとされたこととの関係で、身許口頭告知に関する理解の整理が（令状執行の旨の口頭告知は伴われない場合をも含めて）必要である。

※付記（判例3）

Richards v. Wisconsin, 520 U.S. 385（1997）
――捜索令状執行のため家宅に立ち入る際に警察官がノック及び来意告知を行わなかったことが、薬物事件であるがために類型包括的に許容されるのではなく、個別の事情に照らして許容された事例

【事実の概要】

1991年12月30日 Wisconsin 州の Madison において、薬物その他関連器具を対象として、被疑者 Richards（以下、X という）の宿泊するホテルの部屋を捜索する令状が発せられた。但し、ノック及び来意告知（knock and announcement）なしに当該家宅に立ち入ることを許す所謂ノー・ノック令状の請求については、治安判事は却下した。同月31日午前3時40分、令状の執行にあたって、まず、ホテルのメインテナンス担当者に扮した Pharo 警察官（以下、P という）が X の部屋の扉をノックして身許を詐称した。これに応じて扉を開けた X は、P の背後に立つ制服警察官の姿を見てすぐに扉を閉めた。警察官らは施錠された扉を破って室内へ立ち入り、X の逃亡を阻止するとともに現金及びコカインを発見した。X は、警察官が立入前に正当なノック及び告知を行わなかったことを理由として、当該捜索により発見された証拠の排除を申し立てた。

X は、譲渡目的での薬物所持につき有罪判決を受けた。Dane 郡巡回裁判所は、最初に扉を開けた際の X の不自然な行動から、立入時には X は訪問者を警察官と知っていたこと及び X が証拠の隠滅ないし逃亡を図るであろうことを、警察官は推測できたとして、X の証拠排除の申立てを斥けた。X は上訴したが、控訴裁判所、州最高裁判所ともに、これを棄却した。そこで、本件立入方法の適否を判断すべく、合衆国最高裁判所への裁量上訴が受理された。

【判　旨】

上訴棄却。以下は、Stevens裁判官による法廷意見である。

不合理な捜索押収を掣肘する合衆国憲法第4修正は、立入前のノック及び告知の要求を包含するものであって、重大薬物犯罪の捜査に際してもこの要求を包括的に（blanket）斥けることはできない。個別状況に照らしてノック及び告知なしの立入りが正当とされることはあるが、その場合、当該ノック及び告知が危険もしくは無益であること、或は証拠隠滅等捜査目的を妨げることにつき、警察官をして合理的な嫌疑（reasonable suspicion）レベルの推測をなさしめねばならない。

次に、このreasonable suspicionという基準に照らして検討するに、本件における立入りは第4修正に反しない。最初に扉を開けた後はXは訪問者が警察官であると知っていた、と警察官が信じるのは合理的であり、そうである以上、薬物の可処分的性質——洗面所に流す等すれば容易に隠滅可能である——に鑑み警察官がすぐに強制的に立ち入ったのも合理的であったからである。なお、この合理性は立入りの時点で判断されるべきものであるから、当該令状が所謂ノー・ノック令状でなかったことは問題とならない。

1　(1)　かつて合衆国最高裁判所は、Wilson v. Arkansasにおいて、第4修正には立入前にノック及び告知を要するというコモンロー・ルールが包含されていると判示したが、同時に、このルールはさほど厳格なものではなく、立入りがノック及び告知なしに行われても正当化される場合があり得ることをも示していた。[(1)]

(2)　本件において、原審の州最高裁判所は、重大薬物犯罪の捜索令状執行においては包括的に、警察官は立入前のノック及び告知を要しないものと判断していた。[(2)]

前記Wilson判決に先立ち、同州最高裁判所は、既にState v. Stevensにおいて、「薬物譲渡ないし薬物譲渡目的の所持につき相当な理由（probable cause）に基づいて捜索令状を得ているならば、警察官には〔ノック及び告知なしの立

---

(1) Wilson v. Arkansas, 514 U.S. 927, 115 S. Ct. 1914 (1995).
(2) 201 Wis. 2d 839, 549 N.W. 2d 218 (1996).

入りを正当化する〕緊急の状況が存在すると信じる合理的理由がある」と判示していた。この判示内容を Wilson 判決と整合させるならば、Wilson 判決は、事件類型によって包括的にノック及び告知要求の例外を設けることを禁じてはいないと理解されていたことになる。そして、まさにこの理解を前提として、本件において州最高裁判所は、重大薬物犯罪においては、警察官を危険に晒したり薬物の処分が容易であったりするその性質に鑑み、ノック及び告知なしの立入りを正当化する緊急の状況は《常に》存在する、と結論したのである。

　(3) しかし、州最高裁判所の Abrahamson 裁判官及び合衆国最高裁判所は、これに同意しない。Abrahamson 裁判官いわく、捜索の合理性の判断は裁判官に委ねられるべきものであるところ、特定類型の犯罪の捜索につきノック及び告知の要求の包括的例外を認めれば、その部分の判断を裁判官の視野から外すことになるからである。

　合衆国最高裁判所は、論の射程を捜索（search）から捜査（investigation）へと拡げつつ、包括的例外が認められることの危険をより具体的に2点挙げる。

　まず第1に、例外の適用が過度に一般化される。薬物捜査は確かに警察官の安全や証拠の保全についてリスクを負うことが多いが、全ての薬物捜査がこれらのリスクを現実に負うわけではない。居住者が当該犯罪と無関係であって警察官を脅したり証拠を隠滅したりする可能性が薄い場合、或は薬物が隠滅しにくい種類のものであったり隠滅しにくい場所にあったりする場合等まで含めて、包括的に例外を認めることは、妥当でない。

　第2に、例外許容の根拠がひとつの犯罪類型から他のそれへと容易に転用される。例えば、持凶器銀行強盗（armed bank robber）は一般に、その定義上武器を所持する可能性が高く、犯罪成果を容易に隠滅し得ることからすれば、例外としての要件を満たすといえる。しかし、このような犯罪類型全てについて包括的にノック及び告知要求の例外とすることが許されるならば、第4修正においてノック及び告知要求という要素は画餅と化す。

　そして、合衆国最高裁判所のこのような見解の背後には、憲法上の保護の切り崩しに今日的捜査要請という正当化論理を安易に使うことへの懸念がある。

---

(3) State v. Stevens, 181 Wis. 2d 410, 511 N.W. 2d 591 (1994), *cert. denied*, 515 U.S. 1102 (1995).

2　加うるに、ノック及び告知なしの立入りによるプライバシー侵害の程度について、州最高裁判所は、最終的には警察官の立入りを拒否しえない以上、これは僅かなものである、と補足していた。

しかし、合衆国最高裁判所は、以下の2つの理由から、この見解に懐疑的である。第1に、居住者は、強制立入りによる財産被害を避けるべく、自主的に法に服す機会を与えられるべきである。第2に、居住者は、立入りに備える余裕を与えられるべきである。とりわけ（本件を含めて）夜間捜索の多いWisconsin州の現状を念頭におくならば、居住者が起床し着衣する時間的余裕はなお必要である。

3　従って、合衆国最高裁判所は、本件立入りが正当であったという結論については原判決を維持するが、重大薬物犯罪捜査という類型ごと包括的にノック及び告知要求の例外とするその立論については独自の判断を示した。すなわち、薬物捜査ゆえに包括的に例外を認めるのではなく、証拠隠滅等捜査目的を妨げる reasonable suspicion が個別的に備わってはじめて例外を認めるところに、令状執行の公益と個人のプライバシー利益との均衡点を見出したのである。

【解　説】

捜索差押令状執行のための家宅への立入りに際して警察官にノック及び告知が要求されるというルールは、古くはイングランドのコモンローにおいて認められ、これがアメリカ法へと継受された。成立根拠は、任意開扉の機会提供による扉等破損の回避、不法侵入に対する抵抗としての暴力沙汰発生の阻止、及

---

(4) *See also* Minnesota v. Dickerson, 508 U.S. 366, 380, 113 S. Ct. 2130, 2139 (1993) (Scalia, J., concurring).

(5) 同様に、逮捕の際に家宅内を一過することを正当化するにあたって、警察官に対してその場に危険の潜む reasonable belief based on specific and articulable facts を要求した事例として、Maryland v. Buie, 494 U.S. 325, 337, 110 S. Ct. 1093, 1099-1100 (1990)；パットダウン捜索（pat-down search）を正当化するにあたって、危険についての reasonable and articulable suspicion を要求した事例として、Terry v. Ohio, 392 U.S. 1, 30, 88 S. Ct. 1868, 1884-1885 (1968)がある。本判決は、これらと整合するものとして理解される。

(6) Semayne's Case, 5 Co. Rep. 91a, 77 Eng. Rep. 194 (K.B. 1603). *See also* 3 WILLIAM BLACKSTONE, COMMENTARIES *412.

(7) *See* Miller v. United States, 357 U.S. 301, 78 S. Ct. 1190 (1958).

びプライバシーの保護である。尤も、このルールは例外を許す柔軟なもので、例えば警察官等が危険に晒される虞のある場合、警察官の来訪・来意が既に確知されていて告知する意味の無い場合、告知すれば証拠が隠滅されるであろう場合等には、必ずしも要求されないものと考えられてきた。[8]

合衆国最高裁判所は、1995年の Wilson 判決において、コモンロー上のこの要求を第4修正の要請であるとする初の判断を示したが[9]、そこでは、例外が正当化されるか否かの判断の詳細はさしあたり下位裁判所に委ねられ、論議の外にあった。従って、しばしばノック及び告知の要求の例外となり得る重大薬物犯罪捜査に関して、ノック及び告知の要求を類型ごと包括的に撤廃しうるか否かという問題に直面するとき、Wilson 判決はなお解釈の余地を残していた。本判決は、合衆国最高裁判所としてこの問題を初めて正面から論じ、薬物犯罪という例外成立可能性の特に高い類型においてもなお、一律包括的な撤廃はなし得ないとの判断を示したものである。ノック及び告知の要求を憲法上の要請とした Wilson 判決の趣旨を正しく汲み取ってこれを確定し、例外を制限的に捉えたところに、本判決の意義がある。

但し、この個別的例外判断に際して、本判決が更に、証拠隠滅の可能性につき、reasonable suspicion の充足——probable cause のそれに比べれば容易である——を要求したに留まる点、薬物の種類やその隠匿場所等に鑑みて現実に処分不可能な場合を例外許容対象から除外する必要を説いた点には、留意を要する。この言及は、薬物一般の可処分的性質という一律の観点を斥けたとはいえ、かつて Ker v. California の Brennan 裁判官反対意見において提示された「証拠の隠滅が現に図られつつあるという確信」の要求よりは緩やかであり、

---

(8) *See* Ker v. California, 374 U.S. 23, 83 S. Ct. 1623 (1963). *See also* G. Robert Blakey, *The Rule of Announcement and Unlawful Entry : Miller v. United States and Ker v. California*, 112 U. PA. L. REV. 499 (1964) ; Note, *Announcement in Police Entries*, 80 YALE L.J. 139 (1970) ; Charles Patrick Garcia, Note, *The Knock and Announce Rule: A New Approach to the Destruction-of-Evidence Exception*, 93 COLUM. L. REV. 685 (1993). 更に、最近の文献として Robert J. Driscoll, *Unannounced Police Entries and Destruction of Evidence After Wilson v. Arkansas*, 29 COLUM. J.L. & SOC. PROBS. 1 (1995) ; 2 WAYNE R. LAFAVE, SEARCH AND SEIZURE : A TREATISE ON THE FOURTH AMENDMENT § 4.8 (3d ed. 1996) がある。

(9) 但し、既に *Ker*, 374 U.S. at 38 において、やや曖昧ながらこの趣旨は読み込み可能であったとの見解もある。*E.g.*, WAYNE R. LAFAVE & JEROLD H. ISRAEL, CRIMINAL PROCEDURE 163 (2d ed. 1992).

かつ隠滅・処分の《可能性》さえあれば足りると解する余地を残す。すなわち、ここには、例えば薬物量不詳ゆえに処分不可能とも断じ得ない場合には告知抜きの立入りを許すという形で、個別的判断の形態をとりつつ運用次第で包括的許容に近づく契機が、なお潜んでいる。

わが国においても高裁レベルで類似の争例があり、本判決はこの意味でも今後の参考となるものと思われる。

（補注１）　本稿公刊後、最決平成14年10月４日刑集56巻８号507頁が出された。【本書本章付記（判例２）】にて前述。

---

(10) *See Ker*, 374 U.S. at 47. *Cf.* People v. Gastelo, 67 Cal. 2d 586, 63 Cal. Rptr. 10, 432 P. 2d 706 (1967); State v. Gassner, 6 Or. App. 452, 488 P. 2d 822 (1971).
(11) 大阪高判平成６年４月20日高刑集47巻１号１頁、東京高判平成８年３月６日高刑集49巻１号43頁等。捜索差押令状執行のための家宅立入方法の適否が争われたが、いずれも証拠隠滅の虞を主理由に、令状執行に「必要な処分」（刑訴法111条１項）であるとして、許容された。

第二章

執行終了後の通知（Ⅰ）
―― 2001年アメリカ愛国者法を契機として

目　次
一　愛国者法の秘密捜索条項
二　「傍受機器設置のための立入り」からの類推（アメリカ）
三　「通常捜索における不在時執行」からの類推（アメリカ）
四　検討――わが国における事後通知の成否

　秘密捜索とは、捜査官が捜索令状に基づいて被処分者（居住者等）不在時の家宅等に秘かに立ち入って捜索を実施・退去した後、当該令状執行の旨の対被処分者通知を一定期間遅滞させる捜査手法をいう。アメリカでは、2001年の所謂「愛国者法（PATRIOT Act）」を以て立法により許容されたが、それ以前の1980年代から既に一部の連邦判例（控訴審）により許容されてきた経緯がある。

　秘密捜索には、情報源（情報提供者の身許等）その他を秘匿した状態で周辺捜査を続行でき、一種の「泳がせ捜査」として対象物の所在確認や移送先確認・共犯者の割出し等をも行える利がある。しかし、かかる手法――俗称「覗き見捜索（sneak and peek search）」――には、一般捜索の禁止や告知（通知）要請との絡みで、不合理な捜索押収を禁じる合衆国憲法第４修正に、そして、令状執行場所に令状謄本と押収品受領証の残置を命じる連邦刑事手続規則41条に、抵触する虞が付き纏う。

　本稿では、アメリカ愛国者法の通知遅滞条項制定を機に、秘密捜索の法的性格を分析し、更に日本法におけるその定位を探る。

一　愛国者法の秘密捜索条項

1

　2001年10月26日にアメリカで成立した愛国者法は、その213条において秘密捜索を許している。同条は、愛国者法中の他の臨時規定とは異なり、時限措置(サンセット)

(3)(補1)
にかからない恒久規定である。

　213条によれば、秘密捜索——曰く「通知遅滞（delayed notice）捜索)」——は、以下の3つの要請に服する。第1に、令状発付要件として、通常のものに加え、即時通知すれば「不都合な結果を招来するかもしれない（may have an adverse result）と信ずるべき合理的な理由（reasonable cause)」が、具備されねばならない。但し、この「不都合な結果」の射程は非常に広く、生命の危険や証人の威迫から、訴追の回避その他捜査を甚だしく妨げるか或は公判を著しく遅滞させる事態まで、含んでいる。第2に、秘密捜索令状は、通常はまさに捜索のみを権限づける。但し、「合理的な必要性（reasonable necessity)」が具備されれば、有体物の秘密押収をも許容しうる。第3に、令状執行の旨の通知は、「合理的な期間内に（within a reasonable period)」なされねばならない。但

---

(1) 愛国者法（正式名称 Uniting and Strengthening America by Providing Appropriate Tools Required to Intercept and Obstruct Terrorism Act）概要につき、Michael T. McCarthy, *Recent Development : USA Patriot Act*, 39 HARV. J. ON LEGIS. 435 (2002) 参照。秘密捜索につき、John Kent Walker, Jr., *Covert Searches*, 39 STAN. L. REV. 545 (1987) ; Gail Armist, Note, *Freitas after Villegas : Are "Sneak-and-Peek" Search Warrants Clandestine Fishing Expeditions?*, 26 SAN DIEGO L. REV. 933 (1989) ; Kevin Corr, *Sneaky but Lawful : The Use of Sneak and Peek Search Warrants*, 43 KAN. L. REV. 1103 (1995) ; Kimberly A. Crawford, *Sneak and Peek Warrants : Legal Issues Regarding Surreptitious Searches* (1997), available at http://www.fbi.gov/publications/leb/1997/feb975.htm ; Paul V. Konovalov, *On a Quest for Reason : A New Look at Surreptitious Search Warrants*, 48 HASTINGS L.J. 435 (1997) ; Jeremy C. Smith, *The USA PATRIOT Act : Violating Reasonable Expectations of Privacy Protected by the Fourth Amendment Without Advancing National Security*, 82 N.C. L. REV. 412 (2003); Kathleen M. Sullivan, *Under a Watchful Eye : Incursions on Personal Privacy, in* THE WAR ON OUR FREEDOMS, 128 (Richard C. Leone & Greg Anrig, Jr. eds., 2003) ; Paul Rosenzweig, *Civil Liberty and the Response to Terrorism*, 42 DUQ. L. REV. 663 (2004) ; Robert M. Duncan, Jr., *Surreptitious Search Warrants and the USA PATRIOT Act*, 7 N.Y. CITY L. REV. 1 (2004) ; STEPHEN J. SCHULHOFER, RETHINKING THE PATRIOT ACT, 83 (2005) ; Heather Mac Donald & James X. Dempsey, *"Sneak and Peek" Search Warrants, in* PATRIOT DEBATES, 101 (Stewart A. Baker & John Kavanagh eds., 2005) 参照。

(2) 18 U.S.C. § 3103a (b).

(3) 当初2005年末まであったこの期限は、暫定的延長を重ねて、本稿脱稿時現在で2006年3月10日までとなっている。

(4) 「合理的な理由（reasonable cause)」よりも「相当な理由（probable cause)」の方が高い基準であると理解し、後者を要求すべきであったと主張するものとして、Donald & Dempsey, *supra* note 1, at 108 (*per* Dempsey) 参照。

(5) 18 U.S.C. § 2705 (a) (2).

し、この期間は、「適切な理由（good cause）」が示されれば、延長されうる。

　同法成立後、議会では、①213条を愛国者法の時限措置（サンセット）にかからせようとする見解、②同条を端的に廃止しようとする見解、③2004年度予算措置に即して同条の実効性を失わせようとする見解等、種々みられた。また、同条を存続させるとしても、ⓐその適用を特段の危機的状況に限定する、ⓑ通知遅滞しうる「合理的な期間」を7日以内とする（但し延長可能）、ⓒ法務総裁による定例報告書の公表を要求する、ⓓ令状発付時の「不都合な結果」の内容として「公判を著しく遅滞させる」のみでは不充足とする、等の条件を付す諸見解がみられた。通底するのは、213条の運用実態に対する、或は、秘密捜索の明示的承認それ自体に対する危機感である。

2

　213条は、一般に「反テロ」法として理解される愛国者法の中にありながら、その射程はテロ捜査に限定されない。実は、対外諜報事件の捜査に限っては、愛国者法成立前から既に、広く秘密捜索を認める立法が存在していた。すなわち、1978年成立の「対外諜報監視法（Foreign Intelligence Surveillance Act（= FISA））」が、1994年改正にあたって、通常の捜査方法によっては合理的に獲得されえない対外諜報関係情報を対象とした秘密捜索許容規定を創設しており、

---

(6) S. 1695, 108th Cong., 149 CONG. REC. S12283-12285 (2003).
(7) H.R. 3171, 108th Cong., 149 CONG. REC. S8905 (2003).
(8) H.R. 2799, 108th Cong., 149 CONG. REC. H7289 (2003).
(9) S. 1552, 108th Cong., 149 CONG. REC. S10672 (2003); H.R. 3199, 109th Cong., 151 CONG. REC. H6249, 6263 (2005).
(10) 2003年5月の司法省回答によれば、最近18か月間において、裁判所は、秘密捜索令状の請求47件のうち全てを、また、押収の通知遅滞請求15件のうち14件を、許容している。遅滞期間は通常は7日間であるが、90日間程度の遅滞を認めた例や、期間を具体的に特定・明記しない形で（「起訴が明らかになるまで」等）の遅滞を認めた例もある。さらに、通知遅滞の延長請求248件（同一事件の重複請求を含む）についても、その全てが認められている。See SCHULHOFER, supra note 1, at 83-84.
(11) 50 U.S.C. § 1823 (a) (7) (C). これ以前は法規制は存在しなかったため、その濫用は甚だしかったという（Daniel J. Malooly, *Physical Searches Under FISA : A Constitutional Analysis*, 35 AM. CRIM. L. REV. 411 (1998)）。See also STEPHEN DYCUS ET AL., NATIONAL SECURITY LAW, 679f. (3d ed. 2002); William F. Brown & Americo R. Cinquegrana, *Warrantless Physical Searches for Foreign Intelligence Purposes : Executive Order 12,333 and the Fourth Amendment*, 35 CATH. U. L. REV. 97 (1985).

これが現在に至るまで維持されている。

　対外諜報監視法は、このたびの愛国者法に比して、極めて緩やかな要件で以て秘密捜索を許容する。第1に、対外諜報監視法の下で秘密捜索に要求される「相当な理由（probable cause）」は、「被処分者が外国勢力ないし外国勢力構成員である」点について備わりさえすればよく、犯罪証拠を獲得する点については不要である。第2に、捜索対象物の特定も、要求されない。第3に、通知は遅滞されるのではなく、全く行われない（従って、被処分者は、引き続き訴追される場合にのみ、秘密捜索の実施を知りうる）。

　アメリカ法においては、国家安全目的に限れば、秘密捜索を許容する立法が――その規定内容の是非は格別――既に存在していた以上、ここに愛国者法213条を加える意味はなかった。すなわち、同条は、愛国者法の中にありながら、当初から本来的に広く非テロ事件一般における適用を念頭に創設されている。

二　「傍受機器設置のための立入り」からの類推（アメリカ）

1

　1968年の「犯罪取締・街路安全に関するオムニバス法（Omnibus Crime Control and Safe Streets Act）」によれば、令状に基づいて口頭会話・有線電気通信（後に「電子的通信」も追加）の傍受を行う場合、傍受終了後90日以内の合理的な期間内（within a reasonable time）に、令状執行の旨を被処分者に通知しなければならない（但し適切な理由（good cause）を示せば延長可能）。そして、1979年の Dalia v. United States において合衆国最高裁判所は、傍受機器設置のた

---

(12)　かかる緩やかな手続がなお合憲とされる理由としては、中立の裁判官の判断関与があること、多層チェックの令状請求手続体制が別途に構築されていること、同法適用が国家の安全という特殊目的に限定されていること、不服申立ルートが存在すること、等が屡々挙げられるが、批判もなお強い。See SCHULHOFER, supra note 1, at 83.

(13)　2005年7月5日の司法省回答によれば、213条の適用は2005年1月31日現在で153件であるが、うち、テロ事件捜査は18件（11.8％）のみで、約9割が一般刑事事件捜査（うち、薬物事件捜査が97件でその他の犯罪捜査が38件）である。See 151 CONG, REC. H6225.

(14)　18 U.S.C. § 2518 (8) (d).

に秘かに対象場所に物理的に立ち入り、所定期間内の遅滞を経た後に被処分者に通知することもまた、傍受令状の範囲内として——別途の令状に依らずして——なお適法であると判示した。[15]

1980年代に入り、秘密捜索が実務において争点化すると、連邦控訴裁判所はまず第九区において、この「傍受機器設置のための立入り」の通知遅滞許容からの類推において、秘密捜索を理解しようと試みた。

2

【第１例】（第九区）Freitas 判決

1984年、メタンフェタミン製造設備の屋内位置を把握するために、被疑者自宅内を秘密捜索した事例である。本件捜索令状は、押収すべき対象物及び「令状謄本と押収品受領証を……当該家宅に残し置くべきこと」（通知要請）の各項を抹消した形式のものであった。令状執行により、当該設備位置の情報は得られたが、有体物は押収されなかった。その７日後に別途の通常捜索令状が執行され、この時点で被告人は逮捕されるとともに、併せて最初の秘密捜索令状執行についても通知された。

原審は、通知要請記載のない本件令状を、規則41条にも第４修正にも反するものとし、更に、この違法に対して捜査官の善意の例外も認められないとして、当該証拠を排除した。[16]

1986年、第１次控訴審（Freitas I）[17]は、メタンフェタミン製造設備の位置情報の把握は「無形物の押収」として規則41条の掣肘を受けるとみたうえで、押収すべき対象物も通知要請も記載していない令状は、通常は同条違反であるとした。そして、本件の場合、①捜査官から令状発付裁判官への報告（押収品受領証と報告書の提出）は通例通り要求されていた点や、②７日以内に通知した点を考慮しても、なお同条に反するものと判断した。また、第４修正との関係については、全ての秘密立入りを禁じているわけではないという脈絡で前記 Dalia 判決を引用しつつも、とりわけ住居（home）の場合には、秘密捜索は

---

(15) Dalia v. United States, 441 U.S. 238, 99 S. Ct. 1682 (1979).
(16) United States v. Freitas, 610 F. Supp. 1560 (N.D. Cal. 1985).
(17) United States v. Freitas (*Freitas I*), 800 F.2d 1451 (9th Cir. 1986).

「第4修正の保護利益の核心に抵触する（strike at the very heart）」と考えた。[18] そして、秘密捜索は、単なる捜査上の利便を越えて秘密性が「必要である（necessary）」場合に初めて正当化されること、通知遅滞期間は、延長必要性を高度に示す場合（a strong showing of necessity）を除いて7日を越えてはならず、さもなければ憲法違反に該ることを指摘して、通知要請記載のない本件令状に憲法上の瑕疵を認めた。ただ、最終的に、善意の例外の成立する可能性がなお残るとして、その成否判断のため原審に差し戻した。

差戻審は、善意の例外の成立を認めず、当該証拠を排除した。

1988年、第2次控訴審（Freitas II）[19] は、原審判断を覆して善意の例外を適用し、当該証拠を許容した。曰く、規則41条違反が technical 域に留まる場合にのみ善意の例外は適用可能である——違反が fundamental 域（第4修正違反）に達すれば適用されない——ところ、本件令状には確かに憲法上の瑕疵がある。しかし、先例 Freitas I 判決を繙けば、仮に令状に執行後7日以内に通知すべき旨が記載されていたならば、通知欠如ではなく通知遅滞としてなお合憲であったろうと考えられるのであり、実際、結果的には7日以内に通知されてもいる。従って、本件は未だ technical 域の違反に留まるものであって、善意の例外を適用しうる、と。更に、本件の特殊事情として、仮に令状に7日以内に通知すべき旨が記載されていたとしても捜査官は同様に当該捜索を行ったであろう点や、捜査官が執行前に治安判事らと協議していた点をも加味して、前記の通り判断した。

【第2例】（第九区）Johns 判決

1985年、薬物臭のする倉庫を秘密捜索して、メタンフェタミン原料等を発見した事例である。有体物は押収しなかったが、内部の写真撮影は行った。本件捜索令状は通知要請を抹消した形式のもので、執行57日後（別建物の捜索及び被疑者らの逮捕の時点）まで、通知は遅滞された。

1988年、第1次控訴審（Johns I）[20] は、本件令状は前記 Freitas 事件におけると同性質のものであるとみたうえで、善意の例外の成否判断のため原審に差し

---

(18) Id. at 1456.
(19) United States v. Freitas (*Freitas II*), 856 F.2d 1425 (9th Cir. 1988).
(20) United States v. Johns (*Johns I*), 851 F.2d 1131 (9th Cir. 1988).

戻した。

　差戻審は、善意の例外に該ると判断した。

　1991年、第2次控訴審（Johns II）[21]は、Freitas判決に全面的に依拠しつつ、令状に通知要請の記載のないことは規則41条違反に該るものとし、更に本件は、仮に令状に通知要請の記載があれば当該捜索は行われなかったであろう事案ゆえ、本来的には善意の例外は成立しないとみた（なお、第4修正違反か否かについては、本件では規則41条違反が成立している以上論じる必要なしとして、敢えて判断していない）[22]。但し、本件の特殊事情として、本件令状の発付・執行はFreitas I 判決前であったことから——その後の事例については7日以内通知要請の記載がなければ善意の例外の成立余地はないとしつつも——例外的に善意の例外の成立を認めた。

3

　以上の第九区判例の判断枠組みについて。

　「傍受機器設置のための立入り」が従前判例で許容されていることから推して、その「立入り」を「捜索」に変えたところの秘密捜索（押収を伴わない）もまた、その秘密性が「必要である（necessary）」場合にまで、全く許されないわけではない。但し、7日以内に通知を要する旨を令状に記載してこれを遵守しなければ、規則41条違反に該る（同条の押収品受領証の残置要請は、無形物（情報）押収の場合をも含むと解する）とともに、憲法第4修正違反にも該る。通知遅滞期間の延長は、「必要性を高度に示す場合」に認められる[23]。

---

(21) United States v. Johns (*Johns II*), 948 F.2d 599 (9th Cir. 1991), *cert. denied*, 505 U.S. 1226, 112 S. Ct. 3046 (1992).

(22) *Johns II*, 948 F.2d at 604 n. 2.

(23) 関連して United States v. Sitton, 968 F.2d 947 (9th Cir. 1992) も参照。1990年、薬物関連事件において倉庫を秘密捜索した事例である。メタンフェタミン原料や武器等が発見されたが、有体物は押収されなかった。本件捜索令状には、執行後10日以内の通知を要請する記載があった。原審は、Freitas判決の「7日以内」基準に依拠して本件令状を不適法としつつも、善意の例外の成立を認めた。しかし、控訴審（第九区）は、当該証拠はその後の別途の通常捜索令状により適法に押収されたものとみてこれを許容し、原審の秘密捜索令状関連判断の適否には言及しなかった。

三 「通常捜索における不在時執行」からの類推（アメリカ）

1

　1972年に Gervato 事件原審は、通常の捜索令状につき、在宅時執行が原則であって、緊急状況がない限り不在時執行は許されるべきでないと判示していた。その主根拠は、①被処分者の令状執行過程統制による、不適正執行（誤執行・私的着服・発見場所改変・一般捜索等）の防止、②被処分者の協力（対象物所蔵場所への案内や任意提出）による、不必要な捜索・プライバシー侵害の防止、の利である。しかし、1973年の同事件控訴審は、在宅時と不在時とのかかる要件較差を否定した。すなわち、捜査官は被処分者に対して、来訪来意告知のうえ令状謄本と押収品受領証を交付（在宅時）ないし現場残置（不在時）しなければならないところ、控訴審判決は、不在時捜索において令状執行の旨の告知（通知）が被処分者帰宅時まで遅滞されることの権利侵害性を捨象した。その主根拠は、①在宅時であっても多数箇所を同時捜索されれば令状執行過程統制は貫徹しえない一方、押収品受領証の交付による令状執行結果統制は被処分者の在・不在で差異はないこと、②在宅時執行を優先すると、被処分者が不在状況を作出して恣に執行を回避し、執行実務に支障を来すこと、である。以後、要件較差を設けないこの控訴審見解が、通説・実務の採るところとなった。

　秘密捜索について1980年代後半より展開された第二区判例、そしてその後の第四区判例は、この「通常捜索における不在時執行」許容からの類推における理解を試みた。

---

(24) United States v. Gervato, 340 F. Supp. 454 (E.D. Pa. 1972).
(25) Id. See also Michigan v. Summers, 452 U.S. 692, 101 S.Ct. 2587 (1981); Commonwealth v. Prokopchak, 279 Pa. Super. 284, 420 A.2d 1335 (1980); WAYNE R. LAFAVE, SEACH AND SEIZURE §4.7 (3d ed. 1996). なお、本文の①②に加えて、在宅時執行の場合、③被処分者の協力による、（鍵・扉の破壊等）不必要な私財破壊の防止、という利もある。
(26) United States v. Gervato, 474 F.2d 40 (3d Cir. 1973).
(27) Id. See also State v. Iverson, 364 N.W. 2d 518 (S.D. 1985); State v. Buck, 756 P.2d 700 (Utah 1988); LAFAVE, supra note 25.

2

【第3例】（第二区）Villegas 判決

1987年、コカイン製造設備の位置を確認するために、農場建物内を秘密捜索した事例である。有体物は押収しなかったが、内部の写真撮影は行った。本件捜索令状には、7日以内の通知を要請する記載があり、更に執行後8回の延長請求（各請求につき捜査経過と延長必要性を示した宣誓供述書添付）を経て、計63日後までの通知遅滞期間が認められた。実際には、62日目に別途の通常捜索令状執行及び被疑者逮捕が為された時点で、最初の秘密捜索令状執行についても通知された。

原審は、本件秘密捜索令状は7日以内通知要請の記載を含むことから憲法に抵触せず、また、通知遅滞期間は最終的に7日を越えてはいるが、延長必要性を示していたことを以て規則41条にも抵触しない、と結論した。

1990年、控訴審は、まずは傍受機器設置のための秘密立入りを許容した前記Dalia判決に言及して、秘密性が捜索の成功に「必須である（essential）」ならば、秘密捜索は第4修正にも規則41条にも抵触しない旨を指摘した。しかし続けて、秘密捜索を、①有体物押収を伴う通常捜索に比べても②非物理的捜索（通信傍受・ビデオ監視）に比べても、権利侵害度が低いものと位置づけた。何故なら、秘密捜索は、①と比べて有体物の使用権を奪わず、また、継続的無差別的な②と比べて、実施時間は短く焦点も令状記載物に明確に絞られるからである。そのうえで、かかる秘密捜索に対して、ⓐ捜査官は通知遅滞する合理的な必要性（reasonable necessity）を示すこと、ⓑ（遅滞する場合）捜査官は合理的な期間内すなわち7日以内に通知すること（但し、延長必要性を新規に示す場合（a fresh showing of the need）に裁判所が適切な理由（good cause）を認めれば延長可能）、という2つの制約をかけた。そして、本件はこれらの制約のいずれにも抵触しないので、適法であると判断した。

---

(28) United State v. Villegas, 700 F. Supp. 94 (N.D.N.Y. 1988).
(29) United State v. Villegas, 899 F.2d 1324 (2d Cir. 1990), *cert. denied*, 498 U.S. 991, 111 S. Ct. 535 (1990).
(30) *Villegas*, 899 F.2d at 1337.

【第4例】(第二区) Pangburn 判決

1989年、薬物原料荷の宛先たる倉庫を2度秘密捜索した事例である。有体物押収は行われなかったが、メタンフェタミン原料らしきものの入った箱が写真撮影された。当該2通の秘密捜索令状にはいずれも、捜査官の裁量において、令状記載物については物理的押収に代えて写真撮影できること、令状謄本も押収(撮影)品受領証も現場に残置しなくてよいこと、が記されていたが、7日以内に通知を要する旨の記載はなかった。(実際の通知時期は判決文からは明らかでないが、おそらくはその後の通常令状による捜索実施・被疑者逮捕時点であると思われる。そうであれば、1通目の秘密捜索令状については執行113日後、2通目の秘密捜索令状については執行98日後に通知されたことになる。)

原審は、本件令状に7日以内の通知を要請する記載がないことは、憲法違反には該らないが規則41条違反に該ると判断し、更に善意の例外の成立も認めなかった。

1993年、控訴審は、まず第4修正との関係について、令状執行の通知要請は第4修正上のものではないとの解釈を示した。次に、規則41条との関係については、同条は、①令状執行の通知を要請してはいるが通知時期を定めてはいないうえ、②基本的に有体物を押収した場合のみをその適用対象としている、と解した。背景をなすのは、前記 Villegas 判決と同様の、通常捜索や非物理的捜索との権利侵害度比較理解である。とはいえ、本件裁判所も、規則41条の通知要請趣旨に鑑みれば、やはり執行後いずれかの時点では (at some point) 通知すべきものと考えて、結局は本件令状を同条違反とみる。但し、本件の場合は、善意の例外の成立を認めた。

【第5例】(第四区) Simons 判決

1998年、児童ポルノ画像ダウンロード等の容疑で、職場において被疑者専用の業務用パソコンやフロッピーディスク等の捜索が行われた事例である。本件令状は秘密捜索令状として請求されていたが、発付された令状には、通例通り令状謄本と押収品受領証を現場に残置するよう記載されていた。令状執行に際して、対象情報内容は複製(コピー)されたが、原証拠は押収されなかった。令状謄本と

---

(31) United States v. Pangburn, 983 F.2d 449 (2d Cir. 1993).

押収品受領証は、当該職場にも被疑者個人にも交付されず、結局執行45日後まで通知は遅滞された。なお、本件の特殊事情として、場所が職場であること、被疑者は当初より当該パソコンにつき職場監査に服する旨の同意書を提出しており、そもそもこの監査により事件が発覚したこと、がある。

　2000年、控訴審は、本件令状が秘密捜索令状であるか否かについては言及しないまま、第4修正は全ての秘密立入りを禁じてはいないゆえ本件は第4修正には抵触しないが、規則41条違反には該る、と判断した。そのうえで、善意の例外の成否判断のため原審に差し戻した。

　差戻審は、同じく本件令状が秘密捜索令状であるか否かについては言及しないまま、「当該捜索は、捜査官が令状謄本も押収品受領証も残置せずに当該職場を退去する時点までは、適法であった」とみた。そして本件の場合、「事後に（after-the-fact）生じた」当該通知遅滞は確かに規則41条に反するが、それは捜索が行われるか否か或はその射程には関係していないと解して、（善意の例外に基づき）当該証拠を許容した。

3

　以上の第二区・第四区判例の判断枠組みについて。

　「通常捜索における不在時執行」が従前判例で許容されていることから推して、秘密捜索（押収を伴わない）もまた、その秘密性が捜索の成功にとって「必須で（essential）」あり、捜査官が「合理的な必要性（reasonable necessity）」を示す場合にまで、全く許されないわけではない（第九区判例とほぼ同じ）。但し、通知を要する旨を令状に記載してこれを遵守しなければ、規則41条違反に該る（同条の押収品受領証の残置要請に直接抵触はしないが、なお同条の趣旨に反すると解する）。しかし、憲法第4修正違反には至らない。通知遅滞期間の延長も、「必要性を新規に示す場合」には認められるなど、許容要件は前述・第九区のそれに比べて若干緩やかである。

---

(32) United States v. Simons, 206 F.3d 392 (4th Cir. 2000).
(33) United State v. Simons, 107 F. Supp. 2d 703 (E.D. Va. 2000).

四　検討——わが国における事後通知の成否

1

　以上述べたアメリカ判例理解の延長として、愛国者法213条の特徴を更めて確認する。

　第1に、秘密捜索の許容にあたり、従前判例は、単に便宜的なものではない「必要性（Freitas I 判決）」や「必須性（Villegas 判決）」を要求しており、その内容は被疑者逃亡の防止・証拠隠滅の防止・情報提供者の保護に留まっていた。(35)しかし、213条は、この基準を、即時通知が「不都合な結果を招来するかもしれないと信じるべき合理的な理由」という緩やかな要求に変えている。第2に、従前判例では認められてこなかった有体物押収は、213条では「合理的な必要性」があれば許される。第3に、通知遅滞にあたり、従前判例の多くは「7日以内」という比較的短期の明確な基準を立てていたが、213条はこれをただ「合理的な期間内」に変えている。更に、この通知遅滞期間の延長要件も、緩和されている。

　思うに、秘密捜索は、従前の「傍受機器設置のための立入り」との比較において、確かに通知遅滞を伴う物理的侵入という共通項を持つ。尤も、後者の場合、その許容範囲は本来的に機器設置目的に拘束されるのであって、なお捜索ではなかった。そして、立入りから捜索へというこの類推が許されるか否かについては、一般捜索禁止の観点を容れた検討を要し、為に、規則41条とのみならず憲法第4修正との抵触が問われた。

　他方、「通常捜索における不在時執行」は、不告知（不通知）捜索という部

---

(34) 関連して United States v. Ludwig, 902 F. Supp. 121 (W.D. Tex. 1995) も参照。1993年、コカイン盗品の所在を確認するために倉庫を秘密捜索した事例である。コカインはなかったが、令状対象外の物（多額の金や強盗用具等）が疎見（plain view）された。捜索状況のビデオ撮影は行われたが、有体物は押収されなかった。本件裁判所は、前記 Villegas 判決の秘密捜索許容基準たる「（遅滞の）合理的な必要性を示すこと（a showing of reasonable necessity）」の具体的内容として、被疑者逃亡の防止・証拠隠滅の防止・情報提供者の保護を挙げた。秘密捜索令状には、善意の例外を適用しうる旨も確認された。なお本件は、もし上訴されていれば第五区控訴裁判所の管轄であった。

(35) SCHULHOFER, *supra* note 1, at 83 ; *Ludwig*, 902 F. Supp. at 126.

分のみを剔出すれば、確かに秘密捜索に酷似する。しかし、秘密捜索は、通常捜索の不在時執行の場合に比して令状執行過程統制を本来的に欠くのみならず、更に一定期間敢えて通知遅滞することから、その間に記憶が薄れたり現場が散逸したりして、権利侵害の発生した範囲が適正であったか否かを把握・検証することが一層困難となり、不服申立ての難しさは倍加する。そして、通知時期を帰宅時より後へ敢えて遅滞させるというこの類推が許されるか否かについては、令状執行結果統制の問題として、第4修正の射程にはないという理解の下、規則41条違反のみが問われることとなった。[36]

結局アメリカ法は、不在時捜索による執行過程統制不備と通知遅滞による執行結果統制不備という、秘密捜索の2側面の検討において、各々従前の近似手法との比較を行った結果、それらの重畳手法をもまた許容した。

2

翻って、わが国の場合について。

令状執行に際して刑事訴訟法は被処分者等の立会いを予定しており（刑訴法114条）、令状執行過程統制を重視する構造である。[37]令状執行結果統制は、捜索のみがなされた場合には請求により捜索証明書が交付され（同法119条）、押収がなされた場合には請求なしで押収目録が交付される（同法120条）ことで、担保される。以上の各内容と憲法との関係については、従来、憲法35条を令状の発付時のみならず執行過程や執行結果をも統制する規定と読んでその射程を及ぼすA説と、[38]（合衆国憲法第4修正の解釈に倣って）憲法35条を令状発付時の統制規定と読んで、執行過程や執行結果についてはむしろ憲法31条の内容として実質的に保障すれば足りるとするB説とに、[39]大別されてきた。

A説をベースにする場合、立会人が住居主等でない場合は執行過程統制はな

---

(36) その後、在宅時の事前告知要請については、第4修正上のものである旨が明らかにされた（Wilson v. Arkansas, 514 U.S. 927, 115 S. Ct. 1914 (1995)）。こちらの問題については、松代剛枝「捜索差押令状執行に伴う家宅立入——所謂『来訪来意告知（knock and announcement）要請』について」法学62巻6号271頁（1999）【本書第二部第一章】、同「捜索差押令状執行に伴う立入——最高裁平成14年10月4日決定を契機として」『刑事法学の現代的課題（阿部純二先生古稀祝賀論文集）』523頁（第一法規、2004）【本書第二部第一章付記（判例2）】にて別途検討した。

お不充分であると考えられるので、そもそも通常捜索の不在時執行自体、緊急時に例外的に許容されるのみである。捜査官は、できる限り住居主等の協力（対象物所蔵場所への案内等）を得て、対象物発見に必要な最小限のプライバシー侵害に留めることが望ましい。そして、秘密捜索は、この不在時執行の側面に加えて、通知を敢えて遅滞することで執行結果統制（不服申立て）をも困難にするのであってみれば、刑事訴訟法にのみならず憲法35条にも直接に抵触する可能性は本来的に高い。

　B説をベースにする場合は、立会人が住居主等でなくとも執行過程統制は一応充たされているとして、一般に住居主等の在・不在を以て執行要件を較差づけることはない。押収目録等の交付先として、住居主等でない立会人で足りる

---

(37) 立会人は、執行過程の適正担保まで負う。押収物が何であるかを認識させるだけで足りるとする見解もある（河上和雄『捜索差押（証拠法ノート(1)）』61頁（立花書房、1979））が、通説は、被処分者の権利保護の観点から、どのような場所でどのように捜索するかまで認識させねばならないと考える（熊谷弘ほか編『捜査法大系Ⅲ』88頁〔西村法〕（日本評論社、1972）、青柳文雄ほか編『註釈刑事訴訟法(1)〔増補版〕』417頁〔佐藤道夫〕（立花書房、1978）、藤永幸治ほか編『大コンメンタール刑事争訟法(2)』380頁〔渡辺咲子〕（青林書院、1994）、高田卓爾＝鈴木茂嗣編『新判例コンメンタール刑事訴訟法(2)』61頁〔小早川義則〕（三省堂、1995）、新関雅夫ほか『増補令状基本問題（下）』269頁〔池田修〕（一粒社、1997）、松尾浩也監修『条解刑事訴訟法〔第3版〕』195頁（弘文堂、2003））。

　　判例も、「立会〔は〕決して形式的に理解すべきではなくて、実質的に立会人が十分立会の目的を達成し得るような情況を与えなければならないものと解すべき」であるという（東京地決昭和40年7月23日下刑集7巻7号1540頁、1548頁）。東京地判昭和51年4月15日判時833号82頁、静岡地決昭和42年3月27日下刑集9巻3号377頁、東京高判昭和44年6月25日高刑集22巻3号397頁も参照。

(38) 例えば後藤昭「令状の筆写・立会」村井敏邦＝後藤編『現代令状実務25講』42頁、44頁（日本評論社、1993）、三井誠『刑事手続法(1)〔新版〕』42頁（有斐閣、1997）、川崎英明「盗聴立法の憲法的問題点」小田中聰樹ほか編『盗聴立法批判』87頁、96-97頁（日本評論社、1997）、村井敏邦「理論批判の憲法的視点」同書104頁、118-119頁。

(39) 例えば酒巻匡「通信傍受制度について」ジュリ1122号38頁（1997）、井上正仁『捜査手段としての通信・会話の傍受』78-79頁（有斐閣、1997）、札幌高判平成9年5月15日刑集53巻9号1481頁。なお注(36)参照。

(40) 三井・前掲注(38)43頁、渡辺修『捜査と防御』46頁（三省堂、1995）。

(41) *Gervato*, 340 F. Supp. 454. 前述三1参照。とりわけ人の生活に直結する非対象物が多数ある場所（住居等）においては、そうである。

(42) 井上・前掲注(39)76-78頁参照。なお、現行実務では、要件較差なしとしつつも、一般に在宅時執行が好まれるようであるが、これは、特に薬物事犯の場合、捜索令状執行と同時に所持等で居住者を現行犯逮捕することで、物との関連性を証明する困難を回避しうるという、別途の実利的理由によるところも大きい。

とする解釈にも、馴染み易い。また、一定の場合に当事者に対する「合理的な期間内」の通知遅滞を認める――すなわち「秘密捜査」の存立余地を認める――現行法の各規定や実務とも、整合する。例えば現行法には、郵便物押収や通信傍受に関する通知遅滞（欠如）許容規定が存在し（刑訴法100条3項、通信傍受法23条2項）、また、クリーン・コントロールド・デリバリーは、税関職員や運送業者らを立会人或は相手方として押収を行い、押収品目録もこれらの者に対して交付されるか或は所有者への交付遅滞を認めることで、初めて成り立っている。

以上のような現行法理解の下でもし仮に秘密捜索がありうるとすれば、おそらくそれは実務上、住居主等でない立会人を得て不在時執行した後、押収物がある場合はその立会人に押収目録を交付するか住居主等に交付遅滞する、或は、押収物がない場合は捜索証明書を（請求がないので）交付しない、という形態をとることになる。しかし、あらためてわが国の現行法を精査するに、途中で第三者の占有・管理が介在・重複したと解する余地の全くない場合については、立会人への交付を以て足りる或は当事者に交付遅滞しうるという発想は見当たらず、むしろ傍受機器設置のための物理的な秘密立入りこそ明文で禁じられている（通信傍受法3条3項）。従って、わが国の場合は――アメリカ法のように（執行過程統制不備と執行結果統制不備の）各側面を理論的にクリアすればそれらの重畳手法をもクリアしうると考えることの当否を問う以前に――Ａ説のみならず現行法下ではＢ説に立脚しても、秘密捜索を許容する余地はないと解すべ

---

(43) 伊藤栄樹ほか編『注釈刑事訴訟法(2)〔新版〕』223頁〔増井清彦〕（立花書房、1997）。
(44) 藤永ほか編・前掲注(37)405頁〔渡辺〕、佐藤隆之「コントロールド・デリヴァリーをめぐる諸問題(1)」エコノミア47巻4号45頁、48頁（1997）、酒巻匡「組織的犯罪と刑事手続」岩村正彦ほか編『現代社会と刑事法（岩波講座・現代の法(6)）』263頁、284頁（岩波書店、1998）参照。
(45) 現行実務では、住居主等でない立会人を得て不在時執行して押収物がない場合にも、住居主等自身に捜索証明書請求の機会を与えるべく、例えば、捜索実施の旨を当人帰宅時に立会人から伝えるよう依頼しておく、当人を逮捕した際に捜索実施の旨を伝える等の措置が講じられているようである。しかし、これらはあくまでも実務運用のレベルに留まり、時期の遅滞に対する制約もない。
(46) 井上・前掲注(39)80-81頁参照。
(47) 但し、憲法上およそ許されない程度に侵害が大きいからであると考えるか、或は、理論的には可能であることを前提に立法政策の問題として除外されているに過ぎないと考えるかについては、Ｂ説において見解が分かれうる。酒巻・前掲注(39)42頁及び50頁注25。

きであろう。

（補注 1 ）　時限措置にかかる部分については、その後2015年 6 月 1 日に失効。但し、直後に2015年アメリカ自由法（Uniting and Strengthening America by Fulfilling Rights and Ensuring Effective Discipline Over Monitoring Act of 2015 [= USA FREEDOM Act]）が成立している。鈴木滋「米国自由法──米国における通信監視活動と人権への配慮」外法267号 6 頁（2016）、井樋三枝子訳「米国自由法関連規定」同号18頁（同）参照。

（補注 2 ）　通信傍受法23条 2 項は、2016（平成28）年法改正により、現在は同法30条 2 項である（条文番号のみ変更）。

第三章

執行終了後の通知（Ⅱ）
── 2017年 GPS 最高裁判決を契機として

目　次
一　対象情報の在処と事後通知
二　わが国の状況
　　──通信事業者からの取得とその通知
　　──当事者からの取得とその通知
三　アメリカの状況
　　──当事者からの取得とその通知
　　──通信事業者からの取得とその通知
四　検討

一　対象情報の在処と事後通知

1

　捜査官が秘密裡に捜査を進めようとする場合（さらなる証拠固めをしたい場合や共犯者を割り出したい場合等）、任意捜査によるならば別論、強制捜査によるならば、「処分を受ける者」に対する令状事前呈示の要請（刑訴法222条1項・110条）や押収目録交付の要請（同法222条1項・120条）の存在が、葛藤を生む。とはいえ、伝統的な令状執行形態においては、人の居る捜索場所に物理的に立ち入れば通常はその時点で令状執行の事実が知れるし、また、対象物が物理的に差し押さえられればその物の不存在により令状執行の事実に気づく余地もあることから、かかる葛藤の発生は比較的限られたものであった。しかし、その後の社会インフラの変化や捜査手法の発達とともに、この葛藤はやや異なる様相を呈しつつある。
　たとえば通信傍受──現に行われている電気的通信の内容情報の取得──は、現行法上強制処分として傍受令状を要する（通信傍受法5条）ところ、捜査官

は、通信当事者が（時に私的領域内から）送り出す対象情報につき、それを託された事実上の占有者ともみうる通信事業者に対して令状を事前呈示する（同法10条）とともに、通信の双方当事者（送・受信者）に対しては傍受終了後一定期間をおいて通知する（同法30条）ことで、その間の捜査の密行性を保持している。しかし、同種ないし類似の事業者介在形態によって成り立つ密行型捜査手法において、かかる特段の事後通知規定が存在しない場合、当事者への通知対応の法的位置づけはなお明らかでない。

2

また、たとえば所謂 GPS 捜査――Global Positioning System による端末位置情報の取得――は、強制処分であると解される（最大判平成29〔2017〕年3月15日刑集71巻3号13頁）ところ、この捜査手法においては、位置情報取得システムを提供する事業者（民間の警備保障会社）は介在するものの、捜査官は通常のシステム利用者として当該事業者から借り受けた GPS 端末を自ら対象者車両に秘かに設置し、捜査官自身の望むときに端末位置情報を（時に私的領域内から）システム経由で「取り寄せ」ている。すなわち、捜査官の働きかけにより、同端末からその現在位置情報を発信（発生）させ、それが事業者の許に在る状況を当該事業者不知のまま――実のところその意に反して[(1)]――作出したうえで、取得する構造である。手続の後半部分は事業者の許に在る情報に対する所謂リモート・アクセスに似る[(2)]が、手続の前半部分の特異性に鑑みれば、この事業者を対象情報の事実上の占有者とみることは、上記通信事業者の場合に比べてより難しい。而して、位置情報を取得される当事者しか「処分を受ける者」がみあたらないとすれば、この者に対して令状を事前呈示しないことは、事前呈示要請の「完全な」撤廃として、上記葛藤に正面から対峙することになる。

本章では、強制捜査における通知（notice）の在り方について、わが国とア

---

(1) 当該事業者は、その利用者に対して、提供システムを用いて他人の位置情報を当人の同意なく取得することを禁じている。http://www.855756.com/terms/manage.html (last visited Sep. 14, 2017).
(2) リモート・アクセス（刑訴法218条2項）の場合、アクセスに用いられる PC 自体は捜査官の管理下にあっても、なお記録命令付差押令状を要する（横浜地判平成28年3月17日 LEX/DB25542385、東京高判同年12月7日高刑集69巻2号5頁参照）。

メリカの状況を比較しつつ若干の整理を試みる。

二　わが国の状況

1

　令状で取得される対象について直接の支配者と間接の支配者による支配の重層構造が存在する場合、「処分を受ける者」として事実上の占有者（前者）のみに令状を呈示したうえで執行することは、現行実務上、一般には問題のないものと解されている。しかし、少なくともかかる対象が通信の秘密の保護下にある場合に通信事業者からそれを取得するについては、従来から通信当事者に対する別途の考慮がなされてきた。

　郵送過程にある郵便物等の①内容及び②内容以外の情報（郵送経路等情報）、並びに、現に行われている電気的通信──伝送中の電話や電子メール等──の③内容及び④内容以外の情報（通信経路等情報）を捜査官が取得する場合、わが国では、これら①〜④は全て通信の秘密の保護下にあることを前提に、令状を要する。加えて、既に行われた電気的通信の記録（③と④が通信事業者の許にて保存されているところの⑤と⑥）にも通信の秘密の保護は及ぶと考えられており、これらの取得に際しても同様に令状を要する。令状によらず捜査関係事項照会で取得しうる対象は、通信の秘密にかからないもの（加入者情報等は通常

---

(3) たとえば河上和雄ほか編『大コンメンタール刑事訴訟法(2)〔第2版〕』382頁〔渡辺咲子〕（青林書院、2010）。これに対し、企業の組合事務所等を例に、捜索・差押えを受ける団体員の監視や抗議を予め封じるため、ことさら建物管理者のみを立ち会わせ、令状呈示もそれらの者に対して行うことの違法性を指摘するものとして、日本弁護士連合会編『捜査と人権』22-23頁（日本評論社、1975）。また、令状執行後の押収目録交付先たる「所有者、所持者若しくは保管者又はこれらの者に代わるべき者」も、通説によれば、直接に処分を受けた者を指す（河上ほか編・前掲445頁〔渡辺〕参照）。これに対し、押収を受けた者に限らず所有者等全ての者が目録交付を受けることができ、1つの押収物につき交付すべき目録が数通必要な場合もあると解するものとして、滝川幸辰ほか『法律学体系コンメンタール篇⑽刑事訴訟法』158頁〔中武靖夫〕（日本評論社、1950）。
(4) 井上正仁『捜査手段としての通信・会話の傍受』80-81頁（有斐閣、1997）。
(5) 過去の通信経路及び通信端末位置情報の記録──⑥及び⑥'──については、総務省のガイドラインがこれを通信の秘密の保護下にあるものとみて、取得に令状を要する旨を明記している（32条2項）。同ガイドラインには、過去の通信内容情報の記録──⑤──の取得に関する同様の規定はないが、⑥に比して通信の秘密の保護下にないとは考えがたい。

これにあたる）に限られる。以下、それぞれ詳しくみてゆく（整理図表として、後掲《図表１》参照）。

まず、①と②については、捜査官は差押令状によって通信事業者から取得しうる（刑訴法100条）。当事者（差出人、受取人）への通知については、事後にいずれか一方当事者に対してなされれば足りる（同条３項）。通知の遅滞に期間の定めはなく、さらに「通知によって審理が妨げられる虞がある場合」には、この一方当事者への事後通知も不要となる（同条同項）。なお、配送過程にある宅配梱包物の場合、少なくともその内容（内容物ないし内容情報）については取得に令状を要し、宅配事業者に対して令状呈示のうえ執行される点で類似するが、郵便物等に関する対当事者通知義務の枠組みは及んでいない。

次に、③は、通信傍受法の定める傍受令状によって取得しうるところ、この令状は、通信事業者に対して事前呈示のうえ執行され（通信傍受法10条１項）、通信の双方当事者に対しては事後通知を要する（同法30条１項）。この通知は、傍受終了後原則として30日以内になされるが、裁判官が「捜査が妨げられるおそれがあると認めるときは」さらに60日以内の期間を定めて延長することが可能となっている（同条２項）。他方で、傍受にかかわる通信事業者に対しては、その知りえた内容につき「捜査の妨げとならないように注意しなければならない」とのみ定められていること（同法35条）からして、通信事業者から通信当事者への通知は想定しにくい。

さらに、④については、総務省のガイドラインが、通信事業者に課せられる個人情報保護義務との関係で、令状による取得（すなわち通信事業者からの提供）許容の確認規定をおく（「電気通信事業における個人情報保護に関するガイドライン」34条３項・35条４項。現在実務では、この令状の種類を検証処分許可状と

---

(6) 通知を行うことにより関係証拠の隠滅がなされる虞等が、想定されている（松尾浩也監修『条解刑事訴訟法〔第４版増補版〕』209頁（弘文堂、2016）参照）。

(7) 最決平成21年９月28日刑集63巻７号868頁（配送過程にある宅配梱包物の内部情報をエックス線検査により取得した事案）参照。当事者（荷送人、荷受人）への通知のない点を含めて詳しくは、安村勉「梱包内容のエックス線検査」井上正仁ほか編『刑事訴訟法判例百選〔第10版〕』63頁（有斐閣、2017）。なお、事後の押収目録交付に関連して、河上ほか編・前掲注(3)447頁〔渡辺〕（通常は立会人たる運送業者等への交付を想定しつつ、「規制薬物の所有者・所持者である被疑者に交付すべき場合には、……直ちに目録を交付することなく、被疑者を検挙した段階で交付することも認められると解すべきである」）も参照。

解している)。このとき④の扱いの範疇には、④'通信端末の現在位置情報も〔リアルタイム〕——厳密にいえば非通信時のそれは「通信」の秘密の範疇にないともいえるが——含まれる(同ガイドライン35条解説)。通信当事者に対する通知の要否は、現在、同ガイドラインに規定されていない。但し、2011年のガイドライン改正によって、(発信者情報以外の)通信端末位置情報を令状で取得する場合について「当該位置情報が取得されていることを利用者が知るときができるときであって」との文言が加えられ、通信当事者への事前通知義務の存在が明記された(当時の26条3項)ところ、2015年のガイドライン改正によって、同括弧内文言が削除された経緯がある。この経緯を受けて、現在実務では、通信端末の現在位置情報(④')〔リアルタイム〕を含む④全体につき、対当事者通知関連規定の不存在を以て、通信の双方当事者に対して事後通知を含む一切の通知を不要と解しているようにもみえる。[8]

　加えて、通信事業者の許に保存されている過去の通信記録——③と④の過去の記録たる⑤(蓄積・保存されている送受信済電子メールの内容記録)と⑥(蓄積・保存されている発着信電話番号・送受信電子メールアドレスの履歴等)——について。⑤と⑥ともに、捜査官は通信事業者から、令状(差押令状または記録命令付差押令状)により取得しうる。⑤については、通信事業者の受信用サーバーに到達していれば、受信者による未読・既読を問わずこの枠組みで捉える

---

[8] 2015年のガイドライン改正時の議論は、微妙であった(第189回国会衆議院総務委員会議事録16号(2015〔平成27〕年5月26日)における露木康浩政府参考人発言「位置情報の取得は、まさに携帯電話端末から携帯電話会社のコンピューターシステムにもたらされる当該位置情報が表示された画面などを五感の作用によって認識することでございますので、その性質は検証にほかならないと考えられます。……次に、提示の問題でございますけれども、検証は、処分を受ける者に対してその令状を提示することによって行うとされております。これ以外の者に対してその処分が行われた旨を通知することは刑事訴訟法では定められておりませんので、……位置情報を取得するに当たりまして、被疑者などの捜査対象者である利用者に対する通知は必要ないと考えております」〔下線、松代〕)。他方、同時期の日本弁護士連合会による批判は、端的に「位置情報の取得を利用者に知らせることを不要とす」る点に着眼しており、事後の通知をも不要とするものと解するかにもみえる(日本弁護士連合会「電気通信事業における個人情報保護に関するガイドライン及び解説の改正案に対する意見書」2015年5月22日付)。なお、個別の通信事業者は、かかる場合における当事者への事後の通知対応について、態度を公にしていない(たとえばNTTドコモにつき2017年8月31日現在回答)。尤も、携帯電話端末のGPS位置情報については、通信サービスの提供にとって不可欠である基地局位置情報とは異なり、そもそも通信事業者の管理下にない場合もある(たとえば国外事業者たるアップル社のiPhoneの場合)。

のが一般的である(9)。⑥については、令状による取得許容の確認規定が、ガイドラインにおかれている（32条2項）。通信当事者への通知については、関連規定は存在せず、現在実務では⑤と⑥ともに、事後のものを含めて一切不要と解しているようにみえる(10)（加えて、非通信時の通信端末位置情報〔⑥'〕や閲覧先URL情報についても、過去の記録が通信事業者の許に保存されている場合には、その取得に際して同様に扱われているものと思われる(11)）。

　上記①～⑥（④' ⑥'を含む）の場合はいずれも、通信事業者に対してはなお令状を事前呈示している。従って、通信事業者が当該対象の事実上の占有者といえるかどうかという点になお疑義はあるものの、事前呈示要請を「完全に」撤廃したものとは通常は考えられていない(12)。そのなかで、しかし、通信当事者への通知は、それらの者の権利・利益保護（不服申立てによるその実現）の要であるにもかかわらず、特に④⑤⑥（④' ⑥'を含む）については上記の通り、通(13)

---

(9) 井上正仁『強制捜査と任意捜査』263-264頁（有斐閣、2006〔新版、2014、396-397頁〕）、三浦守ほか『組織的犯罪対策関連三法の解説』440頁（法曹会、2011）。これに対し、受信サーバー到達後も未読メールについてはリアルタイム傍受（上記③）の場合と同様に扱うべきであるとの見解もある（長沼範良「ネットワーク犯罪への手続的対応」ジュリ1148号212、218頁（1999））。

(10) ⑤につき、第177回国会参議院法務委員会議事録17号（2011〔平成23〕年6月16日）における、通信の内容の差押えが通信当事者に通知されない制度設計への疑義に対する江田五月法務大臣発言（「現行でも、例えば手紙などを差し押さえた場合に、現にその手紙を保管している者を名あて人として令状を出して差し押さえる、その手紙の差出人にまでそういう通知はしない、あるいはその手紙によってうかがわれる犯罪の容疑を掛けられる者に通知するということはとりわけしないということで、……やはり令状が必要とされている理由を考えますと、直接的な不利益を受ける、つまりそれを今保管している者、これに裁判の内容を了知させるということで足りるのであって、それ以上にいろいろな手だてを講ずるのはなかなか困難であろうと思っておりまして、……私は、これで防御権とかあるいは適正手続という観点から問題なく制度設計されているものと思っております」）、及び、高麗邦彦＝芦澤政治編『令状に関する理論と実務Ⅱ（別冊判タ35号）』154頁（2013）〔檞清隆〕。そうであれば、この⑤の扱いとの比較において、⑥も同様に解されることになろう。

(11) 閲覧先URL情報につき、高麗＝芦澤編・前掲注(10)156頁〔千葉陽一〕は、そもそも通信の秘密の保護下にあるかどうかという点で検討の余地大とする。関連して、後述三2参照。

(12) 三井誠『刑事手続法(1)〔新版〕』72頁（有斐閣、1997）。

(13) ④や④'の検証令状による処分に対しても、私見によれば、不服申立は可能である。最決平成2年6月27日刑集44巻4号385頁の藤島昭裁判官補足意見（写真撮影の性質を検証と捉えつつ、日記帳やメモの内容を撮影したものであれば、「実質的にみれば、捜査機関が日記帳又はメモを差し押さえてその内容を自由に検討できる状態に置いているのと同じであるから、写真撮影という手段によって実質的に日記帳又はメモが差し押さえられたものと観念し、これを『押収に関する処分』として刑訴法430条の準抗告の対象とし、同法426条2項によりネガ及び写真の廃棄又は引渡を命ずることができるとする考え方もあり得よう」）参照。

信当事者への通知が事後も含めてなされない虞がある(とりわけ通信経路情報や位置情報の取得については、その性質上、捜査初期の手がかりとして有用であることが多く、公判立証過程で提出証拠を通じて顕在化する保障はない)。尤も、対象情報が通信の秘密の保護下にあることのひとつの意味は、通信事業者からの取得に際して令状を要する(捜査関係事項照会では足りないと解されている)点に見出しうるところ、通信の秘密にかからない情報の照会や通信履歴の(取得ならぬ)保全要請については、通信事業者に対して「必要があるときは、みだりにこれらに関する事項を漏らさないよう求めることができる」規定(刑訴法197条5項)をもって、通信当事者から問われても情報提供の存否・内容につき答える義務はないと解されていること[14]に比して、令状による通信の秘密にかかる情報の取得については、通信事業者に対してこの種の一般的不通知規定はおかれていない。このことの含意については、後述三2でアメリカの状況を参照のうえ、四であらためて検討する。

2

所謂 GPS 捜査は、捜査官による対象者車両等への GPS 端末設置行為がある点を除いて、非通信時における通信端末位置情報(厳密には通信の秘密の保護外であるが、そのプライバシー程度の高さゆえ同じく保護されるもの——前述二1)の取得と共通点が多い。そして、いずれも強制処分であると解されて令状主義に服するところ、しかし、GPS 捜査の場合、「処分を受ける者」には、少なくとも従来の感覚からすれば、位置情報を取得される当事者をもってあてるのが素直であろう(前述一参照)[15]。ただ、そうであれば、当該捜査を実施するにあたり、以下の諸点があらたに問われることになる。すなわち、(a) この「処分を受ける者」に対して例外的ながら事前呈示の要請を外すこと——事前呈示要請の「正面からの」撤廃——は可能か。(b) 仮に事前呈示の要請を外せるとして、事後

---

[14] 杉山徳明＝吉田雅之「『情報処理の高度化等に対処するための刑法等の一部を改正する法律』について(下)」曹時64巻5号1049、1114頁 (2012)。

[15] この点を明示するものとして、たとえば井上正仁・井上ほか編『刑事訴訟法判例百選〔第10版〕』64、68頁〔前掲最大判平成29年3月15日の評釈〕(有斐閣、2017)(「電話の傍受は、実際上、電気通信事業者をも処分対象者としてこれに令状を呈示して実施される」が、「捜査機関が独自に行うGPS捜査においては、それらの要素も欠けているなど、事情が異なるところもある」)。

通知まで行わないことは可能か。(c)仮に事前呈示の要請を外せるとして、法定の事前呈示要請は、恒常的に事業者（代人）に対して行うことでみたすのか、あるいは（ないしさらに）、何らかの要件が別途付加されるのか。そして、以上(a)(b)(c)は、立法によるべきか否か（立法によってもなしえないと解すべきか）。

　これらの点に関連して、GPS捜査に関する前記平成29年最高裁判決は、次のように述べている。すなわち「刑訴法上の各種強制の処分については、手続の公正の担保の趣旨から原則として事前の令状呈示が求められており（同法222条1項、110条）、他の手段で同趣旨が図られ得るのであれば事前の令状呈示が絶対的な要請であるとは解されないとしても、これに代わる公正の担保の手段が仕組みとして確保されていないのでは、適正手続の保障という観点から問題が残る。〔改行〕これらの問題を解消するための手段として、一般的には、実施可能期間の限定、第三者の立会い、事後の通知等様々なものが考えられるところ、捜査の実効性にも配慮しつつどのような手段を選択するかは、刑訴法197条1項ただし書の趣旨に照らし、第一次的には立法府に委ねられていると解される」と（最大判平成29年3月15日・前掲17頁）。ここでは、令状事前呈示の要請の例外余地を示唆するとともに、その途が開かれる条件として適正手続の保障の観点から「これに代わる公正の担保の手段が仕組みとして確保」されることを求め、基本的に立法措置による具体化を企図している。代替の「公正の担保の手段」については、実施可能期間の限定、第三者の立会い（及びおそらくはその者への令状事前呈示か）、当事者への事後通知を例示するとともに、それらのいずれもがありうる表現をとっている。

　このGPS最高裁判決は、令状事前呈示の要請を専ら「手続の公正の担保の趣旨」とする点において、特徴的である。なぜなら従前の最高裁は、捜査官が捜索差押令状に基づいてホテル客室への合鍵立入りを行った事案において、同要請につき「手続の公正を担保するとともに、処分を受ける者の人権に配慮する趣旨に出たもの」と述べていたからである（最決平成14〔2002〕年10月4日刑

---

(16) その後、同年6月に成立した改正「組織的な犯罪の処罰及び犯罪収益の規制等に関する法律」の付則においても、今後GPS捜査の在り方について検討を加え、必要があると認めるときは所要の措置を講ずることが盛り込まれている。本判決を受けて、現行法上の実施可能性と立法の必要性につき論じた文献として、井上・前掲注(15)67頁、池田公博・法教444号72頁、78頁（2017）参照。

集56巻8号507頁、508頁。下線、松代）。

　現在学説では、令状事前呈示要請の規定趣旨として、(1)手続の明確性と公正を担保することとともに、(2)実際の捜索・差押えの執行に対するチェック（ひいては不服申立機会の提供）により被処分者の権利・利益を保護することをも挙げるものが多い。憲法との関係については、従来から憲法35条（令状主義）の要請とみるか否かで争いがあるほか、憲法31条（適正手続）の要請とみる説も有力である。上記(2)は平成14年最高裁決定にいう「処分を受ける者の人権に配慮する趣旨」に相応し、告知と聴聞の機会の手続的保障を意味するであろうから、この文言の下で事後の通知すら行わないとの選択肢はなかなかにありえず、さらに、通知が事後となることに伴う誤執行防止機能の低下等にも鑑みてさらなる条件付加が必須となる。

　これと同じ内容を読み込むことは、GPS最高裁判決にいう「公正の担保の手段」すなわち上記(1)のみにおいても、なお可能ではあろう。しかも、同判決は、続けて「適正手続の保障」にも言及している。ただ、上記(2)の要素へ

---

(17) 従前の下級審判例で、「手続の公正を担保する」ことのみを挙げるものとして、東京高判昭和44年6月25日高刑集22巻3号397頁、札幌高判平成9年5月15日刑集53巻9号1481頁、「処分を受ける者の利益を保護する」ことをも挙げるものとして、金沢地決昭和48年6月30日刑月5巻6号1073頁、大阪高判平成7年1月25日高刑集48巻1号1頁。最近の下級審判例では、奈良地葛城支判平成28年5月9日LEX/DB25543070が後者に立っている。

(18) 平成14年最高裁決定前の状況をみると、(1)のみを挙げるもの（小野清一郎ほか『ポケット註釈全書刑事訴訟法（上）〔新版〕』261頁〔横井大三〕（有斐閣、1986）、松尾監修・前掲注(6)224頁〔新版増補版、2001、181頁に同記述〕と、(1)(2)ともに挙げるもの（田宮裕『注釈刑事訴訟法』133頁（有斐閣、1980）、平場安治ほか『注解刑事訴訟法（上）〔全訂新版〕』364頁〔高田卓爾〕（青林書院、1987）、河上ほか編・前掲注(3)382頁〔渡辺〕（初版〔藤永幸治ほか編〕、1994、352頁〔渡辺〕に同記述）、三井・前掲注(12) 42頁との双方がある。尤も、(2)は(1)を敷衍したものであって、あえて両者を区別する趣旨ではないとも考えられる。ただ、特に上記最高裁決定以降は、(1)(2)ともに言及するものが一般的となっている（宇藤崇ほか『刑事訴訟法』115頁〔堀江慎司〕（有斐閣、2012）、井上正仁監修『裁判例コンメンタール刑事訴訟法(1)』458-459頁〔和田雅樹〕（立花書房、2015）、三井誠ほか編『新基本法コンメンタール刑事訴訟法〔第2版追補版〕』143頁〔橋本晋〕（日本評論社、2017））。

(19) 宇藤ほか・前掲注(18) 115頁〔堀江〕。具体的に、憲法35条の要請ではないとする論者として、平場ほか・前掲注(17) 364頁〔高田〕、三井ほか編・前掲注(18) 143頁〔橋本〕。憲法35条の要請であるとする論者として、村井敏邦＝後藤昭編『現代令状実務25講』44頁〔後藤〕（日本評論社、1993）、三井・前掲注(12) 42頁。

(20) 石毛平蔵『捜査官のための令状問答』25頁（東京法令出版、1979）、酒巻匡『刑事訴訟法』155頁（有斐閣、2015）。なお、条文番号の摘示なく端的に憲法上の要請でないと述べる論者として、小野ほか・前掲注(18) 261頁、松尾監修・前掲注(6) 223頁。

の不言及にあえて転じたことは、強制捜査において事後通知すら必須要件とはしない制度設計を受容しうるようにもみえ、懸念が残る。この点に関連して、次の三1でアメリカの状況を参照する。

三 アメリカの状況

1

　捜査官は、令状執行場所への物理的立入りに先立って、原則としてその来訪・来意を告げねばならない（knock-and-announce requirement）[21]。これは、元来コモン・ロー上の要請であるが、現在は合衆国憲法第4修正（不合理な捜索・押収の禁止）上の位置づけをも得ている（Wilson v. Arkansas, 514 U.S. 927 (1995)参照）。また、捜査官は、令状執行後に令状謄本と押収品受領証（receipt）を交付することにより、被処分者に対して処分内容を通知しなければならない[22]（FED. R. CRIM. P. 41(f)(1)(C). さらに被処分者から請求があれば、裁判官は押収目録（inventory）謄本も交付しなければならない（id. 41(f)(1)(D)））。こちらの要請は、合衆国憲法第5・第14修正（適正手続の要請）に基づき、告知と聴聞の機会を保障するものである（City of West Covina v. Perkins, 525 U.S. 234, 240 (1998)参照）[23]。

　但し、追跡機器により位置情報を取得するための令状（追跡機器令状〔tracking-device warrant〕【本書末尾〔資料編〕書式Ⅰ】）を用いる場合、機器使[24]

---

(21) *See* 18 U.S.C. §3109. この点については、別稿で検討している。松代剛枝「捜索差押令状執行に伴う家宅立入――所謂「来訪来意告知（knock and announcement）要請」について」法学62巻6号271頁（1999）【本書第二部第一章】、同「捜索差押状執行に伴う立入――最高裁平成14(2002)年10月4日決定を契機として」『刑事法学の現代的課題（阿部純二先生古稀祝賀論文集）』523頁（第一法規、2004）【本書第二部第一章付記（判例2）】参照。
(22) 捜索後その場を離れる前に、交付する必要がある（2 WAYNE R. LAFAVE, SEARCH AND SEIZURE [*cited as* LAFAVE, SEARCH & SEIZURE] §4.12(a), at 1044 (5th ed. 2012)）。
(23) JEROLD H. ISRAEL & WAYNE R. LAFAVE, CRIMINAL PROCEDURE: CONSTITUTIONAL LIMITATIONS IN A NUTSHELL §2.5(e), at 84 (8th ed. 2014). 但し、このPerkins判決においてThomas裁判官同意意見（Scalia裁判官同調）は、第4修正との関係については将来の判断に委ねつつも、適正手続条項に基づくという法廷意見に対しては疑義を述べている。*See also* 2 LAFAVE, SEARCH & SEIZURE §4.12(h). その後、かかる通知は第4修正上の要請ではないと述べた下級審判例として、United States v. Simons, 206 F.3d 392, 403 (4th Cir. 2000) がある。

用後10日以内に被処分者に通知(令状謄本交付)すれば足りる(FED. R. CRIM. P. 41(f)(2)(C). 裁判官の判断において、この通知時期のさらなる遅滞も可能である(FED. R. CRIM. P. 41(f)(3)))。従って、位置情報を取得される当事者以外に被処分者がみあたらない GPS 捜査の如き捜査手法であっても、当該被処分者に対する直截な事後通知対応により密行性を保持しうる――連邦規則にはそれを可能にする明文規定も在る――点で、現在のわが国とは状況が異なっている。この追跡機器令状を用いる場合、通知は遅滞しても通知義務自体を免れるわけではなく、また、令状発付から機器設置までの期間(10日以内の指定された期間内)や機器使用期間(45日以内の指定された期間内〔延長可能〕)等の縛りがかけられている(FED. R. CRIM. P. 41(e)(2)(C))。

2

　他方、アメリカでは、通信の秘密の保護という概念はわが国に比べて伝統的に弱く、しかも、第三者に対して自ら晒している情報についてはプライバシー期待が低下する――その第三者からさらに他者に伝播するリスクが想定されるべきである――という「第三者法理(リスク想定法理)」がある[26]。これらのことから、郵送過程にある郵便物等の①内容及び②内容以外の情報(郵送経路等情報)、並びに、現に行われている電気的通信――伝送中の電話や電子メール等――の③内容及び④内容以外の情報(通信経路等情報)を捜査官が取得する

---

(24) この令状は、当該追跡が私的領域にかかわるとき――たとえば車のトランク内に機器を設置したり、車がガレージ内にあるときに機器をモニターしたりするとき――に、必要とされる。捜査官が当該機器の設置・交換時に私的領域に立ち入る権限も、この令状で併せて認められる。See FED. R. CRIM. P. 41, COMMITTEE NOTES ON RULES――2006 AMENDMENT. 従って、たとえば目視尾行の補助として電波発信器(beeper)を公道上での追跡にのみ用い、対象が私的領域に入る時点でモニターを終了する場合と、GPS 捜査のように対象が私的領域にある場合にも位置情報を取得することを避けがたい場合とでは、令状の要否が異なることになる。See United States v. Knotts, 460 U.S. 276(1983)(beeper); United States v. Karo, 468 U.S. 705(1984)(beeper); United States v. Jones, 565 U.S. 400(2012)(GPS). 詳しくは、松代剛枝「GPS 及び携帯電話による位置情報取得捜査――アメリカ法を手がかりとして」『浅田和茂先生古稀祝賀論文集(下)』39頁(成文堂、2016)【本書第一部第三章】参照。

(25) 通知が捜査を妨げる等と認められれば、原則として30日以内の遅滞が可能であり、さらに、適切な理由(good cause)が認められれば、原則として90日以内の延長も可能となっている(18 U.S.C.§3103a(b)(c))。

(26) See Smith v. Maryland, 442 U.S. 735(1979).

場合、求められる司法審査のレベルやさらにはその要否自体、それぞれ扱いが分かれてきた。その一因は、当該通信の存否や通信経路情報たる②と④については、自らあえて通信事業者に引き渡している情報であるといえるものの、①と③については、通信事業者の許に在ってもその中身へのアクセス・支配権限まで事業者に委ねられたものではないことにある（そして、通説によれば、かかる「中身」への違法捜査に対して、通信当事者双方に不服申立適格(standing)が認められる）。加えて、既に行われた電気的通信の記録――③と④が通信事業者の許にて保存されているところのもの――についても、以下で各々⑤と⑥として扱う（通説によれば、通信到達後の「中身」――⑤――については、当事者のうち受信者にのみ不服申立適格が認められる）。以下、それぞれ詳しくみてゆく（整理図表として、後掲《図表2》参照）。

　まず、①は、封書（first-class mail）及び封緘小包（sealed package）の場合には、その取得に令状を要する（18 U.S.C. § 1703; FED. R. CRIM. P. 41）。民間の貨物

---

(27) 司法審査のうち「令状(warrant)」においては、相当な理由(probable cause）を要する。「裁判所命令(court order)」においては、相当な理由を要するものもあるが、通常のもの（general court order）であれば、より緩やかな「関連性」基準――これは合理的な嫌疑(reasonable suspicion)と同レベルともいわれる――をみたせば足りる。See 2 WAYNE R. LAFAVE ET AL., CRIMINAL PROCEDURE [cited as LAFAVE ET AL., CRIMINAL PROCEDURE] § 4.8(c), at 602(4th ed. 2015). 但し、関連性基準に依拠した裁判所命令のうちでも、厳密にいえば、pen register/trap & trace order（18 U.S.C. § 3123(a). 後掲注(32)）の方が、d-order（18 U.S.C. § 2703(d). 後掲注(38)）よりも、基準がさらに緩やかであると解される。令状請求にあたり事実(facts)の摘示が必要か否かと、裁判所の裁量権があるか否かの点で、規定ぶりが相違することによる。See RICHARD M. THOMPSON, CONG. RESEARCH SERV., R42109, GOVERNMENTAL TRACKING OF CELL PHONES AND VEHICLES: THE CONFLUENCE OF PRIVACY, TECHNOLOGY, AND LAW 7(2011), reprinted in LEGALITIES OF GPS CELL PHONE SURVEILLANCE 19, 26-27 (Emily M. Johnson & Michael J. Rodriguez eds., 2012). 従って、§ 3123と§ 2703とを重畳適用した場合の基準（後述④'⑥'の(ⅰ)説参照）は、事実上後者（§ 2703 i.e. d-order）に等しいといえる。

(28) 6 LAFAVE, SEARCH & SEIZURE § 11.3(f), at 292-294.

(29) See 6 LAFAVE, SEARCH & SEIZURE § 11.3(f) n. 441(2015-2016 Pocket Part, 2015); State v. Marcum, 2014 OK CR 1, 319 P.3d 681(Okla. Crim. App. 2014)（通信事業者の許に保存されている過去のメール内容についてプライバシー期待を有する不服申立適格者は、通信当事者のうち受信者のみである点で、現在行われている通信内容情報――不服申立適格は通信当事者双方にある――とは異なると述べた例）。

(30) Ex parte Jackson, 96 U.S. 727(1877); United States v. Van Leeuwen, 397 U.S. 249(1970); United States v. Jacobson, 466 U.S. 109(1984). See 2 LAFAVE ET AL., CRIMINAL PROCEDURE § 4.2; ROLANDO V. DEL CARMEN, CRIMINAL PROCEDURE: LAW AND PRACTICE 204(5th ed. 2001). なお、郵政上の検査(inspection）においても、物理的取得を伴わないながらなお捜索令状が必要である（39 U.S.C. § 404(c)）。

運送事業者の扱う封緘小包であっても、同じ枠組みによる[31]。

次に、②については、そもそも憲法第4修正の保護下にないと解されている。そのため、捜査官は、その取得にあたり、国家の安全保障・逃亡者の検挙・犯罪証拠の獲得等について合理的な根拠(reasonable grounds)を示す必要はあるものの、令状等は不要である（39 C.F.R. 233.3(e)(2)）。

そして、③は、その取得にあたり傍受命令（wiretap order）を要する（18 U.S.C.§2518）。通信の当事者に対しては、事後通知が必要とされる（但し、傍受命令対象者の相手方への通知については、裁判官の裁量による。18 U.S.C.§2518(8)(d)）。この通知は傍受命令期間終了後原則として90日以内の合理的な期間内になされるが、裁判官が適切な理由（good cause）を認めれば期間延長も可能となっている（18 U.S.C.§2518(8)(d)）。他方、通信事業者には、対当事者を含む不開示（不通知）義務が課せられている（18 U.S.C.§2511(2)(a)(ⅱ)）。

さらに、④の、通信時の電話番号情報やメールアドレス等（すなわち通信端末位置情報以外の通信経路等情報）については、伝統的に憲法第4修正の保護下にないと解されてきたため、令状よりも緩やかな条件である発信元・着信先探知用の裁判所命令(pen register/trap & trace order)【**本書末尾〔資料編〕書式Ⅱ**】[32]で取得しうる（18 U.S.C.§3123(a)）。通信当事者への通知は、捜査官と通信事業者のいずれからもなされない虞が残る（18 U.S.C.§3123(d).当該情報取得のための裁判所命令は、端的に「裁判所が別途命じるまで（until otherwise ordered by the court）」秘匿されることになっており、かつ、通信事業者に対しても、同じく「裁判所が別途命じるまで」、対当事者を含む不開示〔不通知〕義務が課せられる）。

他方、④'の、通信端末の現在(リアルタイム)位置情報については、扱いが未だ統一されていない。この位置情報については、当初は、通信時・非通信時の区別なしに、そして通信端末位置情報と最寄り基地局位置情報の区別なしに、(ⅰ)裁判所命令により取得する立場（18 U.S.C.§§3123(a), 3127(3)〔通信端末と基地局との間

---

(31) *Jacobson*, 466 U.S. at 114; 2 LAFAVE ET AL., CRIMINAL PROCEDURE §4.2(a), at 511.
(32) 「獲得される見込みの情報が……進行中の捜査に関連する（relevant to an ongoing criminal investigation）」と裁判所が認める（certify）場合、裁判所は当該命令を発するものとする（shall）（18 U.S.C.§3123(a)）。*See* United States v. Forrester, 512 F.3d 500 (9th Cir. 2008)（送受信メールアドレスのみならず、閲覧先URL情報もこの基準で取得することを許容した例）。

の電波情報の取得〕と18 U.S.C.§2703(c)〔加入者情報記録の取得〕とを重畳適用するもの)【本書末尾〔資料編〕書式Ⅳ】が、多くみられた[33]。しかし近時、特に非通信時の位置情報については、通信端末位置情報か最寄り基地局位置情報かを問わず、(ⅱ)令状により取得する立場(18 U.S.C.§3117; FED. R. CRIM. P. 41(f)(2))【本書末尾〔資料編〕書式Ⅰ】がむしろ強くなっている[34]。この場合、通信事業者から通信当事者への通知が捜査を妨げる等と認められれば、裁判所が別途命じるまでは開示(通知)しないよう令状にて通信事業者に指示記載するという実務により、対応している[35]。(ⅱ)が支持を得ている背景には、GPS捜査で取得される位置情報(令状を要するとの理解が既に浸透しているもの──前述三1参照)と実質的には異ならないとすれば、第三者法理による「免責」に疑義が生じることや、特に非通信時の(基地局位置情報ではなく)GPS位置情報の場合には、通信当事者が通信事業者に引き渡しているともいえないこと等がある[36]。なお、閲覧先URL情報(特にそれが検索語句を含む場合)については、通

---

(33) (ⅰ)説は、概略以下の通りである。Pen Register Statute の裁判所命令(18 U.S.C.§3123)は、その定義によれば、「wire or electronic communication」の最中に、発着信電話番号等のほかに「電波情報(signaling information)」をも探知・取得しうる(18 U.S.C.§3127(3))。この電波情報には位置情報も含まれるかにみえるが、別途に Communications Assistance for Law Enforcement Act (CALEA)が、pen register のみに基づく(solely pursuant)位置情報取得を禁じている(47 U.S.C.§1002)。そこで、(ⅰ)説の論者は、Stored Communications Act (SCA)の加入者情報記録の取得規定(18 U.S.C.§2703(c))を重畳適用することにより、この難点の解消を図る。

 しかし、(ⅰ)説の問題点として(1)「electronic communication」は、その定義上、「追跡機器(tracking device)」から発信されるものを含まず(18 U.S.C.§2510(12))、また、「wire communication」は、音声伝送を想定しており、やはり位置情報を含まない。(2)上記 SCA は過去の通信記録の取得を管轄する規定であるから、位置情報のうち少なくともリアルタイムのものの取得には適用しえない。従って、適用すべき特別規定はなく、原則に戻って取得には令状を要すると考えるのが、(ⅱ)説である。See THOMPSON, supra note 27, at 11-14, reprinted in, at 29-31. なお、上記問題点(1)に対する(ⅰ)説からの再反論につき、後掲注(41)参照。

(34) 判例の動向については、別稿で検討している。松代・前掲注(24) 56-60頁【本書第一部第三章三2】参照。See also Gina Stevens et al., Memorandum to Senate Intelligence Committee, Legal Standard for Disclosure of Cell-Site Information (CSI) and Geolocation Information (June 29, 2010), https://fas.org/sgp/crs/intel/crs-csi.pdf.

(35) AARON EDENS, CELL PHONE INVESTIGATIONS 44 (Police Pub., 2014).

(36) 前記 Jones 判決の Sotomayor 裁判官同意意見は、第三者法理(リスク想定法理)への疑義にも言及している(Jones, 565 U.S. at 417-418)。See also Richard M. THOMPSON II., CONG. RESEARCH SERV., R43586, THE FOURTH AMENDMENT THIRD-PARTY DOCTRINE (2014). But see Orin Kerr, The Fourth Amendment and New Thechnologies: Constitutional Myths and the Case for Caution, 102 MICH. L. REV. 801, 859 (2004).

信内容情報か通信経路等情報か——③と④（過去の記録であれば⑤か⑥）のいずれの規制に服すべきか——自体議論がある。[(37)]

加えて、通信事業者の許にて保存されている過去の記録——⑤過去の通信内容及び⑥過去の通信内容以外の情報（通信経路等情報）——の取得について。まず、⑤過去の通信内容情報（蓄積・保存されている送受信済電子メールの内容記録）については、基本的には令状により、但し保存期間が180日を超える記録については要件のより緩やかな裁判所命令（§ 2703 Court Order〔所謂 d-order〕）【本書末尾〔資料編〕書式Ⅲ】[(38)]か罰金付提出命令（subpoena）により、取得しうる（18 U.S.C. § 2703(a)(b)）[(39)]。これらのうち、捜査官が当該情報を「令状により」取得する場合には、通信当事者への事前通知を要しない。「裁判所命令か罰金付提出命令により」取得する場合には、原則として通信当事者への事前通知を要するが、裁判所の判断において90日以内の通知遅滞も可能となって

---

(37) 2 LaFave et al., Criminal Procedure § 4.4(d), at 527. 内容情報とみる判例として、In re Pharmatrak, Inc., 329 F.3d 9, 18 (1st Cir. 2003)。内容情報ではないとみる判例として、In re Google Inc. Cookie Placement Consumer Privacy Litigation, 988 F. Supp. 2d 434 (D. Del. 2013)。その後、後者の控訴審たる In re Google Inc. Cookie Placement Consumer Privacy Litigation, 806 F.3d 125 (3d Cir. 2015)は、URL のドメイン名部分はユーザーを特定のサイトへ導くようサーバーに指示するものであって電話番号に類似するが、URL のドメイン名より後の部分は内容情報にあたる、との二分論を示唆している。See 2 LaFave et al., Criminal Procedure (2016-2017 Pocket Part, 2016) § 4.6(b), at 16-17. なお、Forrester 判決・前掲注(32)参照。

(38) 当該通信の内容情報・履歴情報等が「進行中の犯罪捜査に関連しかつ重要である（relevant and material to an ongoing criminal investigation）」と確信する合理的な根拠(reasonable grounds)を示す「特定・明示された事実（specific and articulable facts）」を捜査官が提供する場合にのみ、裁判所は当該命令を発しうる（may）（18 U.S.C. § 2703(d)。この裁判所命令は一般に「d-order」と略称される）。

(39) 未読メールについては、当初の保存期間180日間は令状でしか取得しえないことに争いはない。しかし、既読メールについては、これと同じ扱いか、それとも、当初より令状のみならず裁判所命令や罰金付提出命令によっても取得しうるか、論者によって適用規定の解釈が分かれている（2 LaFave et al., Criminal Procedure § 4.8(d)）。

尤も、事業者(ISP: third-party intermediary)の許にて保存されている過去の送受信済電子メール内容の記録にも、郵便や電話の内容の場合と同様に第４修正の保護を及ぼすべきであり、従って、そもそも裁判所命令や罰金付提出命令による取得の余地を残す当該法規定は違憲であると断じた例として、United States v. Warshak, 631 F.3d 266, 286 (6th Cir. 2010)（捜査官がまず対象者の送受信メール内容の保全を通信事業者に要請し、その後それらを裁判所命令ないし罰金付提出命令によって通信事業者から取得した事案。なお、当事者への通知がなされたのは、裁判所命令による取得時から数えて１年後〔罰金付提出命令による取得時から数えれば１年４月後〕であった）。See also Tex. Code Crim. Proc. Ann. art. 18.02(13)（相当な理由に基づく令状を要する旨の州立法例）。

いる（18 U.S.C.§ 2705(a)）。「令状」と「裁判所命令か罰金付提出命令」のいずれの手法による場合にも、通知が捜査を妨げる等と認められれば、裁判所は通信事業者に対して、一時的にすなわち「裁判所が適切であると考える期間 (for such period as the court deems appropriate)」、対当事者を含む不開示〔不通知〕義務を課しうる（18 U.S.C.§ 2705(b)）。[40]

最後に、⑥過去の通信経路等情報の記録について。通信事業者の許にて保存されている発着信電話番号や送受信メールアドレス等の履歴であれば、罰金付提出命令で取得しうる (18 U.S.C.§ 2703(c)(2))。他方、⑥'過去の通信端末位置情報の履歴については、その取得に際して裁判所命令【本書末尾〔資料編〕**書式Ⅳ**】ないし令状を要する（上記④'の(i)ないし(ⅱ)説。但し、④'の場合と異なり、この⑥'では現在のところ(i)説が支配的である）。[41]捜査官から当事者への通知は不要とされている（18 U.S.C.§ 2703(c)(3)）が、通信事業者に対して当事

---

(40) 近時実務では、不開示（不通知）命令──とりわけ「期間（term）」として具体的な期間を指定・明示しない形態のそれ──が相当数に上る。例えば Microsoft 社の場合、2014年9月から2016年3月までの1年半において、その顧客（当事者）情報が要求された事案のうち不開示（不通知）命令付のものが約半数を占めており、さらにそのうちの約3分の2で具体的な期限設定がなされていなかったという。Microsoft 社は、かかる「箝口令（gag order）」規定の合憲性につき、顧客における第4修正上の権利（当局が捜索・差押えしたことを知る権利）侵害と事業者における第1修正上の権利（顧客に告げる権利）侵害の双方の観点から、疑義を差し挟むも。See Steve Lohr, *Microsoft Sues Justice Department to Protect Electronic Gag Order Statute*（Apr. 14, 2016）, http://www.nytimes.com/2016/04/15/technology/microsoft-sues-us-over-orders-barring-it-from-revealing-surveillance.html（last visited Nov. 26, 2017）。なお、具体的期限を指定・明示しない不開示命令を認めた例として、*In re* Search Warrant for [Redacted].com, 248 F. Supp. 3d 970 (C.D. Cal. 2017) [Adobe]; *In re* Search Warrant Issued to Google, Inc., 2017 WL 4024448 (N.D. Ala. 2017) [Google] があり、認めなかった例として、*In re* Search Warrant for: [Redacted]@hotmail.com, 74 F. Supp. 3d 1184 (N.D. Cal.2014) [Microsoft] がある。*See also* 2 LAFAVE, SEARCH AND SEIZURE (2017-2018 Pocket Part, 2017) § 4.12(b), at 124-125 ; 2 LAFAVE ET AL., CRIMINAL PROCEDURE (2017-2018 Pocket Part, 2017) § 4.8 (i) (*added as* new section)。

(41) *See* Tracey v. State, 152 So. 3d 504 (Fla. 2014)（この判決は現在の位置情報の取得に令状／相当な理由を必要とする旨判示したものであるが、判決文中で過去の位置情報記録の取得に関しても詳しい言及がある (at 515-516)）。松代・前掲注(24) 57頁注58【本書第一部第三章注(58)】参照。

SCA (18 U.S.C.§ 2703)は、「wire or electronic commnications」の記録を取得する規定であるため、前掲注(33)で述べた(i)説の問題点(1)の指摘──「wire or electronic commnications」は位置情報を含まない──がここにも妥当するとみる論者は、過去の位置情報記録の取得についても現在の位置情報の場合と同じく、令状説をとる傾向が強い。対する裁判所命令説からの再反論は、通信端末は追跡機器にあたらないので「electronic communication」の射程からなお外れない、あるいは、もし仮に追跡機器にあたると解しても、音声伝送の機能について利用者は同意しているので「wire communication」の射程に入る、というものである。

者への不開示（不通知）義務を課す関連規定はかかってこない（18 U.S.C.§2705(b)参照）。ただ、当該通知が捜査を妨げる等と認められれば、特に令状による取得の場合には、おそらくは前記④'の実務の場合と同じく、裁判所が別途命じるまで不開示（不通知）とする旨を当該令状にて事業者に指示することも、ありうるものと思われる。裁判所命令による取得の場合にも、適切な理由（good cause）があると認められれば、同様の扱いがなされるようである（書式Ⅳの7-8頁目参照）。

わが国と比べると、事業者介在形態の密行型捜査のうち、捜査官から当事者への通知が義務づけられていない領域は同様に一部存在するものの、特に④⑤⑥（④'⑥'を含む）のうちの主要部分においては、裁判所が通信事業者に対して通信当事者への一定期間の不通知義務を個別的に課す点で、特徴的である。不通知義務を課せられていない場合の実際の通知対応は各通信事業者にもよるが、少なくとも令状による取得に関しては、事業者においては裁判所から不通知義務を課せられない限り、自らの顧客（当事者）に通知する運用が想定されている。

なお、ケーブル・サービス事業者について付言する。これらの事業者から取得しうる現在・過去の情報のうち特に加入者による番組選択情報は、個人の趣味嗜好に強くかかわるものであり、その意味で、上記諸例のうち閲覧先URL情報に比較的近い性質を持つといえる。捜査官は裁判所命令により当該情報を事業者から取得しうるが、当事者（当該加入者）に対しては事前通知を要する旨規定されている（47 U.S.C.§551(c)(2)(B). ケーブル・サービス事業者の有するその他の一般的な通信関連情報については、前述・通信情報取得の枠組みによる(47 U.S.C.§551(c)(2)(D)))。

---

(42) なお、郵便物における過去の郵送経路等情報の記録──②の過去の記録──についても、アメリカでは、合衆国郵便(United States Postal Service)が全郵便物の外観を撮影・保存していることから、取得が可能である。捜査官がその情報を取得するにあたって、令状等は不要である（"Mail Isolation Control and Tracking Program." See 2 LAFAVE ET AL., CRIMINAL PROCEDURE §4.2(c)）。
(43) EDENS, *supra* note 35, at 44.

四　検討

1

　強制捜査を秘密裡に行う手法について、わが国とアメリカをみると、展開過程は若干異なるものの、興味深い重なりも少なくない。

　わが国では、伝統的に通信の秘密の保護枠組みを堅持し、通信過程にある通信内容情報及び通信内容以外の情報（及びこれらに準じた保護を受けるものとして、非通信時の通信端末の現在位置情報）、そしてそれらの過去の記録の全てにおいて、取得に令状を要する。その意味では、手厚い保護が与えられた法体系である。しかし、通信事業者との関係において令状の事前呈示要請をみたすことで、通信当事者に対しては事後も含めて通知しない運用がもたらされるのであれば、告知と聴聞の機会の保障は実質的に大きく損なわれることになる。殊に、現在・過去の通信端末位置情報（前記④'⑥'）や過去の通信内容情報（前記⑤）の取得においては、被侵害利益は近時頓に増大しているところ、当事者への通知規定は特段おかれていない。関連して、通信傍受法施行前に検証令状により通信事業者から通信内容情報を取得した事案につき、通信当事者への事後通知、不服申立てが規定されていないことを指摘しつつもなお許容した最高裁判例が、想起される（最決平成11〔1999〕年12月16日刑集53巻9号1327頁）。

　ただ、従来わが国で論じられてきたこれらは全て、捜査官からの通知をいうものであった。しかるに、アメリカでは、同じく④'⑥'及び⑤の取得について、通信事業者から通信当事者に対して通知することを概ね前提としており、これに例外的に裁判所が個別の一時的不通知義務を設定することで、密行型捜査の存立余地を残している。告知と聴聞の機会の保障という観点からこれで十分な手当てといえるかどうかは別論として、わが国の現行実務運用に見直しをせまる示唆といえよう。もとより対象情報の直接の支配者に対してのみ令状を事前呈示する運用は、呈示の対象をそれ以外の者にまで拡げた場合における範囲の不明確性や実施の困難性を、その主な拠り処とする。従って、捜査の密行性との関係で、通信事業者から当事者への不通知を所与のものとして期待するのは、やや筋が違うようにも思われる（前述二1末尾参照）。

2

　また、現在わが国においては、GPS捜査最高裁判決を契機として、「処分を受ける者」に対する令状事前呈示の要請をより直截に外す密行型捜査の在り方も、議論の俎上に載せられている。立法によらずに既存令状に条件付記する運用でこれを認める手法については、本来刑訴法は身体検査令状（218条6項）を除いて令状への条件付記対応を予定していないうえ、権利「減縮」的事項をこのイレギュラーな形で処理するとあっては尚更、望ましくないであろう。立法により認める方向を模索するのであれば、憲法の適正手続条項に由来する告知と聴聞の機会の保障の一環として、被処分者への事後通知義務（及びその他の要件）を導き出すアメリカの手法は、この局面でもひとつの手がかりになる。

　尤も、アメリカの場合、通知遅滞規定自体は、通常の捜索差押えの局面にも存在する。そして、この物理的な「秘密捜索(sneak and peek)」——さらに「秘密押収(sneak and steal)」——は、監視型捜査手法のひとつとして、現在とりわけ深刻な物議を醸している。わが国における今後のGPS捜査立法が、位置情報取得システム提供事業者を「処分を受ける者」と解する事業者介在形態の延長線上において諸要件を付加するものではなく、位置情報取得される当事者を「処分を受ける者」と解してこれに対する正面からの通知遅滞の制度を導入するものになるのであれば、その背後に拡がるあらたな理論射程についても、留意する必要がある。

---

(44) 河上ほか編・前掲注(3) 383頁〔渡辺〕、第177回国会参議院法務委員会議事録17号・前掲注(10)にて引用した江田発言。
(45) 最決平成11年12月16日・前掲1331頁（「身体検査令状に関する同法218条5項〔現218条6項〕は、その規定する条件の付加が強制処分の範囲、程度を減縮させる方向に作用する点において、身体検査令状以外の検証処分許可状にもその準用を肯定し得ると解される」〔下線、松代〕）参照。そして、GPS捜査最高裁判決は、「〔令状の事前呈示〕に代わる公正の担保の手段が仕組みとして確保」されることを求める（下線、松代）。
(46) 憲法35条（令状主義）から導き出す可能性については、別途の検討を要する。合衆国憲法第4修正は「不合理な（unreasonable）」捜索・押収の禁止要請であり、わが国の憲法35条とは異なることから、この点では直接の比較法の示唆を得にくい。
(47) この点については、別稿で検討している。松代剛枝「いわゆる『秘密捜索』について——アメリカ愛国者法を手がかりとして」法時78巻5号67頁（2006）【本書第二部第二章】参照。

《図表1》対象情報の取得方法と当事者への通知（日本の場合）

	内容情報	内容以外の情報
		通信経路等情報・通信端末位置情報
電話 現在情報	傍受令状（通知あり） ③	検証令状 ④④'
電話 過去情報		差押／記録命令付差押令状 ⑥⑥'
電子メール 現在情報	傍受令状（通知あり） ③	検証令状 ④④'
電子メール 過去情報	差押／記録命令付差押令状 ⑤	差押／記録命令付差押令状 ⑥⑥'

《図表2》対象情報の取得方法と当事者への通知（アメリカの場合）

	内容情報	内容以外の情報	
		通信経路等情報	通信端末位置情報
電話 現在情報	wiretap order (notice) ③	court order (no notice?[a]) ④	warrant (court order) (notice[b]) ④'
電話 過去情報		subpoena ⑥	court order (warrant) (notice?[d]) ⑥'
電子メール 現在情報	wiretap order (notice) ③	court order (no notice?[a]) ④	warrant (court order) (notice[b]) ④'
電子メール 過去情報	warrant（過去180日以内）／court order or subpoena (notice[c]) ⑤	subpoena ⑥	court order (warrant) (notice?[d]) ⑥'

a 「裁判所が別途命じるまで」不通知とする。
b 当事者への通知が捜査の妨げになる等と認められる場合には、裁判所が別途命じるまで不開示（不通知）とするよう、事業者に対して指示する。
c 当事者への通知が捜査の妨げになる等と認められる場合には、「裁判所が適切であると考える期間」不開示（不通知）とするよう、事業者に対して指示する（通常はwarrantの場合。court orderないしsubpoenaの場合は、原則として当事者に事前通知する）。
d 当事者への通知が捜査の妨げになる等と認められる場合／適切な理由があると認められる場合には、裁判所が別途命じるまで不開示（不通知）とするよう、事業者に対して指示する？

※上記図表1及び図表2中の丸付数字は、各々本章二1及び三2の説明に対応している。

補 遺

補遺

一　公道上の人の写真撮影——学説と判例との交錯

1

　写真撮影が物を被写体としてなされる場合、その法的性質は検証ないし実況見分に該る（最決平成 2 年 6 月27日刑集44巻 4 号385頁）。しかし、人を被写体とする場合については、何人もみだりに容貌・姿態を撮影されない自由を有することからして、その法的性質の如何、許容の程度或は許容そのものが争点となる。

　現行刑事訴訟法が写真撮影に直接言及するのは、身柄拘束中の被疑者に対する無令状撮影を許す218条 2 項(補1)のみである。従って、写真撮影が強制処分であるとすれば、これ以外の場合は強制処分法定主義（刑訴法197条 1 項但書）ゆえに認められないとの批判に直面する。任意処分であるとしても、対物撮影の場合とは異なった、人権との調整があらためて必要となる。

2

　下級審の判断が混迷する中、最大判昭和44年12月24日刑集23巻12号1625頁（判例(1)・京都府学連デモ事件）は、一般論としては憲法13条に基づく肖像権的なものを認めつつ、具体的には①現行犯性、②証拠保全の必要性及び緊急性、③手段方法の相当性を以て、違法デモ行進の写真撮影を許容した。本判決は、写真撮影が強制処分であるとも任意処分であるとも明言せずに許容要件のみを提示したが、許容要件が凡そこの 3 者に限定されるのか否かは判然としなかった（自動速度監視装置によるスピード違反運転者の撮影を許した最判昭和61年 2 月14日刑集40巻 1 号48頁もほぼ同旨）。

　その後現在に至るまで、この点を非限定とみる下級審判例が、他要件を提示・蓄積する。

　焦点は、要件①の現行犯性にある。東京地判平成元年 3 月15日判時1310号158頁（判例(2)・上智大学内ゲバ事件）は、既に行われた犯罪のための写真撮影

を許容したが、ここでは要件①の代替要件として、事案の重大性・被撮影者の限定・手段の非代替性が挙示された（京都地決平成2年10月3日判時1375号143頁も同旨。なお東京高判昭和43年1月26日高刑集21巻1号23頁〔田町電車区入浴事件控訴審〕参照）。

要件①の瓦解は、犯罪発生前にも及ぶ。東京高判昭和63年4月1日判時1278号152頁（判例(3)・山谷争議団事件）は、派出所前設置ビデオカメラによる継続的自動撮影を許容するあたり、要件①に代えて「犯罪が発生する相当高度の蓋然性」を挙示した。この代替要件を梃に、司法警察活動でありながら、要件①は犯罪発生前へと滲透したのである（判例(1)前の類例として東京地判昭和42年5月30日下刑集9巻5号699頁。なお大阪地決平成2年7月18日判例集未登載及び田町電車区入浴事件控訴審判決前掲参照）。

加えて、この「……相当高度の蓋然性」が備わるや撮影（記録）を行うための前提として、必要時には撮影に転化し得るところの監視の要請が増す。大阪地判平成6年4月27日判時1515号116頁（釜ヶ崎監視カメラ事件。大阪高判平成8年5月14日〔控訴棄却〕、最判平成10年11月12日〔上告棄却〕共に判例集未登載）では、蝟集事案等多発地区における要所設置テレビカメラ15台を介しての監視が1台を除いて許容されたが、ここで監視は、行政警察活動に属する任意処分と位置づけられた。従って、撮影判例とあわせ見るに、監視自体は「……相当高度の蓋然性」や「緊急性」を要せずに犯罪発生前から行い得た上で、撮影許容要件が備われば即時に司法警察活動たる撮影に移行する、という構造理解が窺知される（判例(3)の原審証拠採用決定〔判時1278号156頁登載〕及び判例(1)前の東京高判昭和41年3月24日高検速報1609号1頁は、行政警察活動としての撮影を許容するが、その先例性に疑問なしとしない）。

3

かかる判例の論理基盤を解明すべく、諸学説を6大別して検討する。

許容説Ⅰは、写真撮影を任意処分とみるが、その根拠は、物理的強制力を行使しないから、或は、捜査官から注視等されるのと同程度の行為に過ぎないから、というものである（坪内利彦「写真撮影」三井誠ほか編『刑事手続（上）』151頁〔悠々社、1988〕、河上和雄「写真撮影」同編『刑事裁判実務大系⑾』152頁〔青

林書院、1991〕)。従って、許容要件としては、所謂比例原則を基礎に、目的の正当性・必要性・相当性さえ充たされればよく、緊急性は不要である。本説に立てば、前記判例(1)(2)(3)の何れもが許容されるのみならず、行政警察活動としての写真撮影すら許容されるであろう。しかし、本説に対しては、任意と強制との区別の現基準は、対象者の権利・利益を実質的に危殆化するか否かに依っているのであって、物理的強制力の有無に依る旧基準は既に放棄されているとみられる点、直接注視等に比べて写真撮影の侵害度は一般に高いと考えられる点、を捉えた批判がなされる。

　許容説Ⅱは、写真撮影は任意処分とも強制処分とも一律には決し難いが、例えば街頭での公然たる行動は住居内での行動に比べるとプライバシー期待としては一段劣位にあり、その撮影はなお任意捜査の範疇にあるという(角田正紀「犯罪発生前からなされた捜査官によるビデオテープの撮影、録画行為が適法なものとされた事例」研修483号59頁〔1988〕、井上正仁「科学捜査とその限界」書研所報35号1頁〔1989〕)。許容要件として犯罪発生の高度の蓋然性・必要性及び緊急性・相当性が例示されること(長沼範良「刑事訴訟法演習」法教203号119頁〔1997〕)からすれば、前記判例(1)(2)(3)は許容の射程内となろう。しかし、本説に対しては、確かに街頭と住居内とでは同列の侵害ではないが、前者とて実質的な侵害を生じないとはいえない、との批判がある。また「高度の蓋然性」を以て従来の捜査(司法警察活動)概念を犯罪発生前へと滲透させた点は、捜査と位置づけることで無制約な拡張を封じる利ある一方、同時にこの拡張が強制処分が実施可能となる時点を犯罪発生前へと移す意であってみれば(古田佑紀「犯罪の発生時期と捜査の開始時期」判タ528号52頁〔1984〕)、なお慎重な検討を要する。

　許容説Ⅲは、写真撮影を強制処分とみるか(時武英男「犯罪捜査と肖像権」『佐伯千仭博士還暦祝賀・犯罪と刑罰(下)』240頁〔有斐閣、1968〕、藤野英一「写真撮影」熊谷弘ほか編『捜査法大系Ⅲ』263頁〔日本評論社、1971〕)否か(藤木英雄「犯罪捜査の目的でする写真撮影といわゆる肖像権」ジュリ444号87頁〔1971〕、松浦秀寿「写真撮影」判タ296号46頁〔1973〕)にかかわらずその強制的色彩は認めたうえで、身柄拘束中の無令状撮影を許す刑訴法218条2項(補1)から推して、逮捕要件が実質的に備われば、実際には逮捕せずとも無令状撮影を許容し得ると

説明する。従って許容要件は、逮捕要件の具備（藤木は捜索検証要件でも可）・必要性及び緊急性・相当性である。本説に立てば、許容は必然的に犯罪発生後に限られ、前記判例のうちでは(1)及びせいぜい(2)のみが許容範疇にある。現行法規定を介在させるこの論理は、任意処分説にあっては明確な限界画定の役割を果たし、強制処分説にあっては強制処分法定主義に抵触せずに無令状撮影の許容を可能にする。しかし、同条項はあくまでも身柄拘束の先行する者についてのみ身許確認等のために付随し得る範囲内での無令状撮影を認めたものと考えれば、逮捕代替的に撮影の許容を一般化する本説には、解釈論上の疑義がある。

　許容説Ⅳは、写真撮影を現行法上の強制処分「検証」の一種たる身体検査であると解し、逮捕に伴いその現場での無令状検証を認める刑訴法220条1項2号から推して、逮捕要件が実質的に備われば、実際には逮捕せずとも無令状撮影を許容し得ると説明する（時に法218条2項^(補1)もあわせて援用。村井敏邦「犯罪の発生が予測される現場に設置されたテレビカメラによる犯罪状況の撮影録画が適法とされた事例」判評360〔判時1294〕号61頁〔1989〕）。とりわけ、写真撮影が単なる検証ではなく身体検査である点や現行犯ならば無令状で逮捕できる点に鑑み、許容要件を現行犯性・必要性及び緊急性・相当性に限定すれば、解釈論上の難も少ない（光藤景皎『口述刑事訴訟法（上）〔第2版〕』168頁〔成文堂、2000〕）。これは前記判例(1)の許容要件に一致するが、現行法規定の介在により、強制処分説に立ちつつも強制処分法定主義に抵触しない許容論理を提供し得ている。しかし、実際には逮捕を伴わない以上、緊急検証を認めるものとしての批判は免れない。

　許容説Ⅴは、写真撮影は既成の古典的強制処分には入らない「新しい強制処分」ゆえ、現行法上の許容規定なく行っても強制処分法定主義に反しないという（田宮裕『捜査の構造』244頁〔有斐閣、1971〕）。尤も、憲法の適正手続の保障及び令状主義の精神に照らして、犯罪の嫌疑（重大犯罪ならば「切迫性」で可）・必要性・緊急性・相当性は要求される（同『刑事訴訟法〔新版〕』121頁〔有斐閣、1996〕）。しかし、本説に対しては、そもそも強制処分法定主義とはあらゆる強制処分について妥当するもので、これを判例運用という非立法手段によって潜脱すべきではないとの批判が強い。

非許容説は、写真撮影を強制処分とみたうえで、現行法に許容規定が見当たらない以上、強制処分法定主義ゆえに許容し難いという（三井誠『刑事手続法(1)〔新版〕』114頁〔有斐閣、1997、法教147号（1992）初出〕、渡辺修『捜査と防御』21頁〔三省堂、1995、神院21巻2号（1994）初出〕）。本説は、目前の「必要性」による安易な人権切崩しを掣肘する論理として、強制処分法定主義の本質に最も迫るが、同時に、立法が成るまで一切許容されないのでは「必要性」に即応できないという批判と表裏をなす。

4

科学技術の発展により、写真撮影は、当初刑訴法218条2項の想定した静的対象を写すものから、動的対象を瞬時に写すものへ、自動的継続的に一定範囲内の人の動向そのものを捕捉するものへと、変質してきた。コンピュータと連携した現在の写真撮影は、技術的には、広域移動する対象物をも刻々と捕捉識別し得るに至る（車両ナンバー自動読取装置〔Nシステム〕に関する東京地判平成13年2月6日判時1748号144頁参照）。この変質を背景として、写真撮影の「必要性」は飛躍的に高まったが、相応してその権利・利益侵害の潜在的可能性もまた拡がりつつある。

写真撮影の法的性質は刑訴法218条2項のみからは必ずしも明確ではないが、同条項及び監獄法施行規則20条が何れも指紋採取を併記し、かねてより同種の位置づけを与えてきたことは、示唆的である。そして現在、指紋採取については、採取検出技術の向上と迅速な検索照合を行うコンピュータの導入とを背景として、特定人の指紋を確保すれば、単なる身許確認を越えて、巷の遺留指紋によりその者の動向や更に動向から帰結される性格・思想をも調査し得る虞が生じている（横田耕一「外国人登録法の指紋押捺制度の合憲性」法政56巻2号121頁〔1990〕）。写真撮影についても、かつてのそれは格別、少なくとも変質した現在のそれは、強制処分の域に達しているのではなかろうか。そうであるならば、非許容説が最も論理に優れるが、許容の解釈論としては、許容説Ⅳにて現行犯性を課すあたりに成立の可能性が残るように思われる。

〈参考文献〉

本文中に掲げたもののほか

庭山英雄「写真撮影と肖像権」松尾浩也編『刑事訴訟法の争点〔第1版〕』86頁（有斐閣、1979）

島伸一「写真撮影」松尾浩也＝井上正仁編『刑事訴訟法の争点〔第2版〕』82頁（有斐閣、1991）

的場純男「職務質問と写真撮影」平野龍一＝松尾浩也編『新実例刑事訴訟法Ⅰ』204頁（青林書院、1998）

松代剛枝「捜査における人の写真撮影」『光藤景皎先生古稀祝賀論文集（上）』111頁（成文堂、2001）【本書第一部第一章】

（補注1）　刑訴法218条2項は、2011（平成23）年の法改正により、現在は同条3項である（条文番号のみ変更）。

（補注2）　監獄法施行規則20条は、2006（平成18）年の規則改正により、現在は刑事施設及び被収容者の処遇に関する規則10条である。文言は若干変わったが、本稿の脈絡で実質的影響はない。

（補注3）　関連判例として、その後、最判平成20年4月15日刑集62巻5号1398頁が加わっている。【本書第一部第一章付記（判例1）】参照。

補遺

二　捜索差押令状執行に伴う「必要な処分」の変容

1

　わが国の現行刑訴法は、捜索差押令状の執行にあたり、開錠、開封その他必要な処分を行うことを許容する（法111条1項）。捜査機関は、この規定により、物の発見・取得のため合理的に必要と考えられる最小限度で、強制に亙る力を行使することができる（法222条1項で準用）。このように「必要な処分」の許容という形で捜査機関がその判断・裁量に大きく依存して強制力を発動し得る余地を設けたのは、令状執行という流動的な特殊場面で適切・柔軟に対応する益を考慮したためであった。

　「必要な処分」は、令状執行行為自体より広く、執行を円滑、適正に行うために必要不可欠な事前行為を包括する。従来からの具体例としては、床板や壁の損壊、フィルムの現像、磁気テープの再生等が、挙げられる。しかし、近時、正にこの「必要」性を梃に、「必要な処分」の射程を著しく拡大・変容させる論理を内包する判例が、現れてきた。

2

　強制採尿は、その事前行為として適切な設備を備えた採尿場所への強制連行がなければ、実現し得ない。強制採尿行為について、最高裁判所は、以前から所謂強制採尿令状（医師により行わせるとの条件を付した、尿に対する捜索差押令状）により許容してきた（最決昭和55年10月23日刑集34巻5号300頁）。先立つ強制連行行為については、遅れて1994（平成6）年に、任意同行が事実上不可能である場合において「令状の付随的効力」に基づく「必要最小限度の有形力」の行使であるとの見解を以て、確定した（最決平成6年9月16日刑集48巻6号420頁）。そして、この「付随的効力」による許容は、実は、法111条1項にいう「必要な処分」による許容と、その本質において変わる処がないと考えることができる（井上正仁「強制採尿令状による採尿場所への強制連行」『刑事法学の課

題と展望（香川達夫博士古稀祝賀論文集）』445頁〔成文堂、1996〕、酒巻・後掲447頁参照）。

　そもそも強制採尿行為は人の身体内への強制的侵襲行為であるから、既存の令状類型の何れによっても許容し難いという見解も、充分に成り立つ。これに対して、判例は、強制採尿行為を基本的に尿の捜索差押という枠組みで捉え、人の身体に対する処分であるという局面については、身体検査に準じた条件を付すにとどめて稀薄化する立場を採った。しかしそうであれば、人の身体に対する強制移動行為たる強制連行との異質性は、いよいよ際立つ。すなわち、1994年判例は、事実上不可欠な前提行為であれば、令状本来の処分とは異質の処分であっても併せ許容するという意味合いにおいて、従来の「必要な処分」の理解を著しく拡張する論理を胚胎する。この論理を承認・徹底すれば、ことは強制採尿における強制連行の許容にとどまらず、例えば場所に対する捜索差押令状を以て、目的物発見のために必要でさえあれば、その場に居合わせた人の身体に対する捜索をも無制約に許すことにもなりかねない。

　しかし、「令状の付随的効力」或は「必要な処分」の何れで語るにせよ、令状執行行為自体より広い強制力行使が憲法の令状主義違反でないのは、ひとえに令状裁判官が、本来の捜索・差押処分を審査することにより、その処分の本来的効力の実現に必要最小限度の強制力行使をも併せ審査している、と説明できることに尽きる。従って、令状本来の強制処分と合理的関連性を欠く異質処分（別途独立に令状が想定されるべき処分）をも併せ許容し得るという発想は、令状主義の潜脱に他ならない。加えて、強制採尿に伴う強制連行については、現行法上該当する異質令状類型たる「勾引」が捜査段階においては許されていない処分であるという、更なる問題がある。このような強制連行を「必要な処分」として許容することは、「必要な処分」の名に隠れて新たなる強制処分類型を創設・許容したに等しく、強制処分法定主義をも脅かす。

3

　対して、捜索差押令状の執行にあたり、捜査機関が捜索場所たる個人家宅に立ち入る際に強制力を行使することは、通常は異質処分とまでは云えない。そして更に、捜査機関が、薬物等処分容易な目的物の隠滅を懸念して、在宅対象

者に対して令状の事前呈示も時に来訪来意の口頭告知すらもなく——従って勿論承諾もなく——立ち入る場合においても、なお同様にこれを「必要な処分」として許容する高裁判例が、近時登場してきた。合鍵による立入りの場合、及び私服警察官が宅急便配達員を装っての立入りの場合、の許容である（東京高判平成8年3月6日高刑集49巻1号43頁（確定）、大阪高判平成6年4月20日高刑集47巻1号1頁（確定））。

　令状の事前呈示原則は、対象者が不在の場合及び対象者が呈示を受ける権利・利益を自ら放棄している場合には例外を設け、令状の呈示なしに執行することを許している（法114条2項解釈）。他方、対象者在宅であって権利・利益放棄もない前記の如き場合については、かかる例外は及ばない。そこで、前記判例は、「必要な処分」を令状本来の処分から引き剥すことによって、対象者在宅の場合にも、立入行為に関しては事前呈示原則の射程外としたのである。

　しかし、強制力の行使は令状の下に行われるものであり、「必要な処分」は本来的処分に伴ってこそ可能であることを前提とすれば、「必要な処分」は令状本来の処分と不可分一体であって、呈示後でなければ行い得ない筈である。換言すれば、立入行為一般は、令状本来の効力と別個・異質処分ではないが、呈示を欠く立入行為は、その権利・利益侵害発生の固有性ゆえに、「必要な処分」の範疇を越えるものとみるべきである。

　それでは、呈示を欠く立入行為は一切許されないか。注目すべきは、破錠による立入りについて、法111条1項の「必要な処分」を媒介とせずに、直截に事前呈示原則（法110条）の例外として許容したと読める、ひとつの高裁判例の存在である（大阪高判平成5年10月7日判時1497号134頁（確定））。許容の構成は、例外的な緊急事情があれば、現場保存的な準備行為については対象者不在の場合に準じてなお呈示なしに行えるという先例（東京地決昭和44年6月6日刑月1巻6号709頁、東京高判昭和58年3月29日刑月15巻3号247頁）等を想起して、かかる準備行為の中に立入行為をも読み込んだものであったと解釈し得る（松代・後掲参照）。

　思うに、呈示なき立入行為が事前呈示原則と抵触しない状況があり得るとすれば、それは、このような直截的な「例外」構成においてであろう。この構成については、「必要な処分」を媒としないことによって、例外許容要件として

表に現れた緊急必要性の内容を明確に限定する可能性が、期待できるからである。なお当然ながら、これは、元来は異質処分でないことに鑑みてこそあり得べき論理であって、前述・強制連行の如き異質処分については、緊急必要性に基づいても許容の余地はない。

4

　強制採尿における強制連行、家宅内の捜索差押えにおける無呈示（告知抜き）立入り、の背景には共に、今日の薬物事件の増加に伴う、切迫した現実的要請がある。しかし、人権を擁護する諸原理は、時代の要請する「必要」に安易に流されない処にこそ、確定された意義がある（Minnesota v. Dickerson, 508 U.S. 366, 380 (1993) 参照）。捜索差押令状執行に伴い許容される処分の限界画定についても、事実上の必要性に囚われて、捜査機関限りの判断による強制力の行使は令状の本来的処分に伴うがゆえにこそ許されるという論理の成立基盤を疎かにすれば、「必要な処分」は肥大化し、現行刑訴法の要諦を為す令状主義、強制処分法定主義、事前呈示原則は、その根柢から瓦解する。

　しかも、この諸原理の瓦解が、「必要な処分」の一規定を媒介とするがゆえに、意識され難いままに進行するとき、問題は一層深刻なものとなる。

〈参考文献〉
　本稿 2 について、酒巻匡「捜索・押収とそれに伴う処分」刑法36巻 3 号444頁（1997）が重要である。本稿 3 については、松代剛枝「捜索差押令状執行に伴う家宅立入」法学62巻 6 号271頁（1999）【本書第二部第一章】がある。

（補注 1 ）　関連判例として、本稿公刊後、最決平成14年10月 4 日刑集56巻 8 号507頁が加わっている。【本書第二部第一章付記（判例 2 ）】参照。

資料編

アメリカの関連令状・裁判所命令書式

【書式Ⅰ】 Tracking Warrant
　　　　──移動追跡機器の位置情報の取得
　　　　（──現在の通信端末位置情報の取得〔実務〕）

【書式Ⅱ】 Order for Trap and Trace/Pen Register 〔*i.e.* 3123 Court Order〕
　　　　──通信時の電話番号等（通信経路等情報）の取得

【書式Ⅲ】 2703(d) Court Order
　　　　──過去の通信内容情報記録の取得

【書式Ⅳ】 Combined 3123/2703 Order
　　　　（──過去の通信端末位置情報記録の取得〔実務〕）

【書式 I】Tracking Warrant——移動追跡機器の位置情報の取得
（——現在の通信端末位置情報の取得〔実務〕）

AO 104 (Rev. 07/16) Tracking Warrant

UNITED STATES DISTRICT COURT
for the
_____ District of _____

In the Matter of the Tracking of)
(Identify the person, property, or object to be tracked)) Case No. _____
)
)
)

TRACKING WARRANT

To:　Any authorized law enforcement officer

　An application by a federal law enforcement officer or an attorney for the government shows there is reason to believe that the person, property, or object described above has been involved in and likely will continue to be involved in the criminal activity identified in the application, and ☐ is located in this district; ☐ is not now located in this district, but will be at execution; ☐ the activity in this district relates to domestic or international terrorism; ☐ other:

　I find that the affidavit(s), and any recorded testimony, establish probable cause to believe that *(check the appropriate box)* ☐ using the object ☐ installing and using a tracking device to monitor the location of the person, property, or object will satisfy the purpose set out in Fed. R. Crim. P. 41(c) for issuing a warrant.

☐ I find entry into the following vehicle or onto the following private property to be necessary without approval or knowledge of the owner, custodian, or user of the vehicle or property for installing, maintaining, and removing the tracking device:

YOU ARE COMMANDED to execute this warrant and begin use of the object or complete any installation authorized by the warrant by _____ *(no later than 10 days from the date this warrant was issued)* and may continue to use the device until _____ *(no later than 45 days from the date this warrant was issued)*. The tracking may occur within this district or another district. To install, maintain, or remove the device, you may enter *(check boxes as appropriate)*

☐ into the vehicle described above   ☐ onto the private property described above
☐ in the daytime 6:00 a.m. to 10:00 p.m.   ☐ at any time in the day or night because good cause has been established.

Within 10 calendar days after the use of the tracking device has ended, the officer executing this warrant must both return it to *(United States Magistrate Judge)* _____ and — unless delayed notice is authorized below — serve a copy of the warrant on the person who, or whose property or object, was tracked.

☐ Pursuant to 18 U.S.C. § 3103a(b)(1), I find that immediate notification may have an adverse result listed in 18 U.S.C. § 2705 (except for delay of trial), and this warrant prohibits the seizure of any tangible property or any wire or electronic communications (as defined in 18 U.S.C § 2510). I therefore authorize the officer executing this warrant to delay notice to the person who, or whose property or object, will be tracked *(check the appropriate box)*
☐ for _____ days *(not to exceed 30)*   ☐ until, the facts justifying, the later specific date of _____

Date and time issued: _____

_____
Judge's signature

City and state: _____

_____
Printed name and title

AO 104 (Rev. 07/16) Tracking Warrant (Page 2)

Case No.

Return of Tracking Warrant With Installation

1. Date and time tracking device installed: _____
2. Dates and times tracking device maintained: _____
3. Date and time tracking device removed: _____
4. The tracking device was used from *(date and time)*: _____

   to *(date and time)*:

Return of Tracking Warrant Without Installation

1. Date warrant executed: _____
2. The tracking information was obtained from *(date and time)*: _____

   to *(date and time)*:

Certification

I declare under the penalty of perjury that this return is correct and was returned along with the original warrant to the designated judge.

Date: _____

_____
Executing officer's signature

_____
Printed name and title

※典拠
http://www.uscourts.gov/sites/default/files/ao104.pdf（last visited Dec. 26, 2017）
〔http://www.uscourts.gov/forms/law-enforcement-grand-jury-and-prosecution-forms/tracking-warrant からもアクセス可能〕

【書式Ⅱ】Order for Trap and Trace/Pen Register 〔*i.e.* 3123 Court Order〕
———通信時の電話番号等（通信経路等情報）の取得

Order for Trap and Trace/Pen Register

UNITED STATES DISTRICT COURT
_____ DISTRICT OF _____

IN THE MATTER OF THE	)
APPLICATION OF THE	)
UNITED STATES OF AMERICA	)
FOR AN ORDER AUTHORIZING	)
THE INSTALLATION AND USE	)
OF A (PEN REGISTER)	)
(TRAP AND TRACE DEVICE)	)
_____	)

ORDER

    This matter having come before the Court pursuant to an application under oath pursuant to Title 18, United States Code, Section 3122 by _____, an attorney for the Government, which requests an order under Title 18, United States Code, Section 3123, authorizing the installation and use of a (pen register) on (telephone line _____ or other facility), the Court finds that the applicant has certified that the information likely to be obtained by such installation and use is relevant to an ongoing criminal investigation into possible violations of (list violations) by (list targets, if known), and others as yet unknown.

    IT APPEARING that the information likely to be obtained by a (pen register) (trap and trace device) installed on (telephone line____ or other facility), (listed in the name of __ (if known)) (leased to__(if known)__), (and located at __(if known)__), is relevant to an ongoing criminal investigation of the specified offenses,

    IT FURTHER APPEARING that [conform to application statement] with regard to the limitation in Section 3121© of Title 18 concerning pen register technology, the (investigative agency) does not have technology reasonably available to it that restricts the recording or decoding of electronic or other impulses to the dialing, routing, addressing, and signaling information utilized in the processing and transmitting of wire or electronic communications so as not to include the contents of any wire or electronic communications.

IT IS ORDERED, pursuant to Title 18, United States Code, Section 3123, that (investigative agency) is authorized to install and use, anywhere within the United States, on (telephone line _____ or other facility) (a pen register to record or decode dialing, routing, addressing, or signaling information) (and) (a trap and trace device to capture the incoming electronic or other impulses which identify the originating number or other dialing, routing, addressing, and signaling information reasonably likely to identify the source of a wire or electronic communication) for a period of (enter time period, not to exceed 60) days; and

IT IS ORDERED FURTHER, pursuant to Section 3123(b)(2) of Title 18, that upon the request of (attorney for the Government or an officer of the law enforcement agency authorized to install and use the pen register), (provider of wire or electronic communication service, landlord, custodian, or other person) shall furnish such (investigative or law enforcement officer) forthwith all information, facilities, and technical assistance necessary to accomplish the installation of the pen register unobtrusively and with a minimum of interference with the services that the person so ordered by the court accords the party with respect to whom the installation and use is to take place, (and) (if trap and trace ordered) that upon the request of (attorney for the Government or officer of the investigative agency authorized to receive the results of the trap and trace device), (provider of a wire or electronic communication service, landlord, custodian, or other person) shall install such device forthwith on the appropriate line or other facility and shall furnish (investigative or law enforcement officer) all additional information, facilities and technical assistance including installation and operation of the device (including the installation of Caller ID service on telephone line _____ or other facility) unobtrusively and with a minimum of interference with the services that the person so ordered by the court accords the party with respect to whom the installation and use is to take place. The results of the trap and trace device shall be furnished to the (officer of a law enforcement agency, designated in the court order), at reasonable intervals during regular business hours for the duration of the order.

IT IS ORDERED FURTHER that the (investigative agency) will reasonably compensate the provider of a wire or electronic communication service, landlord, custodian, or other person who furnishes facilities or technical assistance for such reasonable expenses incurred in providing such facilities and assistance in complying with this order.

IT IS ORDERED FURTHER, pursuant to Section 3123(d) of Title 18, that this order and the application be sealed until otherwise ordered by the Court, and that the person owning or leasing the

```
line or other facility to which the pen register or a trap and
trace device is attached or applied, or who is obligated by the
order to provide assistance to the applicant, not disclose the
existence of the (pen register) (trap and trace device), or the
existence of the investigation to the listed subscriber, or to any
other person, unless or until otherwise ordered by the Court.


              _____
                UNITED STATES MAGISTRATE (or DISTRICT) JUDGE


                   _____ Date
```

※典拠

https://www.justice.gov/sites/default/files/criminal/legacy/2014/10/29/elec-sur-manual.pdf（at 168-170; last visited Dec. 26, 2017）〔U.S. DEPARTMENT OF JUSTICE, WIRE TAPPING: THE FEDERAL ELECTRONIC SURVEILLANCE MANUAL (ISBN: 9781478398103), at 155-156 にも同内容書式所収〕

【書式Ⅲ】2703(d) Court Order
――過去の通信内容情報記録の取得

2703(d) Court Order

UNITED STATES DISTRICT COURT
_____ DISTRICT OF _____

IN THE MATTER OF THE APPLICATION   )
OF THE UNITED STATES OF AMERICA   )
FOR AN ORDER PURSUANT TO 18 U.S.C.   )
2703(d)   )
_____)

ORDER

This matter having come before the court pursuant to an application under Title 18, United States Code, Section 2703© by _____, an attorney for the Government, which application requests an order under Title 18, United States Code, Section 2703(d) directing (provider of electronic communication service or remote computing service) to disclose the (**choose as appropriate**: name; address; local and long distance telephone connection records, or records of session times and durations; length of service [including start date] and types of service utilized; telephone or instrument number or other subscriber number or identity, including any temporarily assigned network address; means and source of payment for such service [including any credit card or bank account number]; cell site information) of a subscriber to or customer of such service, and the Court finds that the applicant has offered specific and articulable facts showing that there are reasonable grounds to believe that the records or other information sought are relevant and material to an ongoing criminal investigation, and

IT APPEARING that the information sought is relevant and material to an ongoing criminal investigation, and that disclosure to any person of this investigation or this application and order entered in connection therewith would seriously jeopardize the investigation;

IT IS ORDERED pursuant to Title 18, United States Code, Section 2703(d) that (provider of electronic communication service or remote computing service) will, forthwith, turn over to agents of the (investigative agency) the (name; address; local and long distance telephone connection records, or records of session times and durations; length of service [including start date] and types of service utilized; telephone or instrument number or other subscriber number or identity, including any temporarily assigned network address; means and source of payment for such service [including any credit card or bank account number]) of (subscriber to or customer of such service).

　　IT IS FURTHER ORDERED that the application and this order are sealed until otherwise ordered by the court; that the government may delay notice of this order to the subscriber or customer for a period not to exceed ninety days; and that (provider of electronic communication service or remote computing service) is commanded not to notify any other person of the existence of this application and order (for such period as the court deems appropriate), the court having determined that there is reason to believe that such notifications would seriously jeopardize the investigation.

　　　　　　　　DATED: _____

――――――――――――――――――――――
　　　　UNITED STATES MAGISTRATE (or DISTRICT) JUDGE

※典拠

https://www.justice.gov/sites/default/files/criminal/legacy/2014/10/29/elec-sur-manual.pdf（at 164-165; last visited Dec. 26, 2017）〔U.S. DEPARTMENT OF JUSTICE, WIRE TAPPING: THE FEDERAL ELECTRONIC SURVEILLANCE MANUAL (ISBN: 9781478398103), at 151-152 にも同内容書式所収〕

【書式Ⅳ】 Combined 3123/2703 Order
（──過去の通信端末位置情報記録の取得〔実務〕）

```
                    Combined 3123/2703 Order


[NAME]
United States Attorney
[NAME]
Special Assistant United States Attorney
Chief, Criminal Division
[YOUR NAME]
Assistant United States Attorney
[_____] Section
 State Bar No. [_____]
    [ADDRESS]
    [CITY, STATE ZIP]
    Telephone:  (XXX)-[____]
    Facsimile:  (XXX) -[____]

Attorneys for Applicant
United States of America

            UNITED STATES DISTRICT COURT

         FOR THE [XXXX] DISTRICT OF [STATE]


IN THE MATTER OF THE          )
APPLICATION OF THE UNITED     )   No. _____
STATES OF AMERICA FOR AN      )
ORDER:(1) AUTHORIZING THE     )   [NOTE: INSERT SAME AS APPLIC]
INSTALLATION AND USE OF A     )
PEN REGISTER AND A TRAP AND   )   [PROPOSED] ORDER
TRACE DEVICE; AND (2)         )
AUTHORIZING RELEASE OF        )
SUBSCRIBER INFORMATION, AND       (UNDER SEAL)
) CELL SITE INFORMATION
)
_____)
```

This matter having come before the court pursuant to an application under Title 18, United States Code, Sections 2703© and (d), 3122, and 3123, by Assistant United States Attorney **[YOUR NAME]**, an attorney for the Government as defined by Fed. R. Crim. P. 1(b)(1), requesting an order authorizing the **[installation and use] [continued use]** of a pen register and trap and trace device, on the following telephone number**[s]**:

    (a) **[REPEAT EXACT SAME INFORMATION FROM APPLICATION REGARDING SUBJECT TELEPHONE NUMBER[S], BUT WITHOUT FOOTNOTES]** and

UPON REVIEW OF THE APPLICATION, THE COURT HEREBY FINDS THAT:

Pursuant to 18 U.S.C. § 3123, Applicant has certified that the information likely to be obtained by such use is relevant to an ongoing criminal investigation being conducted by the **[AGENCY/IES]** in connection with possible violations of **[DESCRIBE EXACTLY AS IN APPLICATION]**.

THEREFORE, IT IS HEREBY ORDERED, pursuant to 18 U.S.C. § 3123, that Special Agents of the **[AGENCY/IES]** may **[install, or cause to be installed, and use] [continue to use]** a pen register anywhere in the United States to record or decode dialing, routing, addressing, or signaling information (including "post-cut-through dialed digits"[1]) [[2]] **[NOTE: INCLUDE FOOTNOTE 2 ONLY IF**

---

[1] "Post-cut-through dialed digits," also called "dialed digit extraction features," are any digits that are dialed from the **Subject Telephone Number[s]** after the initial call set-up is completed, subject to the limitations of 18 U.S.C. § 3121(c). To the extent additional digits that are received are content, the government shall not use such information for any investigative purposes or attempt to decode such information.

[2] Including dialing, routing, addressing, or signaling information transmitted over the communication service provider's network by a two-way radio feature (including, but not limited to, Nextel's "Direct Connect/Direct Dispatch," Verizon Wireless' "Push

REQUESTED IN APPLICATION] transmitted from the **Subject Telephone Number**, to record the date and time of such dialings or transmissions, and to record the length of time the telephone receiver in question is "off the hook" for incoming or outgoing calls, for a period of sixty days from the date this order is filed by the court;[3]

IT IS FURTHER ORDERED, pursuant to 18 U.S.C. § 3123, that Special Agents of the **[AGENCY/IES]** may install, or cause to be installed, and use a trap and trace device on the **Subject Telephone Number[s]** anywhere in the United States to capture and record the incoming electronic or other impulses which identify the originating numbers or other dialing, routing, addressing, or signaling information reasonably likely to identify the source of a wire or electronic communication, and to record the date, time, and duration of calls created by such incoming impulses, for a period of sixty days from the date this order is filed by the court;

Pursuant to 18 U.S.C. §§ 2703(c)(1)(B) and 2703(d), Applicant has set forth specific and articulable facts showing that there are reasonable grounds to believe that records or other information identifying subscribers or customers (not including the contents of communications) for telephone numbers identified through the pen register and trap and trace devices on the **Subject Telephone Number[s]**, changes in service regarding the **Subject Telephone Number[s]**, cell site information regarding the **Subject**

---

to Talk", or Sprint's "ReadyLink").

[3] As used herein, "the date this order is filed by the court" is the date indicated by the clerk's file stamp on the first page of this order.

Telephone Number[s], and records or other information pertaining to subscribers or customers (but not including the contents of communications) for the **Subject Telephone Number[s]** will be relevant and material to an ongoing criminal investigation.

THEREFORE, IT IS FURTHER ORDERED, pursuant to 18 U.S.C. §§ 2703(c)(1)(B), 2703(c)(2) and 2703(d), that SBC Communications, Inc. or any subsidiary thereof, Ameritech, Southern New England Telephone Company, Verizon California, Inc., XO Communications, Comcast Cable Communications Inc./AT&T Corporation, Verizon New York, Inc., MPower Communications, Verizon New Jersey Inc., Bell South Telephone Company, Allegiance Telecom, Cox Communications and Qwest Communications (hereinafter the "local carriers"); AT&T, U.S. Sprint, and MCI (hereinafter the "long distance carriers"); Cellco Partnership, dba Verizon Wireless, AT&T Wireless Services, U.S. Cellular, MetroPCS, Cingular Wireless, Nextel Partners, Cricket Communications, Sprint Spectrum L.P., T-Mobile USA, Inc., Virgin Mobile USA, Nextel Communications and Western Wireless Corp. (hereinafter "the wireless carriers");

any internet service provider or other electronic communications provider providing voice-over IP telephony, and any other local, long distance, or wireless carrier servicing the **Subject Telephone Number[s]**, and any other person or entity providing wire communication service in the United States whose assistance may facilitate execution of the order, shall disclose or provide the following upon oral or written request by Special Agents of the **[AGENCY/IES]**:

1. Records or other information identifying subscribers or customers (but not including the contents of communications or toll records), namely, subscriber name, address, date of birth,

social security number, driver's license (state and number), contact names and numbers, employment information, method of payment, length of service, and type of service utilized, for all published, non-published, listed, or unlisted numbers, dialed or otherwise transmitted to and from the **Subject Telephone Number[s]**;

2. All changes (including additions, deletions, and transfers) in service regarding the **Subject Telephone Number[s]** to include telephone numbers and subscriber information (published, non-published, listed, or unlisted) associated with these service changes; [and]

3. For the **Subject Telephone Number[s]**, records or other information pertaining to subscriber(s) or customer(s), including historical cellsite information and call detail records [including direct connect records[4]] for the following dates: _____ to the present [**THE LAST TEN DAYS IS RECOMMENDED**] (but not including the contents of communications).

d. For the **Subject Telephone Number[s]**, all cellsite information[5] provided to the government on a continuous basis contemporaneous with call origination (for outbound calling) and call termination (for incoming calls), or at such other time upon

---

[4] **ASK TECH AGENT: DEFINE DIRECT CONNECT. OR BETTER YET, IS THERE A GENERIC TERM, SUCH AS WALKIE TALKIE FEATURE OR TWO WAY RADIO FEATURE??**

[5] "Cellsite information" refers categorically to any and all data associated with registration of the Subject Telephone with cellsites/network, as well as other data used by the network to establish a connection with the telephone handset and to maintain connectivity to the network. This includes the physical location and/or address of the cellular tower, cellsite sector, control channel number, neighbor cell lists, and any identification numbers, processing data, and parameters not pertaining to the contents of a call.

the oral or written request of the government, including if
reasonably available, during the progress of a call.

   IT IS FURTHER ORDERED that this authorization for the
[installation and use] [continued use] of a pen register and trap
and trace device applies not only to the **Subject Telephone
Number[s]** listed above, but also to any changed telephone
number(s) subsequently assigned to an instrument bearing the same
[insert as appropriate ESN/IMSI/SIM] as the **Subject Telephone
Number[s]** or any changed **[insert as appropriate ESN/IMSI/SIM]**
subsequently assigned to the same telephone number as the **Subject
Telephone Number[s]**, or any additional changed telephone number(s)
and/or **[insert as appropriate ESN/IMSI/SIM]**, whether the changes
occur simultaneously or consecutively, listed to the same
subscriber and wireless telephone account as the **Subject Telephone
Number[s]**, **[insert only if requested in application-Confirm with
Tech Agent]** and on any cellular phone that is within close
proximity to the government device that may autonomously register
with the device,[6] within the 60-day period authorized by this
order;

   IT IS FURTHER ORDERED, pursuant to 18 U.S.C. §§ 3123(a)(1)
and § 3123 (b)(2), that upon service of this order upon it, the
local, long distance, and wireless carriers listed herein, any
other communications service provider providing service to the
Subject Telephone Number[s], and any other person or entity
providing wire communication service in the United States whose
assistance may facilitate execution of this order, shall furnish

---

   [6] Once the **Subject Telephone** is identified and located any data
incidentally collected from non-target telephones shall not be
recorded or retained.

Special Agents of the [**AGENCY/IES**] forthwith all information, facilities, and technical assistance necessary to accomplish unobtrusively the installation and use of the pen register and trap and trace devices and with minimum interference with the services that are accorded the persons with respect to whom the installation and use is to take place;

IT IS FURTHER ORDERED that the local, long distance, and wireless carriers, and any other person or entity providing wire or electronic communication service in the United States whose assistance is used to facilitate execution of the order, furnish the results of the pen register and trap and trace devices to Special Agents of the [**AGENCY/IES**] as soon as practicable, on a continuing basis, twenty four (24) hours a day for the duration of the order.

IT IS FURTHER ORDERED that the local, long distance, and wireless carriers be compensated by the investigative agency for reasonable expenses directly incurred in providing technical assistance; and,

Good cause having been shown, IT IS FURTHER ORDERED, pursuant to 18 U.S.C. §§ 2705(b) and 3123(d), that this order and the application be sealed until otherwise ordered by the court, and that the local, long distance, and wireless carriers listed herein, any internet service provider or other electronic communications provider providing voice-over IP telephony, <u>and any other</u> local, long distance, or wireless carrier servicing the **Subject Telephone Number[s]** who is obligated by the order to provide assistance to the Applicant, shall not disclose in any manner, directly or indirectly, by any action or inaction, to the listed subscriber(s) for the **Subject Telephone Number[s]**, the occupant of said premises, the subscribers of the incoming calls to or outgoing calls from the **Subject Telephone Number[s]**, or to any other person, the existence of this order, in full or redacted form, of the pen register or trap and trace devices, or of this investigation, unless otherwise ordered by this court.

IT IS FURTHER ORDERED that the identity of any targets of the investigation may be redacted from any copy of the order served on any service provider or other person, and that this order and application be SEALED until otherwise ordered by the court.

****WARNING!! ONE LAST THING: BEFORE FILING, SEARCH FOR ALL BRACKETS ("]" IN APPLICATION AND ORDER TO MAKE SURE THAT ALL BRACKETS HAVE BEEN DELETED, ALL BRACKETED PHRASES HAVE BEEN FILLED IN OR DELETED AND THAT YOU HAVE REMOVED ALL BOLD EXCEPT FOR "SUBJECT TELEPHONE NUMBER[S]"****

DATED: _____

　　　　　　　　　　　　　　[INSERT DUTY MAG JUDGE'S NAME]
　　　　　　　　　　　　　　UNITED STATES MAGISTRATE JUDGE

Presented by:

_____
[YOUR NAME]
Assistant United States Attorney
[INSERT SECTION] Section

※典拠

https://www.justice.gov/sites/default/files/criminal/legacy/2014/10/29/elec-sur-manual.pdf（at 189-196; last visited Dec. 26, 2017）〔U.S. DEPARTMENT OF JUSTICE, WIRE TAPPING: THE FEDERAL ELECTRONIC SURVEILLANCE MANUAL (ISBN: 9781478398103), at 173-177 にも同内容書式所収〕

判 例 索 引

［大正10年〜］
大判大正13年6月10日刑集3巻473頁 ……………………………………………… 35
大判大正15年11月2日刑集5巻491頁 ……………………………………………… 40
大判昭和5年8月5日刑集9巻541頁 ……………………………………………… 128

［昭和20年〜］
最判昭和23年5月20日刑集2巻5号489頁 ………………………………………… 127
東京地判昭和29年4月24日下民集5巻4号530頁 ………………………………… 128
最決昭和29年6月1日刑集8巻6号787頁 ………………………………………… 35

［昭和30年〜］
福岡高判昭和30年4月25日高刑集8巻3号418頁 ………………………………… 35
最決昭和30年8月9日刑集9巻9号2008頁 ………………………………………… 34
最判昭和32年11月8日刑集11巻12号3061頁 ……………………………………… 35
東京高判昭和33年3月10日裁特5巻3号89頁 ……………………………………… 40
東京地判昭和39年7月31日下刑集6巻7＝8号891頁 …………………………… 35

［昭和40年〜］
東京地決昭和40年7月23日下刑集7巻7号1540頁 ………………………………… 166
大阪高判昭和41年2月26日高刑集19巻1号58頁 …………………………………… 53
東京高判昭和41年3月24日高検速報1609号1頁 …………………………………… 192
静岡地決昭和42年3月27日下刑集9巻3号377頁 ………………………………… 166
東京地判昭和42年5月30日下刑集9巻5号699頁 ………………………………… 192
東京高判昭和43年1月26日高刑集21巻1号23頁 …………………………………… 192
東京地決昭和44年6月6日刑月1巻6号709頁 …………………………… 109, 136, 199
東京高判昭和44年6月25日高刑集22巻3号397頁 ……………………………… 166, 177
最大判昭和44年12月24日刑集23巻12号1625頁 ……………………… 3, 4, 20, 27, 191
金沢地決昭和48年6月30日刑月5巻6号1073頁 …………………………………… 177

［昭和50年〜］
最決昭和51年3月16日刑集30巻2号187頁 ………………………………………… 96
東京地判昭和51年4月15日判時833号82頁 ………………………………………… 166
最決昭和55年10月23日刑集34巻5号300頁 ………………………………………… 197
浦和地判昭和56年9月16日判時1027号100頁 ……………………………………… 128
福岡高判昭和58年2月28日判時1083号156頁 ……………………………………… 35
東京高判昭和58年3月29日刑月15巻3号247頁 ………………… 109, 127, 136, 199

［昭和60年〜］
最判昭和61年2月14日刑集40巻1号48頁 ……………………………………… 27, 191
東京高判昭和63年4月1日判時1278号152頁 ……………………………… 4, 20, 28, 192

［平成元年〜］
東京地判平成元年3月15日判時1310号158頁 ………………………………… 20, 27, 191
東京地判平成2年3月19日判タ729号231頁 ………………………………………… 34

最決平成 2 年 6 月27日刑集44巻 4 号385頁 ……………………………………… 174, 191
大阪地決平成 2 年 7 月18日判例集未登載……………………………………………192
京都地決平成 2 年10月 3 日判時1375号143頁 ………………………………20, 28, 192
東京地判平成 3 年 4 月26日判時1402号74頁 ……………………………………………128
甲府地判平成 3 年 9 月 3 日判時1401号127頁 ……………………………………………53
東京高判平成 4 年10月15日高刑集45巻 3 号85頁 ………………………………………53
大阪地堺支判平成 5 年 6 月28日判例集未登載 …………………………………… 106, 133
大阪高判平成 5 年10月 7 日判時1497号134頁 …………………………………106, 133, 199
大阪高判平成 6 年 4 月20日高刑集47巻 1 号 1 頁 ……………………106, 133, 152, 199
大阪地判平成 6 年 4 月27日判時1515号116頁 ………………………………………4, 32, 192
東京高判平成 6 年 6 月30日判自127号89頁 ……………………………………………128
最決平成 6 年 9 月16日刑集48巻 6 号420頁 ……………………………………………197
和歌山地判平成 6 年10月 5 日判時1532号109頁 …………………………… 109, 129, 135
大阪高判平成 7 年 1 月25日高刑集48巻 1 号 1 頁 ………………………………………177
大阪高判平成 7 年11月 1 日判時1554号54頁 ……………………………… 109, 129, 135
最判平成 7 年12月15日刑集49巻10号842頁 ……………………………………………… 20
東京高判平成 8 年 3 月 6 日高刑集49巻 1 号43頁 ……………………107, 134, 152, 199
東京高判平成 8 年 5 月 9 日高刑集49巻 2 号181頁 ………………………………………34
大阪高判平成 8 年 5 月14日判例集未登載 ……………………………………4, 32, 192
札幌高判平成 9 年 5 月15日刑集53巻 9 号1481頁 …………………………………166, 177

［平成10年〜］
最判平成10年11月12日判例集未登載……………………………………………4, 32, 192
最決平成11年12月16日刑集53巻 9 号1327頁 ……………………………………………186
東京地判平成13年 2 月 6 日判時1748号144頁 ……………………………………4, 87, 195
東京高判平成13年 9 月19日 LEX/DB28071456 …………………………………………87
神戸地判平成14年 7 月 3 日判例集未登載………………………………………………146
最決平成14年10月 4 日刑集56巻 8 号507頁 …………………………130, 131, 152, 176, 200
大阪高判平成14年11月19日判例集未登載………………………………………………146
東京高判平成17年 1 月19日高刑集58巻 1 号 1 頁 ………………………………………87
名古屋高判平成17年 3 月30日 LEX/DB 28100926 ……………………………………33
東京地判平成17年 6 月 2 日判時1930号174頁 ……………………………………… 28, 87
京都地判平成18年 5 月12日刑集62巻 5 号1422頁 ………………………………………25
大阪高判平成19年 3 月28日刑集62巻 5 号1520頁 ………………………………………26
東京高判平成19年12月10日高刑集60巻 4 号 1 頁 ………………………………………34
東京地判平成19年12月26日訟月55巻12号3430頁 ………………………………………87

［平成20年〜］
最決平成20年 4 月15日刑集62巻 5 号1398頁 ………………………………23, 24, 87, 196
最決平成20年 7 月23日 LEX/DB 25450195 ……………………………………………34

東京高判平成21年 1 月29日訟月55巻12号3411頁…………………………………………………87
最決平成21年 9 月28日刑集63巻 7 号868頁……………………………………172
最決平成21年11月27日判例集未登載…………………………………………………87
大阪地決平成27年 1 月27日判時2288号134号(①事件)…………………………………63
大阪地判平成27年 3 月 6 日 LEX/DB25506064………………………………………………63
大阪地決平成27年 6 月 5 日判時2288号134頁(②事件)…………………………………63
大阪地判平成27年 7 月10日刑集71巻 3 号149頁……………………………………………63
名古屋地判平成27年12月24日 LEX/DB25541935……………………………………………64
水戸地決平成28年 1 月22日 LEX/DB25545987………………………………………………65
広島地福山支判平成28年 2 月16日判例集未登載……………………………………………66
大阪高判平成28年 3 月 2 日刑集71巻 3 号171頁……………………………………………66
横浜地判平成28年 3 月17日 LEX/DB25542385…………………………………………91,170
水戸地判平成28年 3 月25日 LEX/DB25542721………………………………………………65
奈良地葛城支判平成28年 5 月 9 日 LEX/DB25543070……………………………………177
名古屋高判平成28年 6 月29日 LEX/DB 25543439……………………………………………67
広島高判平成28年 7 月21日 LEX/DB25543571………………………………………………93
福井地判平成28年12月 6 日 LEX/DB25544761………………………………………………94
東京高判平成28年12月 7 日高刑集69巻 2 号 5 頁………………………………………91,170
東京地立川支決平成28年12月22日 LEX/DB25544851………………………………………95
最大判平成29年 3 月15日刑集71巻 3 号13頁……………………90,91,96,146,170,176
東京地判平成29年 5 月30日 LEX/DB25545864………………………………………………98
奈良地葛城支判平成29年 6 月19日 LEX/DB25546108………………………………………98
東京地立川支判平成29年 7 月19日 LEX/DB25449150………………………………………99
名古屋高金沢支判平成29年 9 月26日 LEX/DB25449013……………………………………100
大阪高判平成29年12月 6 日 LEX/DB25549149………………………………………………100

[平成30年～]
東京高判平成30年 1 月12日判例集未登載……………………………………………………101

アメリカ判例索引（独立前のイギリス判例を含む）

※事件名アルファベット順
※太字は合衆国最高裁判所（ないしイギリス王座裁判所）判例

[A]

Accarino v. United States, 179 F.2d 456 (D.C. Cir. 1949) ……………………………………111
Allen, United States v., 675 F.2d 1373 (9th Cir. 1980) ……………………………………15, 18
Anderson, People v., 9 Cal. App. 3d 80, 88 Cal. Rptr. 4 (1970) ……………………………116
Antwine, Commonwealth v., 417 Mass. 637, 632 N.E.2d 818 (1994) ………………………120
Arias, People v., 6 Cal. App. 3d 87, 85 Cal. Rptr. 479 (1970) ………………………………116
Aylwin, People v., 31 Cal. App. 3d 826, 107 Cal. Rptr. 824 (1973) …………………………122

[B]

Barajas, United States v., 710 F.3d 1102 (10th Cir. 2013) ……………………………………84
Beale, United States v., 436 F.2d 573 (5th Cir. 1971) ……………………………………119, 139
Beale, United States v., 445 F.2d 977 (5th Cir. 1971) ………………………………………117
Beamon, People v., 268 Cal. App. 2d 61, 73 Cal. Rptr. 604 (1968) …………………………115
Bell v. Clapp, 10 Johns. R. 263 (N.Y. Sup. Ct. 1813) …………………………………………110
Belton v. United States, 647 A.2d 66 (D.C. App. 1994) ………………………………………114
Bennefield v. State, 160 So. 2d 706 (Fla. 1964) ………………………………………………113
Berry, State v., 300 F. Supp. 2d 366 (D. Md. 2004) ………………………………………70, 78
Biasucci, United States v., 786 F.2d 504 (2d Cir. 1986) ………………………………………14
Bielicki v. Superior Court, 57 Cal. 2d 602, 21 Cal. Rptr. 552, 371 P.2d 288 (1962) …………9
Boland, Stave v., 115 Wash. 2d 571, 800 P.2d 1112 (1990) …………………………………39
Bonnell, State v., 75 Haw. 124, 856 P.2d 1265 (1993) ………………………………………13
Boone, People v., 2 Cal. App. 3d 66, 82 Cal. Rptr. 398 (1969) ………………………………116
Bower v. Coiner, 309 F. Supp. 1064 (S.D. W. Va. 1970) ……………………………………118
Bowman, United States v., 137 F. Supp. 385 (D.D.C. 1956) ………………………………112
Bradley, People v., 1 Cal. 3d 80, 81 Cal. Rptr. 457, 460 P.2d 129 (1969) ……………115, 138
Brereton, State v., 345 Wis. 2d 563, 826 N.W.2d 369 (2013) …………………………74, 75
Britt v. Superior Court, 58 Cal. 2d 469, 24 Cal. Rptr. 849, 374 P.2d 817 (1962) …………9, 12
Brown v. State, 3 Md. App. 90, 238 A.2d 147 (1968) …………………………………………10
Bryant, State v., 287 Minn. 205, 177 N.W.2d 800 (1970) ……………………………7, 9, 11
Buchanan v. State, 471 S.W.2d 401 (Tex. Crim. App. 1971) …………………………………11
Buck, State v., 756 P.2d 700 (Utah 1988) ……………………………………………………160
Buie, Maryland v., 494 U.S. 325 (1990) ……………………………………………125, 150
Burton, United States v., 698 F. Supp. 2d 1303 (N.D. Fla. 2010) ……………………70, 75

[C]

Carter, Minnesota v., 525 U.S. 83 (1998) ……………………………………………………14
Carufel, State v., 112 R.I. 664, 314 A.2d 144 (1974) …………………………………………111

Ciraolo, California v., 476 U.S. 207 (1986) ··· 17, 18, 38
Clark, State v., 312 Minn. 44, 250 N.W.2d 199 (1977) ································· 120
Clarke, State v., 387 So. 2d 980 (Fla. App. 1980) ································· 118, 139
Collier, State v., 270 So.2d 451 (Fla. App. 1972) ································· 119
Connolly, Commonwealth v., 454 Mass. 808, 913 N.E.2d 356 (2009) ············ 71, 74, 75
Cuevas-Sanchez, United States v., 821 F.2d 248 (5th Cir. 1987) ································· 14
Cupp v. Murphy, 412 U.S. 291 (1973) ································· 5
[D]
Dahlman,. United States v., 13 F.3d 1391 (10th Cir. 1993) ································· 120
Dalia v. United States, 441 U.S. 238 (1979) ································· 157
Darroch, State v., 8 Or. App. 32, 492 P.2d 308 (1971) ································· 119
Davis v. Mississippi, 394 U.S. 721 (1969) ································· 5
Davis, United States v., 785 F.3d 498 (11th Cir. 2015) ································· 80
Devega v. State, 286 Ga. 448, 689 S.E.2d 293 (2010) ································· 81
DeWitt, Commonwealth v., 226 Pa. Super. 372, 314 A.2d 27 (1973) ································· 5
Dezek, People v., 107 Mich. App. 78, 308 N.W.2d 652 (1981) ································· 10
Dickerson, Minnesota v., 508 U.S. 366 (1993) ································· 150, 200
Dickerson, States v., 313 N.W.2d 526 (Iowa 1981) ································· 15
Dionisio, United States v., 410 U.S. 1 (1973) ································· 5, 30
Dow Chemical Co. v. United States, 476 U.S. 227 (1986) ································· 17
[E]
Earls, State v., 214 N.J. 564 (2013) ································· 81, 82
Edwards, People v., 71 Cal. 2d 1096, 80 Cal. Rptr. 633, 458 P.2d 713 (1969) ································· 37
Espudo, United States v., 954 F. Supp. 2d 1029 (S.D. Cal. 2013) ································· 84
Euge, United States v., 444 U.S. 707 (1980) ································· 5
[F]
Failla, People v., 64 Cal. 2d 560, 51 Cal. Rptr. 103, 414 P.2d 39 (1966) ································· 115
Feeley, People v., 179 Cal. App. 2d 100, 3 Cal. Rptr. 529 (1960) ································· 113
Ferguson, People v., 47 Ill. App. 3d 654, 7 Ill. Dec. 792, 365 N.E.2d 77 (1977) ································· 16
Flores, People v., 68 Cal. 2d 563, 68 Cal. Rptr. 161, 440 P.2d 233 (1968) ································· 112
Foltz v. Commonwealth, 284 Va. 467, 732 S.E.2d 4 (2012) ································· 72
Forest, United States v., 355 F.3d 942 (6th Cir. 2004) ································· 81
Forrester, United States v., 512 F.3d 500 (9th Cir. 2008) ································· 181
Freitas, United States v., 610 F. Supp. 1560 (N.D. Cal. 1985) ································· 157
Freitas, United States v., 800 F.2d 1451 (9th Cir. 1986) ································· 157
Freitas, United States v., 856 F.2d 1425 (9th Cir. 1988) ································· 158
Fullbright v. United States, 392 F.2d 432 (10th Cir. 1968) ································· 15

[G]

Galloway, State v., 198 Or. App. 585, 109 P.3d 383 (2005) ···································· 39
Garcia, United States v., 474 F.3d 994 (7th Cir. 2007) ······································ 70, 75
Gassner, State v., 6 Or. App. 452, 488 P.2d 822 (1971) ······················· 123, 141, 152
Gastelo, People v., 67 Cal. 2d 586, 63 Cal. Rptr. 10, 432 P.2d 706 (1967) ················ 122, 141, 152
Gatewood v. United States, 209 F.2d 789 (D.C. Cir. 1953) ·································· 117
Gervato, United States v., 340 F. Supp. 454 (E.D. Pa. 1972) ···························· 160, 166
Gervato, United States v., 474 F.2d 40 (3d Cir. 1973) ·· 160
Gibson, United States v., 708 F.3d 1256 (11th Cir. 2013) ····································· 73
Goldman v. United States, 316 U.S. 129 (1942) ··· 6
Google Inc. Cookie Placement Consumer Privacy Litigation, In re,
　988 F. Supp. 2d 434 (D. Del. 2013) ·· 183
Google Inc. Cookie Placement Consumer Privacy Litigation, In re,
　806 F.3d 125 (3d Cir. 2015) ·· 183
Goss, State v., 150 N.H. 46, 834 A.2d 316 (2003) ·· 39
Graham, United States v., 796 F.3d 332 (4th Cir. 2015) ································ 80, 82
Grand Jury Proceedings (Schofield), In re, 507 F.2d 963 (3d Cir. 1975) ················ 5
Granville, State v., 140 N.M. 345, 142 P.3d 933 (App. 2006) ······························ 39
Greenwood, California v., 486 U.S. 35 (1988) ··· 37, 38
Grimes, United States v., 426 F.2d 706 (5th Cir. 1970) ·· 7

[H]

Hair v. United States, 289 F.2d 894 (D.C. Cir. 1961) ··· 113
Hamilton, People v., 257 Cal. App. 2d 296, 64 Cal. Rptr. 578 (1967) ················· 115
Hayko, People v., 7 Cal. App. 3d 604, 86 Cal. Rptr. 726 (1970) ························ 116
Hempele, State v., 120 N.J. 182, 576 A.2d 793 (1990) ·· 39
Hernley, Commonwealth v., 216 Pa. Super. 177, 263 A.2d 904 (1970) ·············· 15
Hicks, People v., 49 Ill. App. 3d 421, 7 Ill. Dec. 279, 364 N.E.2d 440 (1977) ······· 16
Hoffa v. United States, 385 U.S. 293 (1966) ·· 51, 119
Holland, United States v., 438 F.2d 887 (6th Cir. 1971) ·· 6
Holt, State v., 291 Or. 343, 630 P.2d 854 (1981) ·· 11, 13
Howe v. Butterfield, 58 Mass. 302 (1849) ·· 120

[I]

Iverson, State v., 364 N.W. 2d 518 (S.D. 1985) ·· 160

[J]

Jackson, Ex parte, 96 U.S. 727 (1877) ·· 44, 181
Jackson, State v., 150 Wash. 2d 251, 76 P.3d 217 (2003) ······························ 71, 74
Jacobson, United States v., 466 F.3d 109 (1984) ·· 180
Jarrell, State v., 24 N.C. App. 610, 211 S.E.2d 837 (1975) ··································· 13

Jesus-Nunez, United States v., 2010 WL 2991229 (Pa. 2010) ·· 70, 75, 78
Johns, United States v., 851 F.2d 1131 (9th Cir. 1988) ··158
Johns, United States v., 948 F.2d 599 (9th Cir. 1991) ··159
Johnson v. State, 2 Md. App. 300, 234 A.2d 464 (1967) ·· 15
Jones, United States v., 565 U.S. 400 (2012) ·································· 72, 74, 75, 78, 179, 183

[K]

Kahan, United States v., 350 F. Supp. 784 (S.D.N.Y. 1972) ··· 37
Karo, United States v., 468 U.S. 705 (1984) ····································· 49, 74, 76, 88, 179
Katz v. United States, 389 U.S. 347 (1967) ·· 5, 7, 30, 45, 71
Katzin, United States v., 732 F.3d 187 (3d Cir. 2013) ·· 72, 73, 77
Katzin, United States v., 769 F.3d 163 (3d Cir. 2014) ··· 73
Keiningham v. United States, 287 F.2d 126 (D.C. Cir. 1960) ·························· 112, 113, 137
Kemp, United States v., 12 F.3d 1140 (D.C. Cir. 1994) ···114
Ker v. California, 374 U.S. 23 (1963) ························ 111, 112, 120, 122, 126, 137, 141, 151, 152
Kim, United States v., 415 F. Supp. 1252 (D. Haw. 1976) ·· 16
Knotts, United States v., 460 U.S. 276 (1983) ·· 76, 179
Kroehler v. Scott, 391 F. Supp. 1114 (E.D. Pa. 1975) ·· 12
Kulcsar, United States v., 586 F.2d 1283 (8th Cir. 1978) ··120
Kyllo v. United States, 533 U.S. 27 (2001) ·· 48, 74

[L]

Lacy, People v., 787 N.Y.S.2d 680 (2004) ·· 71, 75
Launock v. Brown, 106 Eng. Rep. 482 (K.B. 1819) ···111
Lawrence, People v., 25 Cal. App. 3d 213, 101 Cal. Rptr. 671 (1972) ···························· 116
Leahy v. United States, 272 F.2d 487 (9th Cir. 1959) ··117
Lee, People v., 20 Cal. App. 3d 982, 98 Cal. Rptr. 182 (1971) ·······································116
Lee, United States v., 274 U.S. 559 (1927) ·· 15
Lewis, People v., 23 N.Y.3d 179, 989 N.Y.S.2d 661, 12 N.E.3d 1091 (2014) ················· 72
Lewis v. United States, 385 U.S. 206 (1966) ···118
Liebman v. State, 652 S.W.2d 942 (Tex. Crim. App. 1983) ··· 10
Likas, United States v., 448 F.2d 607 (7th Cir. 1971) ···111
Limberhand, Idaho v., 117 Idaho 456, 788 P.2d 857 (App. 1990) ·································· 10
Linder, State v., 291 Minn. 217, 190 N.W.2d 91 (1971) ···122
Lopez, United States v., 475 F.2d 537 (7th Cir. 1973) ······································· 114, 115
Lorenzana v. Superior Court, 9 Cal. 3d 626, 108 Cal. Rptr. 585, 511 P.2d 33 (1973) ············ 15
Loucks, State v., 209 N.W.2d 772 (N.D. 1973) ···121
Louis, State v., 296 Or. 57, 672 P.2d 708 (1983) ··· 15
Loundmannz, United States v., 472 F.2d 1376 (D.C. Cir. 1972) ······································· 7
Ludwig, United States v., 902 F. Supp. 121 (W.D. Tex. 1995) ·· 164

Lynch, People v., 179 Mich. App. 63, 445 N.W.2d 803 (1989) ·· 13
[M]
Maddox, People v., 46 Cal. 2d 301, 294 P.2d 6 (1956) ··· 120
Manfredi, United States v., 722 F.2d 519 (9th Cir. 1984) ···································· 120
Mara, United States v., 410 U.S. 19 (1973) ··· 5
Marcum, State v., 2014 OK CR 1, 319 P.3d 681 (Okla. Crim. App. 2014) ························· 180
Marquez, United States v., 605 F.3d 604 (8th Cir. 2010) ································ 70, 78
Massey, People v., 196 Cal. App. 2d 230, 16 Cal. Rptr. 402 (1961) ························· 115
Maynard, United States v., 615 F.3d 544 (D.C. Cir. 2010) ·························· 71, 75, 77
Mesa-Rincon, United States v., 911 F.2d 1433 (10th Cir. 1990) ···························· 14
McCray v. State, 84 Md. App. 513, 581 A.2d 45 (1990) ···························· 4, 7, 18, 32
McDowell, State v., 301 N.C. 279, 271 S.E.2d 286 (1980) ···································· 6
McIver, United States v., 186 F.3d 1119 (9th Cir. 1999) ································ 70, 75
McMillon, United States v., 350 F. Supp. 593 (D.D.C. 1972) ································· 4
Mercado, People v., 68 N.Y.2d 874, 508 N.Y.S.2d 419, 501 N.E.2d 27 (1986) ························· 10
Miller, State v., 499 P.2d 241 (Wash. App. 1972) ·· 115
Miller v. United States, 357 U.S. 301 (1958) ························ 110, 111, 120, 137, 150
Miller, United States v., 425 U.S. 435 (1976) ·· 51
Minker, United States v., 312 F.2d 632 (3d Cir. 1962) ·· 36
Minton, United States v., 488 F.2d 37 (4th Cir. 1973) ··· 7
Moore v. State, 355 So. 2d 1219 (Fla. App. 1978) ··· 10
Moran, United States v., 349 F. Supp. 2d 425 (N.D.N.Y. 2005) ······························· 70
[N]
New York Tel. Co., United States v., 434 U. S. 159 (1977) ··································· 45
Newman, Commonwealth v., 429 Pa. 411, 240 A.2d 795 (1968) ···························· 111
Norton, People v., 5 Cal. App. 3d 955, 86 Cal. Rptr. 40 (1970) ···························· 116
[O]
On Lee v. United States, 343 U.S. 747 (1952) ·· 15
Ortiz, Commonwealth v., 376 Mass. 349, 380 N.E.2d 669 (1978) ·························· 7
[P]
Pangburn, United States v., 983 F.2d 449 (2d Cir. 1993) ···································· 162
Paulson v. Florida, 360 F. Supp. 156 (S.D. Fla. 1973) ··· 5
Pen Register and Trap/Trace Device, In re, 396 F. Supp. 2d 747 (S.D. Tex. 2005) ············ 80, 82
Perkins, City of West Covina v., 525 U.S.234 (1998) ·· 178
Peterson, People v., 9 Cal. App. 3d 627, 88 Cal. Rptr. 597 (1970) ························ 116
Peterson, People v., 9 Cal. 3d 717, 108 Cal. Rptr. 835, 511 P.2d 1187 (1973) ·················· 114
Pineda-Moreno, United States v., 591 F.3d 1212 (9th Cir. 2010) ···················· 70, 73, 78
Pineda-Moreno, United States v., 688 F.3d 1087 (9th Cir. 2012) ·························· 73

Pitt, Commonwealth v., 29 Mass. L. Rptr. 445 (Super. 2012) ·· 82, 84
Place, United States v., 462 U.S. 696 (1983) ··· 48
Poppitt, United States v., 227 F. Supp. 73 (D. Del. 1964) ·· 113, 138
Prokopchak, Commonwealth v., 279 Pa. Super. 284, 420 A.2d 1335 (1980) ······················· 160

[R]
Read v. Case, 4 Conn. 166 (1822) ·· 120
Richards v. Wisconsin, 520 U.S. 385 (1997) ·· 124, 142, 147
Ricks v. State, 312 Md. 11, 537 A.2d 612 (1988) ·· 14
Rigmaiden, United States v., 844 F. Supp. 2d 982 (D. Ariz. 2012) ·· 84
Rodgers, Application of, 359 F. Supp. 576 (E.D.N.Y. 1973) ··· 6
Rodriguez v. Jones, 473 F.2d 599 (5th Cir. 1973) ··· 120
Rodriquez, People v., 274 Cal. App. 2d 770, 79 Cal. Rptr. 240 (1969) ···································· 115
Roman, State v., 309 So. 2d 12 (Fla. App. 1975) ··· 119
Rooney, California v., 483 U.S. 307 (1987) ··· 38
Rosales, People v., 68 Cal. 2d 299, 66 Cal. Rptr. 1, 437 P.2d 489 (1968) ·························· 113, 115
Rushing, Commonwealth v., 71 A.3d. 939 (Pa. Super. 2013) ·· 81

[S]
Sabbath v. United States, 391 U.S. 585 (1968) ·· 113, 117, 138
Sakellson, State v., 379 N.W.2d 779 (N.D. 1985) ··· 115
Search Warrant for [Redacted], In re, 74 F. Supp. 3d 1184 (N.D. Cal. 2014) ····················· 184
Search Warrant for [Redacted], In re, 248 F. Supp. 3d 970 (C.D. Cal. 2017) ····················· 184
Search Warrant Issued to Google, Inc., In re,
  264 F. Supp. 3d 1268, 2017 WL 4022806 (N.D. Ala. 2017) ·· 92
Search Warrant Issued to Google, Inc., In re,
  — F. Supp. 3d —, 2017 WL 4024448 (N.D. Ala. 2017) ··· 184
Search Warrant No. 16-960-M-01 to Google, In re, 232 F. Supp. 708 (E.D. Pa. 2017) ············· 92
Semayne's Case, 77 Eng. Rep. 194 (K.B. 1603) ·· 110, 111, 150
Silverman, United States v., 166 F. Supp. 838 (D.D.C. 1958) ·· 112
Simons, United State v., 107 F. Supp. 2d 703 (E.D. Va. 2000) ··· 163
Simons, United States v., 206 F.3d 392 (4th Cir. 2000) ··· 163, 178
Sims, United States v., 231 F. Supp. 251 (D. Md. 1964) ·· 112
Sitton, United States v., 968 F.2d 947 (9th Cir. 1992) ··· 159
Skinner, United States v., 690 F.3d 772 (6th Cir. 2012) ·· 81, 84
Smayda v. United States, 352 F.2d 251 (9th Cir. 1965) ··· 9
Smith v. Maryland, 442 U.S. 735 (1979) ·· 38, 45, 81, 179
Smith v. United States, 357 F.2d 486 (5th Cir. 1966) ··· 117
Solis, State v., 214 Mont. 310, 693 P.2d 518 (1984) ·· 13
Sparks, United States v., 711 F.3d 58 (1st Cir. 2013) ·· 73

Sponick v. Detroit Police Dep't, 49 Mich. App. 162, 211 N.W.2d 674(1973) ················· 18
Stevens, State v., 181 Wis. 2d 410, 511 N.W.2d 591(1994) ························· 124, 149
Summers, Michigan v., 452 U.S. 692(1981) ···································· 160
Syler, United States v., 430 F.2d 68(7th Cir. 1970) ································· 118

[T]
Taborda, United States v., 635 F.2d 131(2d Cir. 1980) ····························· 17
Tanaka, State v., 67 Haw. 658, 701 P.2d 1274(1985) ······························· 39
Tate, State v., 357 Wis. 2d 172, 849 N.W.2d 798(2014) ····························· 84
Teicher, People v., 52 N.Y.2d 638, 439 N.Y.S.2d 846, 422 N.E.2d 506(1981) ················· 13
Terry v. Ohio, 392 U.S. 1(1968) ··· 125, 150
Thompson, State v., 196 Neb. 55, 241 N.W.2d 511(1976) ····························· 16
Torres, United States v., 751 F.2d 875(7th Cir. 1984) ······························· 14
Tracey v. State, 152 So. 3d 504(Fla. 2014) ································ 80, 81, 82, 84, 184
Tracy, United States v., 835 F.2d 1267(8th Cir. 1988) ······························ 121
Triggs, People v., 8 Cal. 3d 884, 106 Cal. Rptr. 408, 506 P.2d 232(1973) ····················· 12

[U]
United States, In re, Cr-00-6091(N.D. Cal. Nov. 17, 2000) [unreported] ···················· 46
United States for Order, In re, 402 F. Supp. 2d 597(D. Md. 2005) ······················· 81
United States for Order, In re, 405 F. Supp. 2d 435(S.D.N.Y. 2005) ··················· 80, 81
United States for Order, In re, 407 F. Supp. 2d 134(D.D.C. 2006) ······················· 81
United States for Order, In re, 411 F. Supp. 2d 678(W.D. La. 2006) ······················ 81
United States for Order, In re, 412 F. Supp. 2d 947(E.D. Wis. 2006) ······················ 81
United States for Order, In re, 415 F. Supp. 2d 211(W.D.N.Y. 2006) ······················ 80
United States for Order, In re, 415 F. Supp. 2d 663(S.D. W. Va. 2006) ···················· 81
United States for Order[s], In re, 416 F. Supp. 2d 390(D. Md. 2006) ····················· 81
United States for Order, In re, 2006 U.S. Dist. LEXIS 11747(S.D.N.Y. 2006) ················· 81
United States for Order, In re, 433 F. Supp. 2d 804(S.D. Tex. 2006) ······················ 81
United States for Order, In re, 441 F. Supp. 2d 816(S.D. Tex.2006) ······················ 81
United States for Order, In re, 2006 U.S. Dist. LEXIS 45643(N.D. Ind. 2006) ················· 81
United States for Order, In re, 2006 U.S. Dist. LEXIS 73324(E.D. Wis. 2006) ··············· 81, 84
United States for Order, In re, 460 F. Supp. 2d 448(S.D.N.Y. 2006) ······················ 81
United States for Order, In re, 497 F. Supp. 2d 301(D.P.R. 2007) ······················· 81
United States for Order, In re, 622 F. Supp. 2d 411(S.D. Tex. 2007) ······················ 81
United States for Order, In re, 632 F. Supp. 2d 202(E.D.N.Y. 2008) ······················ 81
United States for Order, In re, 733 F. Supp. 2d 939(N.D. Ill. 2009) ······················ 81
United States for Order, In re, 849 F. Supp. 2d 526(D. Md. 2011) ······················· 82

[V]
Valentine, State v., 264 Or. 54, 504 P.2d 84(1972) ·························· 111, 119, 139

Van Leeuwen, United States v., 397 U.S. 249 (1970) ···180
Veloz, People v., 22 Cal. App. 3d 499, 99 Cal. Rptr. 519 (1971) ······································· 118
Villegas, United State v., 700 F. Supp. 94 (N.D.N.Y. 1988) ···161
Villegas, United State v., 899 F.2d 1324 (2d Cir. 1990) ···161
[W]
Ward, State v., 62 Haw. 509, 617 P.2d 568 (1980) ·· 17
Warrant to Search Certain E-Mail, In re, 829 F.3d 197 (2d Cir. 2016) ···························· 92
Warshak, United States v., 631 F.3d 266 (6th Cir. 2010) ··183
Weaver, State v., 12 N.Y.3d 433, 882 N.Y.S.2d 357, 909 N.E.2d 1195 (2009) ············ 71, 75, 77, 78
White, United States v., 401 U.S. 745 (1971) ···51
White, United States v., 890 F.2d 1012 (8th Cir. 1989) ··· 10
White & Wiltsheire, 81 Eng. Rep. 709 (K.B. 1619) ···120
Williams, United States v., 351 F.2d 475 (6th Cir. 1965) ··114
Williams, United States v., 650 F. Supp. 2d 633 (W.D. Ky. 2009) ································· 74
Wilson v. Arkansas, 514 U.S. 927 (1995) ···························· 111, 123, 136, 148, 165, 178
Wong Sun v. United States, 371 U.S. 471 (1963) ·· 117, 139
Works v. United States, 243 F.2d 660 (D.C. Cir. 1957) ··· 36
Wright, People v., 41 Ill. 2d 170, 242 N.E.2d 180 (1968) ·· 15
Wylie v. State, 164 Ga. App. 174, 296 S.E.2d 743 (1982) ··· 10
[Y]
Young, People v., 214 Cal. App. 2d 131, 29 Cal. Rptr. 492 (1963) ···································· 11
Young, State v., 76 Wash. 2d 212, 455 P.2d 595 (1969) ···119
Young v. State, 109 Nev. 205, 849 P.2d 336 (1993) ··· 11
[Z]
Zahn, State v., 812 N.W.2d 490 (S.D. 2012) ·· 72, 75, 79

項 目 索 引

[あ行]

愛国者法(PATRIOT Act)
　——213条 ………………………… 153
　　　　216条 ……………………… 43
位置情報 ………… 20, 49, 53, 61〜, 202 (書式Ⅰ)
　——携帯電話
　　…… 56, 79〜, 173, 181, 202 (書式Ⅰ), 211 (同Ⅳ)
移動追跡装置運用要領 (警察庁) ……… 69, 100
閲覧先 URL 情報 ………………… 174, 182, 183
N システム ………………………… 20, 87, 195
押収品受領証 (receipt) ………… 153, 157〜, 178
押収目録 (inventory) ………………… 165〜, 169, 178

[か行]

Katz 判決基準 ………………… 5〜, 30〜, 36, 71
監視カメラ →写真・ビデオ撮影
機器設置のための立入り …… 68, 70, 156〜, 167
擬似基地局 (Stingray) ……………………… 82
逆探知 →トラップ・トレース機器
強制採尿 ……………………………… 109, 197
強制処分法定主義 ……………… 21, 97, 191, 198
現行犯性 …………………… 22, 27, 53, 96, 98, 191
検証 ……………… 21, 55, 69, 90, 96, 102, 172, 194
限定的開披法理 →リスク想定法理
公衆電話ボックス ……………………… 8, 31
公衆トイレ個室 ………………………… 9, 31
合理的な嫌疑 (reasonable suspicion)
　……………………… 70, 80, 125, 142, 148, 150, 151
合理的な理由 ………………… 26, 28〜, 63, 86, 94
個別的思考 (paticularized approach) … 121, 140
国外サーバ蔵置データ ………………… 89, 92
ごみ ……………………………………… 33〜
声音 ………………………………… 5, 20, 30
コントロールド・デリバリー …………… 84, 167

[さ行]

裁判所命令 (court order) ………… 83, 180, 181
　——§2703 (d) 命令 ………… 183, 209 (書式Ⅲ)
　——§3123と§2703 (d) との併用命令
　　…………………………… 181, 211 (書式Ⅳ)
　——§3123 命令 …… 45, 181, 206 (書式Ⅱ)
GPS 捜査 ………………… 61〜, 170, 175, 179
事後通知 ………………… 97, 102, 172〜, 176
事後通知期間 →通知遅滞期間の限定
事前呈示 ………… 97, 105〜, 132, 169, 176, 199
実施期間の限定 …… 69, 79, 97, 176, 179, 184
自発的開披法理 →リスク想定法理
指紋採取 …………………………… 3, 19, 195
写真・ビデオ撮影 …… 3〜, 27〜, 86, 90, 96, 191〜
車両ナンバー自動読取装置 → N システム
臭気検査 ……………………………………… 48
順探知 →ペン・レジスタ
情報の集積 (aggregation) ………… 21, 65, 77, 87
証拠排除 …………………………………… 93
身体検査 ………………………………… 22, 187, 194
善意の例外 (good-faith exception) … 73, 157〜
相当な理由 (probable cause)
　…………………………… 70, 79, 123, 141, 151
増幅視機能 ……………………… 14〜, 77, 86
疎見 (plain view) ………………… 4, 14〜, 164

[た行]

対外諜報監視法 (Foreign Intelligence Surveillance Act (= FISA)) ……………… 155
第三者法理 →リスク想定法理
宅配梱包物 ……………………………… 172, 181
立会い ……………………………… 97, 165, 176
着信先電話番号記録機 →ペン・レジスタ
追跡機器令状 (tracking-device warrant)
　………………………… 79, 89, 178, 202 (書式Ⅰ)
通信経路等情報 …… 43〜, 171, 179, 206 (書式Ⅱ)
通信蔵置法 (Stored Communications Act (= SCA)) ……… 80, 92, 182〜, 209 (書式Ⅲ)
通信内容情報 ……………… 171, 179, 209 (書式Ⅲ)
通信の秘密 ……………………… 52, 68, 171, 179
通信傍受 …………………………… 88, 167, 169

通知遅滞期間の限定
　……………………89, 154, 156〜, 172, 179, 184
電気通信事業における個人情報保護に関する
　ガイドライン（総務省）………57, 68, 89, 172
電子的通信プライバシー法（Electronic Communications Privacy Act〔＝ECPA〕）
　……………………………………………6, 45
電子メール……………………45, 52, 171, 179
電波発信器（beeper）…49, 74, 76, 84, 85, 88, 179
電話（番号）……………………38, 43, 171, 179
トラップ・トレース機器（trap/trace device）
　……………43〜, 80, 171, 179, 206（書式Ⅱ）

[な行]
熱画像探知………………………………………48
覗き見捜索（sneak and peek search）→秘密
　捜索
ノー・ノック令状………………120, 147, 148

[は行]
罰金付提出命令（subpoena）…………183, 184
発信元電話番号記録機　→トラップ・トレー
　ス機器
犯罪取締・街路安全に関するオムニバス法
　（Omnibus Crime Control and Safe Streets
　Act）………………………………6, 31, 45, 156
ビーパー　→電波発信器
筆跡…………………………………………5, 30
秘匿視機能………………………………8〜, 77, 86
秘密捜索………………………………153〜, 187
秘密録音……………………………………………50
不在時執行……………………………105, 109, 160
ペン・レジスタ（pen register）
　……………43〜, 80, 81, 171, 179, 206（書式Ⅱ）
包括的思考（blanket approach）………121, 140
傍受令状………………………………45, 172, 181

[ま行]
モザイク理論………………………………77〜, 81

[や行]
郵便………………………………43, 52, 167, 171, 185

[ら行]
来訪来意告知（knock and announcement）
　……………………………110, 136, 148, 178
リスク想定法理…………47〜, 50〜, 81, 179, 182
領置……………………………………………33

松代剛枝（まつしろ　まさえ）

《略歴》
1968年　兵庫県生れ
1991年　東北大学法学部卒業
1993年　東北大学大学院法学研究科博士課程前期（修士課程）修了
同　年　東北大学法学部助手
1996年　山形大学人文学部専任講師
2000年　同助教授
2001年　関西大学法学部助教授
2005年　博士（法学）号取得（於、東北大学）
2007年　関西大学法学部教授（現在に至る）

《専攻》
刑事訴訟法

《主要業績》
　著書として、『刑事証拠開示の分析』（日本評論社、2004年）、『刑事手続の最前線』（共著、三省堂、1996年）、『ベーシックマスター刑事訴訟法』（共著、法律文化社、2009年初版、2013年2版）。
　論文として、「イングランド刑事訴訟の近代化動向」『転換期の刑事法学（井戸田侃先生古稀祝賀論文集）』（現代人文社、1999年）、「年少者の証言と宣誓」『民主主義法学・刑事法学の展望（小田中聰樹先生古稀祝賀論文集）（上）』（日本評論社、2005年）、「検察官が保管していない警察官手備忘録の開示」判例タイムズ1282号（2010年）、「証拠開示──2015年法案とその検討」刑法雑誌55巻1号（2015年）、「訴訟能力欠如と手続打切り」『山中敬一先生古稀祝賀論文集（下）』（成文堂、2017年）等。
　訳書として、ジョシュア・ドレスラー＝アラン・C・ミカエル『アメリカ捜査法』（共訳〔第6章「修正4条の概念Ⅰ：『捜索』」及び第7章「同Ⅱ：『押収＝抑留』」担当翻訳〕、レクシスネクシス・ジャパン、2014年）。

監視型捜査手続の分析

2018年3月30日　第1版第1刷発行

著　者　松代剛枝
発行者　串崎　浩
発行所　株式会社日本評論社
　　　　〒170-8474　東京都豊島区南大塚3-12-4
　　　　電話　03-3987-8621（販売）　　-8631（編集）
　　　　FAX　03-3987-8590（販売）　　-8596（編集）
　　　　振替　00100-3-16　https://www.nippyo.co.jp/
印刷所　精文堂印刷
製本所　松岳社
装　幀　銀山宏子

ISBN 978-4-535-52351-7　Printed in Japan　検印省略　© 2018, M. MATSUSHIRO

JCOPY　〈(社) 出版者著作権管理機構 委託出版物〉
本書の無断複写は著作権法上での例外を除き禁じられています。複写される場合は、そのつど事前に、(社) 出版者著作権管理機構（電話 03-3513-6969、FAX 03-3513-6979、e-mail：info@jcopy.or.jp）の許諾を得てください。また、本書を代行業者等の第三者に依頼してスキャニング等の行為によりデジタル化することは、個人の家庭内の利用であっても、一切認められておりません。